中國倫理思想研究文叢

三 編

王澤應 主編

第 10 冊

當代中國倫理道德的求索：魏英敏文集

（第二冊）

魏英敏 著

花木蘭文化出版社

國家圖書館出版品預行編目資料

當代中國倫理道德的求索：魏英敏文集（第二冊）／魏英敏 著
— 初版 — 新北市：花木蘭文化出版社，2015〔民104〕
目 8+308 面；19×26 公分
（中國倫理思想研究文叢 三編；第 10 冊）
ISBN 978-986-404-239-5（精裝）
1. 魏英敏 2. 學術思想 3. 倫理學
190.9208   104012134

ISBN- 978-986-404-239-5

9 789864 042395

中國倫理思想研究文叢
三 編 第 十 冊   ISBN：978-986-404-239-5

當代中國倫理道德的求索：魏英敏文集（第二冊）

作　　者　魏英敏
主　　編　王澤應
總 編 輯　杜潔祥
副總編輯　楊嘉樂
編　　輯　許郁翎
出　　版　花木蘭文化出版社
負 責 人　高小娟
聯絡地址　新北市中和區中安街七二號十三樓
　　　　　電話：02-2923-1455／傳眞：02-2923-1452
網　　址　http://www.huamulan.tw 信箱 hml810518@gmail.com
印　　刷　普羅文化出版廣告事業
初　　版　2015 年 9 月
全書字數　676626 字
定　　價　三編 12 冊（精裝）新台幣 22,000 元

當代中國倫理道德的求索：魏英敏文集

（第二冊）

魏英敏　著

目

次

三編：社會主義道德建設

關於國民公德建構的思考

古人云：「無乎不在之謂道，自其所得之謂德。道者，人之所共由。德者，人之所自得也」。

這就是說，道是一種本體，是一種規律，存在於萬事萬物之中，各種事物都有一定的道，這就是德。對人來說，道是人共同遵循的準則。人心裏得到了這個準則，或掌握了這個準則，就是德。道德相通，得到了道即爲德。可見，所謂道德，一方面是指人們一種社會性的行爲準則，一方面又是個人的一種心裏或內在的品質。道德準則內化爲道德品質，道德品質外化爲道德準則。換言之，道德，即是社會群體的行爲標準，又是個體的心理素質。前者可稱爲群體道德，即公德。後者可稱爲個體道德，即私德。

公德包括有婚姻家庭道德、職業道德、公共環境道德。私德即個人的品質或情操。

常所說的社會公德，即爲公共生活中的道德，多指公共環境中或公共場合中的道德。有時也指私德之外的所有道德。此外還有一個公德概念，確切地應當稱爲國民公德。所謂國民公德，是指每個國民都應恪守不渝的道德。它涵蓋公德與私德的所有的方面，是人們公共生活和私生活的指導方針，或倫理準則。這才是道德建設的根本。加強精神文明建設，提高全民族的道德素質，其關鍵就在這裡。國民公德，是社會主義社會中眞正具有導向意義的價值準則。

它存在於各種道德規範之中，並統攝諸種道德，是道德一般。

那麼，到底什麼是我們所倡導的國民公德呢？

1、讓我們分別從個體私德和群體公德兩個方面講起，就私德而論，個人

的品性和情操，包含有豐富的內容，但可以分作基本的與派生的兩類。基本的德性：如仁慈、公道、誠實，派生的與仁慈有關的則爲同情、友愛、關懷，與公道有關的則是正直、勇敢、直率，與誠實有關的則是忠誠、守信、厚道等等，但作爲個人品德之一般則爲仁慈、公道、誠實。所謂仁慈即友愛關心他人，視他人爲我之同伴。所謂公道，即公平或平等的對待人與事。所謂誠實即眞誠無欺，言行一致。

就公德而言，首先是家庭道德（含婚姻道德），家庭道德是調解家庭人際關係的行爲準則。

家庭人際關係，無論是三代同堂的大家庭，夫妻與子女組成的核心家庭，或無子女的丁克家庭，或單親即父母一方與子女生活在一起的家庭，或單身家庭，或同居家庭等，家庭人際關係不外四種基本的類型，即夫妻關係，父子關係，長幼關係，老少關係。其調節這些關係的規範有許多，如夫妻關係的互敬互愛、平等互助；父子關係的父慈子孝、敬親愛子；長幼關係的尊長愛幼、長惠幼順；老少關係的尊老愛小、扶老攜幼等。在這諸多具體的家庭道德規範中，抽象出家庭道德一般，這家庭道德一般是什麼？我認爲可以概括爲「愛和」、「平等」與「互助」。作爲家庭道德的「愛和」、「平等」與「互助」，其含義如何理解？所謂「愛和」是仁愛與和睦，愛是一種生存動力，和睦是生存動力之保障，所謂「家和萬事興」。「平等」是指男女平等、夫妻平等如權利與義務平等、人格平等。「互助」是和衷共濟，風雨同舟。「愛和」、「平等」、「互助」三項家庭道德規範一般，適用於調節家庭或家族各種人際關係，無論是夫妻關係、父子關係、長幼關係、老少關係或者血親關係、姻親關係、近親關係、遠親關係。

其次，職業道德，則是在職業生活中形成的調節從業人員與社會大眾或從業人員相互間關係的行爲準則。現代化社會職業分工非常精細，職業之多，幾乎不可勝數，可以說各行各業都有特殊職業行爲的道德準則，如「官德」有清正廉潔，秉公執法等；「商德」有買賣公平，誠信無欺等；「醫德」有救死扶傷，實行人道主義等；「師德」有學而不厭，悔人不倦等。那麼，貫穿在諸多職業、諸多具體職業道德中的職業道德一般是什麼呢？我認爲這就是「敬業」，「勤業」與「樂業」。所謂「敬業」，就是尊重自己的職業，對自己從事的工作認眞負責，盡心盡職，克己盡責，奉公守法。所謂「勤業」就是勤勞作業，勤奮工作，勤苦學習，努力鑽研業務和技術，並不斷地革新技術與業

務，創造高效率。所謂「樂業」，就是以自己從事的職業為快樂，換言之，職業不僅是謀生的手段，也是樂生的方式，以為社會公眾服務為快樂，以為人民大眾效力為榮耀。「敬業」、「勤業」、「樂業」即為忠於職守、鑽研業務或技術、熱心服務大眾。這就是職業道德一般。

第三，公共環境中的道德，是指公共場所中人人必須遵循的有場所特點的行為規範。如公園、圖書館、影劇院、體育場、集體宿舍等等。公園遊客「守則」有道德要求，如愛護花草樹木，保護環境衛生等；圖書閱覽室讀者「須知」中有道德規範要求，如愛護圖書，保持安靜等；影劇院「公約」中有尊重演職人員，遵守劇場秩序等道德規範性的要求，諸如此類的具體公共生活中道德規範還可以列出一些，但作為社會公共生活中道德規範一般是什麼呢？我認為從上述的諸種公共場所具體道德規範中抽象出社會公德一般，至少有以下幾項：即舉止文明、遵守紀律、謙虛禮讓、尊老愛幼、愛護公物、見義勇為、助人為樂等。這些社會公共場所道德一般，它們的含義一目了然，無須解釋。它們適用於對進入任何一個具體的公共場所中的人所提出的道德要求。

2、從個體道德一般與群體道德一般中，再概括出一般來，即道德一般之一般，亦即為國民公德。這裡所謂國民公德，是指涵蓋一切道德的基本準則，是每個國民基本的道德價值理念。它該如何揭示出來呢？我認為這裡首先應解決方法論原則問題，這是揭示出國民公德的前提。

方法論原則之一，則是從基本的國情出發，我們今天的社會是社會主義的初級階段。它的經濟關係是公有制占主導地位，多種所有制同時並存，除公有制外，還有個體所有制、私有制、資本主義所有制（外資獨立企業）。分配製度，以按勞分配為主，多種形式的分配製度同時存在，如按資分配，風險工資，特殊補貼等等。這樣的經濟關係所規定的社會關係，主導方面是同志般的互助合作的關係，這是建構國民公德體系的首要出發點。

方法論原則之二，則是從傳統倫理文化中吸收營養，我們是一個古老文明的國家，向來以「禮儀之邦」著稱於世。先人留給我們的極為豐富、寶貴的道德遺產，即中華民族的傳統美德和優秀的倫理文化典籍，為我們建構國民公德提供了寶貴的資源。換言之，關於國民公德範疇的提出，必須盡可能充分地吸收民族的優秀倫理文化遺產。諸如，人文思想，天人合一的觀念，以及至今還有生命力的道德概念，如義、禮、誠等等。

方法論原則之三，則是以開放的心態，吸收西方近現代以至於當代可以借鑒的倫理資料。資本主義的倫理文化，是人類倫理文化發展的一個歷史階段，它含有人類道德生活許多有價值的東西，特別是近三百多年來發展商品經濟所積累起來的倫理、道德文化財富，諸如自主意識、功利觀念、平等思想等等，經過改造之後可以成為我們倫理道德建設的一部分。

方法論原則之四，則是努力反映時代精神，我們的時代是改革開放的時代，商品經濟、科技迅速發展的時代，東西方經濟文化相互激蕩和交流的時代。因此，我們建構國民公德應體現時代的特徵，東西方倫理文化的合璧，並有所超越。

依據以上的方法論原則，不難看出我們的國民公德，至少應有下面四個主要的原則：

第一，集體主義原則，亦即人民大眾的功利原則。集體主義與利己主義相對立。這是反映社會主義本質特徵的道德原則。這個原則的要點：一是不損人的利己是合理的、也是合乎道德的，社會肯定通過正當勞動的致富行為，保護和發展個人正當的合法權益。二是在維護、發展集體利益的基礎上，實行個人利益、集體利益、國家利益相結合。當個人利益與集體利益或國家利益發生矛盾時，應把集體利益或國家利益置於優先地位，即個人利益自覺地服從集體或國家的利益。為了集體或國家利益而放棄或犧牲個人利益，則是高尚的道德行為。三是一切侵犯個人正當利益的行為，一切化公為私，侵吞、蠶食社會共同利益或國家利益的行為都是違法的、反道德的，都應無例外地受到法律的制裁或道德輿論的譴責。集體主義原則主要調節個人與集體（團體的、階級的、民族的、社會的、國家的、人類的、自然界的）之間的關係。對個人品質要求則是公私分明，先公後私或公而無私。

第二，人道的原則，人道與神道、獸道相對立，是人類優秀的道德文化遺產。作為社會主義道德的一個重要原則便是社會對每個成員利益、權利和價值的尊重以及人民群眾之間的相互尊重。從一定意義上來說，沒有人道就沒有道德。這個原則的要點：一是尊重人的價值，人是一切價值中最偉大的價值，是創造價值的價值。「人有氣、有生、有知亦且有義故最為天下貴也。」（《荀子‧王制》）二是以平等的態度待人，把他人看作是我的同伴。恪守「己所不欲，勿施於人」，「己欲立而立人，己欲達而達人」（《論語‧雍也》）的古訓。三是關心人，愛護人，同損害人的尊嚴和利益，同危害社會的反人道的

現象作不妥協的鬥爭。

人道原則調節的範圍主要是個人與個人的關係，並延伸至自然界的生命個體。這一原則對人的品質與情操上的要求則是仁慈與友愛，善待他人，善待自然界中的動植物，保護人類生存環境，維護生態平衡。

第三，公正原則，公正與正義、公道、公平同義。公正與偏私相對立。公正也就是中國傳統德目中的「義」，「行而宜之謂之義」，即行為恰到好處，亦即對人對事持公正無偏的態度。中國從孔夫子到孫中山一直在倡導「義」。在西方社會，公正是古希臘四主德之一，直到現在仍然是他們重視的道德原則之一，當今的美國著名道德哲學家羅爾斯著有《正義論》，專門討論社會公正問題。可見公正是古今中外一以貫之的優秀的道德傳統。

恩格斯說：「平等——正義」〔註1〕。可見正義即公正的基本含義是平等。其要點一是同等情況，同等對待；二是利益分配上「各盡所能，按勞取酬」，即通常所說的按勞分配。這是利益分配的正當尺度。換言之，貢獻與索取相應，權利與義務相當；三是公平與效率統一，效率優先，兼顧公平。沒有效率的公平就是絕對的平均主義，不顧及公平的效率則會導致貧富懸殊。公正原則適用於調節一切人際關係，也適用於調節政府、國家權利機關與社會大眾的關係。國家制定的法律、實行的制度與政策是否公平合理，在權利與義務的分配上國家與公眾之間是否恰當。就個人相互之間關係而言公正原則，則指平等的對待他人。公正原則對個人品質和情操的要求，則為公道、正直。

第四，誠信原則，誠信與欺詐、背信棄義相對立。

誠信同義，誠即信，信即誠。誠信是中華民族世代相傳的美德，古代五常德之一。誠信是做人之本，「人而無信，不知其可也」（《論語・為政》）。今日發展商品經濟，建立市場經濟體制，尤其要講誠信。

誠信原則主要之點，一是真誠無欺，說話算數。二是忠誠老實，不弄虛作假。三是言行一致，說到做到。

誠信原則適用於調節一切人際關係。個人與個人，或個人與集體彼此都應誠信相待。這一原則對人的品質與行為的要求誠實、忠誠、守信。

3、上述四條原則，集中一點歸結為一條，則是「為人民服務」。「為人民服務」本是一條政治倫理原則，毛澤東當年在延安為紀念因公犧牲的戰士張

〔註1〕 《馬克思恩格斯全集》第20卷，人民出版社，1971年版，第668頁。

思德而寫的文章中首次提出，是從共產黨和共產黨領導的人民軍隊要爲解放人民而奮鬥這個角度上講的。以後毛澤東在《論聯合政府》，在《在中國共產黨全國宣傳工作會議上的講話》，在《堅持艱苦奮鬥，密切聯繫群眾》等文章中多次講到爲人民服務或全心全意爲人民服務，幾乎都是從政治倫理這個角度上講的。要求黨員幹部要努力爲人民服務。對於什麼是人民，毛澤東在《關於正確處理人民內部矛盾的問題》一文中作了十分明確的解釋。人民是個階級概念。〔註2〕今日我們講「爲人民服務」必須根據時代的需要注入新的內容，即從全民的意義上理解爲人民服務。這是因爲我們已經從階級鬥爭爲綱的時代轉變爲以經濟建設爲中心，進行四個現代化的建設的新的歷史時期。因此，爲人民服務就不只是個政治倫理原則，也是全社會的一個倫理原則。作爲整個社會的倫理原則，爲人民服務當然不只是要求黨員、幹部爲人民服務，而且也要求人民之間彼此相互服務。這也就是列寧 1920 年在《從莫斯科——喀山鐵路第一次星期六義務勞動到五一節全俄星期六義務勞動》一文中講的「人人爲我，我爲人人」的原則。他說：「剷除舊的社會關係和舊的經濟關係！打倒舊的勞動『自由』（勞動屈從資本的自由）！打倒舊法律和舊習慣！」又說：「我們要建設新社會！」「我們將雙手不停的工作幾年，以至幾十年。我們要努力消滅『人人爲自己，上帝爲大家』這個可詛咒的常規。……我們要努力把『人人爲我，我爲人人』和『各盡所能，各取所需』的原則灌輸到群眾的思想中去，變成他們的習慣，變成他們生活的常規。」〔註3〕這就是列寧對新社會即共產主義社會道德根本原則的原初表述。共產主義社會包括兩個階段即初級階段的社會主義與高級階段的共產主義。

「人人爲我，我爲人人」對共產主義社會初級階段即社會主義顯然也是適用的。「人人爲我，我爲人人」這個新社會道德的根本原則的實質是平等、互助。所以說「人人爲我，我爲人人」就是平等互助的道德。社會主義社會的道德之所以是新的道德，之所以不同於以往一切社會，包括資本主義社會的道德，就在於「平等」、「互助」四個大字。

「人人爲我，我爲人人」是立於社會主義公有制或公有制占主導地位基礎上的道德。公有制或公有制占主導地位的社會關係是人與人的平等或準平等，反映這樣社會關係道德，只能是「人人爲我，我爲人人」。這種新道德不

〔註2〕 《毛澤東選集》第 5 卷，人民出版社，1977 年版，第 364 頁。
〔註3〕 《列寧全集》第 31 卷，人民出版社，1960 年版，第 104 頁。

是利己主義，也不是利他主義，而是超越利己主義與利他主義之上的第三種倫理觀。它吸取了利己主義重視個人利益的合理性，同時又吸取了利他主義關心他人利益的正確因素，而拋棄了前者無視他人利益，後者輕視自己利益的偏狹性，從而把個人利益與他人利益、個人利益與社會利益結合起來。

「人人爲我，我爲人人」之所以是新的道德觀就在於這種道德觀把人的權利與義務、目的與手段統一起來了。以往一切舊的道德，無論是奴隸社會的道德，封建社會的道德，資本主義社會的道德都是權利與義務、目的與手段相分離的道德。奴隸社會，封建社會，占主導地位的道德，本質上是階級特權（包括等級特權）的道德。奴隸社會，奴隸不是人，對他們不能講道德，奴隸主內部等級森嚴，道德不僅是一種階級道德而且是等級特權道德，所謂「刑不上大夫，禮不下庶人」。封建社會的道德也是一種特權道德。如中國封建社會的君權（包括父權與夫權）道德。最明顯的表現莫過於「三綱五倫」。西歐封建社會也是一種等級特權道德。上帝和教皇擁有至高無上的權力，而廣大的臣民是犯有原罪的只有跪倒在上帝的腳下，乞求寬恕和死後進入天國才有出路。資本主義社會的道德是金錢平等的道德，不論誰在金錢面前人人平等。比之前資本主義社會特權道德來說，金錢平等的道德是歷史的巨大進步。但仍然不是我們所追求的平等道德，實際上還是一種不平等的道德。

前社會主義諸種道德之不平等，它主要表現在人的權利和義務、目的與手段的關係上。尊者、貴者、長者、富有者他們只享有道德權利，而道德義務對他們來說是無所謂的。卑者、賤者、少者、窮者只負有道德義務，而道德權利對他們來說是渴望而不可及的。不僅如此，尊者、貴者、長者、富有者，社會把他們看作目的而不當作手段。反之，卑者、賤者、少者、窮者，社會只把他們當作前者的手段，而決不當作目的。

我們講的「人人爲我，我爲人人」，這種新的道德絕對不允許權利與義務，目的與手段的分離。新道德的深刻內涵就在於人人是目的，人人又是手段。人人享有道德的權利，人人負有道德的義務。這才是眞正的平等、互助的道德，我爲人人服務，人人爲我服務，彼此相互服務。

「人人爲我，我爲人人」，是社會主義道德的最根本原則，不僅因爲它是社會主義社會關係的本質反映，還因爲它是社會主義社會道德的總括詞，諸道德之母，社會主義社會主要的四條道德原則都是從這裡引申出來的。

　　從「人人爲我，我爲人人」的原則中可以引申出真正的集體主義原則。集體主義原則的實質是人民大眾的功利主義，個人與集體的互利互惠。「人人爲我，我爲人人」表明人我兩利，互助合作。

　　從「人人爲我，我爲人人」的原則中可以引出人道的原則。人道原則的根本之點，是把他人看作我的同類，尊重他人爲人，愛他人與愛自己具有同等的價值。

　　從「人人爲我，我爲人人」的原則中可以引申出公正、平等的原則。「人人爲我」，我是目的，他人是手段，「我爲人人」，我是手段，他人是目的；「人人爲我」，我是權利的主體，他人是義務的客體，「我爲人人」，我是義務的客體，他人則是權利的主體。這就是說，在這個原則中蘊涵著權利與義務的統一，目的與手段的一致。兩者只具有相對的意義，且可以相互轉化，互移其位置。

　　從「人人爲我，我爲人人」的原則中，還可以引申出誠實守信的原則。「人人爲我」，這就意味著要求別人爲我服務，必須是誠實的，認真負責的；反之「我爲人人」即爲別人服務，必須將心比心，以誠實負責的態度對待別人。

　　以上所論，就是「人人爲我，我爲人人」即人民大眾彼此平等、相互服務的道德，亦即「爲人民服務」的道德。正如中共中央十二屆六中全會《關於社會主義精神文明建設指導方針的決議》中指出的那樣，「在我們社會裏，人人都是服務對象，人人又都爲他人服務」。「人人都是服務對象」即人人都是被服務者，「人人又都爲他人服務」即人人又都是服務者。亦即：人民群眾相互服務。中共中央十二屆六中全會（1986 年）之後的十年，即 1996 年 10 月又作出一個有關精神文明建設的決議，即《中共中央關於加強社會主義精神文明建設若干重要問題的決議》。這個《決議》比之前一個《決議》更明確地提出：「爲人民服務是社會主義道德的集中體現。在發展社會主義市場經濟條件下，更要在全體人民中提倡爲人民服務和集體主義精神……」這再次說明，爲人民服務，就是人民群眾的相互服務，即「我爲人人，人人爲我」。這才是我們社會中最根本的道德，它的精神實質，就是平等、互助。這是人類歷史上前所未有的新道德。

關於社會公德的再認識

　　什麼是社會公德，為什麼要遵守社會公德？婦孺皆知，用不著討論，因為它很簡單。

　　簡單意味著複雜。越是簡單就越複雜。「一」是最簡單的了，可是一包含多，是多的根源，因此才有「九九歸一」的說法。可見，簡單並不簡單。當然，在一定意義上，社會公德的確是一種簡單的道德。

　　然而，以科學的眼光看，簡單包含複雜，應用現代複雜性理論，觀察、研究、思考社會公德問題，那麼就會得出一個結論，社會公德是一個複雜的倫理、道德問題。

一

　　為什麼說它是一個複雜的倫理、道德問題？首先，讓我們反省一下。迄今為止，關於社會公德的界說或解釋，多半是依據恩格斯和列寧的思想，把它視為調節人與人之間關係的「簡單原則」或「起碼的公共生活規則」。也有學者認為，社會公德就是「公民道德」或「國民道德」，是國家倡導或認可的道德準則。還有人主張，社會公德，就是「為公」的道德。凡此種種，都是從某一個側面講的，都有一定程度的合理性，然而並不科學。依我之愚見，社會公德概念、含義廣泛，內容複雜，包含社會生活的諸多方面，諸多領域。在界定公德或社會公德之前，要先明瞭什麼是私德。

　　公德與私德的界說，應首推近代學者梁啓超。他在《新民說》中寫道：「人獨善其身者謂之私德，人人相善其群者謂之公德」。這就是說，人自修其身是私德，善待他人是公德。又說「私德」與「公德」兩者密切相關，人人

必備，不可或缺。這種見解頗有啓發。

我認為，個人私德，就是個人品德，或個人的操守。主要表現在私人交往與私人生活中所體現的信念與準則。那麼，什麼又是社會公德呢？與私人道德相對應的就是社會公德。換言之，私人道德之外的一切道德都是社會公德。

如此說來，社會公德的內容非常豐富而又複雜。下面幾種生活圈，都是社會公德或至少包含有諸多社會公德成分。

一是家庭、鄰里生活圈。家庭與鄰里道德是一種群體道德。盡人皆知，家庭是社會的細胞、社會組織系統的基礎。現代家庭多是核心家庭，夫婦倆和一個孩子，三者為眾。他們共同生活在一起，加上上一輩，還有左鄰右舍的關係，這裡就有公共性的道德行為要求，即是一種特殊形式的公德。

二是職業生活圈。不同職業集團，都有它的職業道德規範，用以約束、指導從業人員的行為，無疑這是一種社會公德。

三是各種社會組織生活圈。如政黨、機關、企業、社團、宗教團體等都有不同性質的組織行為準則，這是一種公共生活規則，裏面也有特定形式的社會公德。

四是公共場所生活圈。例如會場、講堂、圖書館、影劇院、體育館、歌舞廳、車站、碼頭、市場等，都是眾人活動、交流的場所，這裡就有社會公德問題，所謂公共場合道德。

五是人的活動與自然環境相關的生活圈。這裡的環境倫理、自然道德，就是典型的社會公德。

六是國家頒佈或權力部門制定的公民或國民道德準則。它涉及公民對國家與社會的責任、義務，涉及國家或社會的共同利益，具有最大的普遍性和法規性。例如，中華人民共和國憲法規定的「五愛」道德，即愛祖國、愛人民、愛勞動、愛科學、愛社會主義。又如《公民道德實施綱要》中的「愛國守法、明禮誠信、團結友善、勤儉自強、敬業奉獻」。還有「八榮八恥」中，「熱愛祖國、服務人民、崇尚科學、辛勤勞動、團結互助、誠實守信、遵紀守法、艱苦奮鬥」，這是要倡導和實行的善德。要避免和拒斥的是「危害祖國、背離人民、愚昧無知、好逸惡勞、損人利己、見利忘義、違法亂紀、驕奢淫逸」諸惡德。

以上六個方面，都屬於社會公德範疇。簡言之，有三種社會公德概念：

一是除私德之外的一切道德都可視爲社會公德；二是公共場合或共同活動中的道德；三是國家頒佈或認可的要求全體公民或國民都要遵照執行的道德。綜合上述可見，社會公德，除私生活之外涉及社會公共生活或共同生活的方方面面。它的內容不言而喻，豐富多彩，紛繁複雜。儘管複雜多樣，一旦上升至理論、概念層面，則又十分簡單、明瞭。

社會公德到底該如何界定？

《公民道德實施綱要》第 15 條：「社會公德是全體公民在社會交往和公共生活中應該遵循的行爲準則，涵蓋了人與人、人與社會、人與自然之間的關係。」這個定義是一個較廣義的公德概念，特指國家頒佈的要求全體公民一體遵照執行的社會道德。接下來又說「要大力倡導文明禮貌、助人爲樂、愛護公物、保護環境、遵紀守法爲主要內容的社會公德，鼓勵人們在社會上做一個好公民」。這裡的五句話，顯然是在公共場合中對人們行爲的道德要求，是狹義的公德概念。

那麼，怎樣給出一個包括前述五種社會公德意義最一般的社會公德概念呢？

我認爲，把前述《公民道德實施綱要》第 15 條關於社會公德概念的定義，做一修正，即是一個廣義的社會公德概念。

「社會公德是全體公民或特定公民群體，在社會公共生活或共同生活及其交往中應遵循的行爲準則，涵蓋了人與人、人與社會、人與自然之間的關係。」

這裡爲什麼要加上「特定公民群體」和「共同生活」兩句話呢？因爲按照前面所述的六種生活圈，涉及國家、社會利益及其公民義務與責任，才是全體公民要執行的，其餘諸如家庭、鄰里生活圈、職業生活圈、各種社會組織生活圈、公共場合生活圈的道德要求，只涉及圈內的人，不涉及圈外的人，即適合對部分人群的要求，而不適合對全體公民的要求。例如「立黨爲公、執政爲民」，這是黨員、黨政幹部要遵守的道德，對非黨員、對普通老百姓，就不適用。它是黨員、幹部特別是領導幹部在他們的共同生活、共同工作中形成的道德行爲準則，不具有很廣泛的公共性。又如家庭、鄰里生活圈中的人，不論是有血緣關係或無血緣關係，他們日常生活、居家度日，都不是公共性的生活，而是共同性的生活。家庭生活的倫理要求只是涉及家庭成員不涉及社會大眾，至多涉及有限的鄰里。

由此可知，從某一生活圈出發，做出的社會公德概念，都不夠周全。只有把六種共同生活與公共的生活圈的道德要求，加以綜合概括，才是科學的社會公德概念。

我在前面給定的社會公德概念，即「社會公德是全體公民或特定公民群體在社會公共或共同生活中，應該遵循道德行為準則。」它涵蓋了個人與個人、個人與組織或社會、個人與自然之關係。

毫無疑問，社會公德是極為複雜的社會公共生活或共同生活狀況道德要求的高度概括，不是簡單的生活準則，而是包含有家庭倫理、職業倫理、組織倫理、自然倫理、國家政治倫理，諸多倫理要素的綜合概念。這裡不僅有底線倫理，還有中線與高線倫理。我們說，社會公德是一個系統，是一個複雜概念，道理就在於此。

二

從對社會公德概念的分析看，它的基本特徵有以下幾點：第一，普適性。不論全體公民、或特定群體公民，必須遵守其生活圈中的道德行為準則，這裡沒有任何例外、任何特殊。例如《公民道德實施綱要》中說：「在全社會大力倡導『愛國守法、明禮誠信、團結友善、勤儉自強、敬業奉獻』這五條，只要是中華人民共和國的公民都要無條件的遵守，包括取得中國國籍的外國人，也必須遵守。」又如教師道德，不論大中小學校的教師、包括教學行政人員、教輔人員，一同遵照執行，不能因為是校長或主任就可以例外，就可以打折扣執行。第二，集群性。公德或社會公德，具有群體性質，不管這個群體是有組織系統的群體或無組織系統的群體，只要進入這個生活圈，就得遵守它的行為準則。例如，一個公司或一個企業，這是有組織系統的群體，這裡的成員在崗位、服務、責任等方面各不相同，但它是一個有機整體、一個集群，有特有的規章制度、法規或工作守則、道德要求等機制保證，否則這個集群將不復存在。又如，當人們進入車站或機場候車或候機，這裡的旅客是一個一個的人，他們多數不是有組織的人群，而是散在的人群，具有集群性，這裡的人，要遵守這裡的規矩，當屬無疑。否則毫無秩序亂作一團，誰也上不了車，乘不了機。第三，持續性。公德或社會公德是人類生活交往長期積累的經驗的總結，它反映社會公共生活或共同生活的規律性的要求，也反映人們追求和平、安寧、秩序、和諧的心裏渴望，因此，往往不受時代

的嚴格限制，具有比較大的穩定性和持續性。

第四，準法律性。道德不是法律，沒有法律的外在的強制性，但道德畢竟也是一種法規，恰如康德所說，道德法是自覺、自訂、自守的，法由己出。即主觀的法，心中的自我立法，必須恪守不渝。就此而言，它是有一定程度的強制性。

三

公德與私德的關係。公德或社會公德與私德相對應，公德與私德一體二面。近代思想家梁啟超在《新民說》一書中說，公德與私德固然有所不同，但就「含義言之，則德一而已，無所謂公私」，認爲私德與公德密切相關，私德是公德的基礎，沒有私德，就沒有公德，「公德者，私德之推」，公德由私德推演而來。私德是私人或個人在私人生活與私人交往中要遵循的道德行爲準則，如處理父子、夫妻、情侶、師徒、朋友、鄰里之間的關係所依據的原則，無不與社會公德或國家統一實行的道德準則相關聯。而個人的私德也不是純粹私人的產物，它本質上來源於社會生活或社會交往中的需要，是社會公德在私人生活、私人交往或個人品質、情操中的體現。

私德是公德的內化，公德是私德的昇華。

私德與公德辯證統一，兩者有區別又有聯繫。私德在一定條件下可以轉化爲公德，公德亦可轉化爲私德，公德與私德的界限是相對的而不是絕對的。但中國的傳統倫理是血緣親情倫理，也是家長權威倫理，以家庭或家族爲本位，簡言之，是家庭本位主義的倫理文化。

所以，幾千年以來，中國的倫理以「三綱五倫」爲代表，是私德。「三綱」中「父爲子綱」、「夫爲妻綱」是家庭倫理。「君爲臣綱」，不在家庭，是國家倫理。然而，國以家爲基礎，國是家的放大，君臣之綱，乃父子之綱之擴大與延伸。「五倫」中父子有親，夫婦有別，長幼有序，「三倫在家」，其餘二倫，君臣有義在國，朋友有信在社會。這裡講的父子、朋友皆爲家庭、兄弟關係之延伸。因此國君有「君父」之說，進而擴大一切官員都成了百姓的「父母官」。「朋友」有兄弟之說，因此在舊社會長官講話，動輒說弟兄們如何如何，兄弟我怎樣怎樣。

中國近代以來，許多學者認爲，中國家庭倫理是私德。私德很是發達，而公德則不彰。中國人不講公德，或公德意識淡薄。梁啟超甚至認爲，西方

人公德發達，講究公德，所以國家強盛起來。中國人由於不講公德，所以國家不能發達，民族不能振興，並且衰敗下去。梁啓超先生過分誇大了道德的作用。國家興廢、民族存亡與道德有關，但決定性的原因不在道德。當代中國著名社會學家費孝通先生認爲，中國的倫理道德是熟人倫理，對於親人、熟人會尊長敬賢，謙虛禮讓，如進門讓親人或熟人先行，對陌生人完全是另外一回事了。中國的私德發達，不講公德。

上世紀 80 年代初期，臺灣學界掀起了一場關於「第六倫」的討論。著名學者李國鼎先生在臺灣社會學者一次會上發表一篇講演，提到臺灣三十年來經濟發展，但傳統「五倫」道德規範遇到種種困難，於是提出第六倫的觀念，不久又發表了「經濟發展與倫理建設──第六倫的倡立與國家現代化」的專文，引起學界和輿論界的普遍重視。

這裡所謂「第六倫」，即是我們與陌生人的關係，即「群己關係」。認爲「五倫」是私德範圍，「第六倫」則屬於公德範圍。「五倫」適用於經濟不發達的傳統社會。現代工業化社會，只講「五倫」不夠了，要講「第六倫」。這也就是說，中國傳統社會重視私德，輕視公德，現在到了該重視公德的時候了。這些看法頗有道理。但是家庭本位主義的倫理文化，就一定是私德的倫理文化嗎？我看未必如此。家庭本位主義的倫理，是滋生私德的土壤，同時也爲社會公德的萌發提供了可能。

中國人歷來重視私德，公德不被重視，這是事實。但這個事實怎麼造成的？

中國古代，包括近現代的生產方式是一家一戶的小農經濟，幾乎都是「單幹戶」，沒有社會化的大農業或工業生產。社會結構、人際關係比較簡單，因此，重視私人間的聯繫與交往，或者說人與人的聯繫，是一對一，不是一對多。這是私德發達的經濟原因。私德發達的文化傳統上的原因是中國重視做人甚於做事，「德教爲先，育人爲本」的觀念根深蒂固。強調誠正修齊治平，注重個人道德修養與道德品質。這本來是對的，但由此而忽略了公德、公德教育，則是不妥當的。

正如臺灣學者們說的那樣，現在我們到了重視社會公德的時候了。依我一孔之見，社會公德的建設，要提到第一重要的地位才是。爲什麼？

第一，我們的社會從傳統農業爲主的社會，向現代工商社會的轉變大體完成，以鄉村爲主的生活方式，正在以空前的速度向城市爲主的生活方式過

渡。現代化的大生產、大交換、大市場、大物流，造成了人際關係的多元化、多重化，人際交往複雜、多變。競爭觀念、公正意識、守法精神、契約倫理日益深入人心，已經成爲人們遵循的倫理原則。在這樣的環境與背景下，加強社會公德建設，勢所必然。

第二，我們正在又好又快地建設一個民主、文明、富強、和諧的現代化國家，我們是世界上人口資源豐富的大國，也是一個科學、技術迅猛發展，推動社會生產力超常提升的經濟大國，將要成爲世界第三大經濟體。我們每個中國人，對全社會乃至全世界的公共秩序，公共安全、公共利益、公共環境、公共交通負有重大責任與使命。因此，加強公德意識，樹立公德觀念理所當然。

第三，我們中國人歷來缺少公德意識，因此，下工夫，多投入，用心用力，把公德建設好，才能糾正以往的偏頗。加強社會公德建設的重大意義，就在於它是構建和諧社會的思想道德基礎。人與人，人與社會，人與自然關係不和諧的原因，就是個人利益與他人利益，個人利益與社會大眾的利益，社會利益與自然界生存和發展的利益發生矛盾。或個人需要與他人、社會需要，與自然界的需要發生衝突。因此，講究社會公德，以公德要求節制自己的行爲，使大家各安其位，各守其分，和平共處，相安無事，這樣就天下太平了。

加強社會公德建設，有利於提高全民道德素質。因爲外在的公德可以而且能夠轉化爲私德，提升私德，這樣日久天長，個人道德素質就會提高。反過來，高素質的私德又會反作用於社會公德，使公德成長。公德私德相互促進，相得益彰，整個社會的道德水準，就會上一個新臺階。

加強社會公德建設，有助於提高中國人的世界形象，有利於中國人走向世界，有利於改革開放，有利於提高中國的國際威望。

那麼，怎麼加強社會公德建設呢？

首先，從私德入手，採取有力措施，改善對兒童、青少年德育教育的方式與方法，使我們黨、國家對青少年成長的道德要求入腦入心。與此相關，普遍在社區建立家長學校，改變家長的教育理念，使之德智並重。全社會在升學、就業、晉升，尤其是提幹、入黨方面，要把品德考覈作爲一項重要內容。這是一個行之有效的指揮棒，運用好它，必有益。

其次，各種組織生活圈，諸如企業、機關、學校、群眾團體，這些有組

織系統的單位，認真做好本單位或本部門的職業倫理教育，本身就是在做公德教育事業，應自覺地意識到這一點，其他如場、館、博覽會等對無組織的散在群眾或遊客或參觀者須遵守的公約守則等，要突顯公德性的行為準則要求，對違反者，要進行適當的處罰。

再次，加大對破壞社會公德，諸如侵吞公共財產、侵犯社會公共利益、浪費社會資源、破壞公共設施、污染環境的人的懲罰力度。經濟制裁、行政處罰、輿論譴責、法律責任的追究，同時並用。

須知，遵守社會公德，必須經過強制手段的訓育。否則單靠說服教育是解決不了問題的。新加坡的經驗，很值得我們借鑒。該國社會公德好，社會秩序好，舉世公認，就是經過強制性的社會教育養成的良好習慣，習慣成自然。

我們的經濟建設迅速發展，成為世界經濟發展的引擎，我們的社會公德建設、乃至全部道德建設，走在世界的前列，理所當然。為此我們全民都應努力行動起來，讓文明古國、禮儀之邦，再度輝煌。

良知與和諧社會建設

　　當代的中國正從計劃經濟向市場經濟轉型，從農耕社會向工商社會過渡。

　　過渡時期，即社會主義的初級階段，國家以經濟建設爲中心，改革開放二十多年來社會生產力，綜合國力，人民生活水平，都有大幅度的提高。隨之而來的是人們的生產方式，生活方式，交往方式，人的價值觀念、道德、倫理意識均發生了翻天覆地變化。在這種空前變革之中，人們的心理失去了平衡——其根本的原因是社會的物質利益（財富）的佔有與分配不公。致使許多人愈來愈貪婪，自私，喪失了起碼的良知。他們甚至一夜暴富，而另一部分人，辛勤勞作，所得無幾，生活雖有改善，但活得十分艱難。有病無錢醫，有子上不起學。於是社會人際關係緊張起來，對立、衝突與磨擦，接踵而至，顯得很不協調。個人與他人、個人與組織、個人與社會不和諧，個人與自己也不和諧。

　　由於人們的貪婪與自私，還造成與自然的不和諧。這種不和諧，不是始於今日，已有一段歷史了。所以，我們很有必要研究一下，良知與和諧的關係。爲此，我們需要向先人留下的寶貴文化遺產中尋求智慧與幫助。

一、王陽明「致良知」學說的合理性分析

　　王陽明是一位偉大的思想家，他繼承了陸九淵「心即理」的思想，創立了「心外無理」——「心理合一」爲基礎的「致良知」學說，後人稱爲陸王「心學」，與程朱「理學」並駕齊驅，統稱宋明道學，對後世影響深遠。

「致良知」是王陽明倫理思想的核心，它涉及道德的起源、道德行爲判斷的標準、道德修養等問題。何謂「致良知」？簡言之，就是對先天具有的心中之理的自我認識。良知是天理。天下一切事物及其規律，都包括在良知之中，「致」即達到的意思。達到了良知，就掌握了一切眞理。

王陽明說：「良知者，心之本體」。（《傳習錄‧答陸原靜書》）又說：「知是心之本體，心自然會知，見父自然知孝，見兄自然知弟，見儒子入井自然知惻隱，此便是良知」。（《傳習錄上》）這就是說心是一切知識的起源，包括道德意識、道德原則與規範，即孝悌忠信，仁義禮智起源於心。所以他又說：「此心無私欲之蔽，即是天理，不需外面添一分，以此純乎天理之心，發之事父便是孝，發之事君便是忠，發之交友治民便是信與仁」。（《傳習錄下》）

不僅如此，他還認爲，「良知」是判斷一切善惡是非的標準。他說：「凡所謂善惡之機，眞妄之辯者，捨吾心之良知，亦將何所致其體察乎」（《傳習錄‧答顧東橋書》）這就是說是非善惡離開良知，將無法判斷。

「致良知」，也是王陽明的道德修養論。作爲道德修養論的「致良知」就是「勝私復理」，即克除私欲對良知的障蔽，以復明吾心之天理。這也就是「存天理，去人欲」。

王陽明在《傳習錄》上寫道：「……若良知之發，更無私意障礙，即所謂充其惻隱之心，而仁不可勝用矣；然而常人，不能無私意障礙，所以須用致良知格物之功，勝私復理，即心之良知更無障礙，得以充塞流行，便是致其知……」。

在王陽明看來，普通人的良知、往往受私欲遮蔽，所以要「格物」，才能達到良知。然而他所謂格物與朱熹不同，朱熹認爲「格物致知」，即是「即物窮理」，向外用功，以求滅絕私欲。王陽明反其道而行之，對「格物」作了新的解釋，他說：「格者，正也，正其不正以歸於正之謂也，正其不正者，去惡之謂也；歸於正者，爲善之謂也」。（《大學問》）這同孟子「大人格君之格」一脈相承。格物就是格心，即正心，在心裏上作去惡爲善的功夫。「天下之物本無可格者，其格物之功只在身心上做」。（《傳習錄下》）也就是說，向內用勁。

修養的基本方法即作「格物致知之功」，即是「省察克治」。所謂「省察克治」，反省內心深處的私欲，把它揪出來，進行分析批判，連根拔起，徹底

剷除。他以貓捕鼠的故事比喻如何「省察克治」。所謂一眼看著，一耳聽著，私念一有萌動，即與克去，斬釘截鐵，不可姑容與他方便。亦如對付盜賊一樣，不可窩藏，不可放他出路，直到無私可克爲止。

總之，王陽明「致良知」學說，是他的宇宙論、道德論，也是他的修養論。

作爲宇宙論、認爲心外無理、心外無物、心外無事，一切都在心裏，這顯然是不科學的主觀唯心論。

作爲道德論，善惡是非，都是本然之心即善良之心的產物，也是不可取的，它違背了實踐出眞知，實踐檢驗知識包括道德知識的眞理性的原則。

作爲修養論，認爲人性善良，人天生本善，是片面的。而惡，惡行、惡習是良心受了障蔽而形成的，則是有一定道理的。

其實，就人的本性而論，無所謂善惡，善惡是後天習染的，是社會文化的產物。

王陽明企圖通過「省察克治」之功，消滅哪怕是一分一毫的人欲之私。這不僅是不可能的，而且是反人性、反科學的。

這裡他混淆欲與私的界限，欲與私不是一回事。

欲望、欲念、欲求，是人的本能，人行爲的巨大動力。否認了欲的價值，人將無法生存。「欲」失去度才是「私」。這一點，明末清初思想家戴震說的好：「欲之失謂之私，私則貪邪隨之矣」。這個見解，可謂眞知灼見，遺憾的是長期以來爲人們所忽視。可見宋明理學倡導「存天理，去人欲」，把人欲與私混爲一談，似乎不妥，欲不是私，「欲」不當即過分才是私。當然有些時候，個人正當的欲也可以稱爲「私欲」，然而這裡的「私」指個人的或自己的欲（望）。

陽明學「致良知」從道德修養論角度上理解，它的合理性，則是「反省內求」或「省察克治」。爲什麼它是合理的呢？因爲，它符合事物發展變化的規律性，外因是變化的條件，內因是變化的根據。一個事物的變異、質變，外部因素非常重要，但畢竟是外部條件。這些外部條件或因素只起引發、加速、或延遲的作用。眞正變化、改變性質、改變面貌，內部的因素是決定性的。一如中國改革開放，如招商引資、吸引國外投資、引進國外的技術、人才、管理方法等，關鍵是內部的改革，包括制度、法律、政策的調整，以創造良好的基礎與環境。這是我們經濟起飛，和平崛起，取得令人矚目成就的

原因。

反省。做人做事，反省、省察即是回頭看看，總結以往的經驗教訓，以再接再勵，繼續奮進。孔子說：「吾日三省吾身，為人謀而不忠乎？與朋友交而不信乎？傳不習乎？」。「為人謀」、「與朋友交」、「傳」，這是說為大眾服務，與朋友同事交往，對待師長、上級教誨的態度，這三個方面，關係到做事、做人的道理。經常反省、就會有進步、有發展，否則，就停滯不前、甚至倒退。

內求。王陽明先生主張人的修養要向內用功，不假外求。「格物致知」，關鍵在匡正意念，端正行為的動機，去掉邪念，以保證行為的正當性，這是正確的。人的行為受觀念或意識的指導，觀念不正確、行為就不正當。行為不正當，觀念就不會正確。這是不言而喻的真理。

陽明先生非常形象、生動地用貓捉老鼠的故事形容抓住頭腦中一閃而生之邪念，即不正當的私欲，把它克服掉。這是非常科學的，防患於未然或防微杜漸就要這樣做。現實生活中，那些「見利忘義」、「見財起意」的人，難道不是「一念之差」嗎？不是私欲過分膨脹的結果嗎？可見，克服頭腦裏哪怕是一閃而過的錯誤觀念，即不正當的私欲不可忽視，也是做正派的人，有道德的人的保障。

陽明先生特別強調完全、徹底的克服邪念，「除惡務盡」，不姑息，不遷就，斬草除根。這種堅決的態度，值得充分肯定。須知人生活在世界上不可放縱邪念，更不可任意妄為。當今之世人們放縱私欲，過度消費，窮奢極欲，紅燈綠酒，紙醉金謎。「殺雞取卵」，「竭澤而魚」，破壞生態，損毀環境，在所不惜，甚至無以復加，造成人與自然的關係空前緊張，極其不和諧。在社會生活、社會關係方面，「金錢拜物教」空前盛行，人人都在追逐金錢。迷信「有了金錢就有一切」。於是不擇手段，掠奪、聚斂財富。假冒偽劣、坑蒙拐騙，無所不在、無處不有，如今人們不知道什麼東西是真的，什麼人是可信的。傳統的誠信美德已蕩然無存，人人相互設防，社會不和諧，空前嚴重。

黨和政府之所以提出建設和諧社會的主張，就是因為存在諸多方面的不和諧，它已經嚴重地影響到社會的穩定和深入地改革開放。我們要建設一個和諧的社會，已成為全黨、全民、全社會的共識，為此首先應明瞭什麼是「和」或者「和諧」，接下來才好討論怎樣建設一個和諧的社會。

二、建設和諧社會，和與同

中國的傳統文化歷來崇尚「和」，以「和」為貴、為高、為重。孔子說：「禮之用，和為貴。先王之道，斯為美」。（《論語・為政》）這是說，禮的運用以和諧為貴，先王治國的方法，以此為美。

孔子又說：「君子和而不同，小人同而不和」。（《論語・子路》）意思說君子講和諧，小人主同一。這裡的「和」是有差別的一致，這裡的同則是無差別的同一。

《國語・鄭語》記載西周末年周太史史伯回答桓公的話說：「夫和實生物，同則不繼。以他平他謂之和，故能豐長而物歸之，若以同裨同，盡乃棄矣。」對此，當代國學大師張岱年先生有精諶的解讀。他說：「不同事物聚和而得其平衡，故能產生新事物，故云『和實生物』，如果只是相同事物重複相加，那就還是原來事物，不可能產生新事物。故云，『同則不繼』。」〔註1〕

張岱年先生的解讀是完全正確的。所謂「和」就是把不同的事物聚和在一起，經過整合的功夫，變成一種新的事物。如「羹」湯。把數種不同的原料和佐料放到鍋裏去熬，即烹調而成，這就是羹；好喝、美味無窮。反之，原料、佐料都很單一，做成的湯，不受喝，沒味道。又如音樂，一支交響曲，之所以悅耳，是因為有多種樂器配合演奏，大提琴、小提琴、雙簧管、鋼琴、還有若干種打擊樂器等，此外還要有演唱者高低、清濁、長短、緩急聲調的相反相成，相成相濟的和合，才會悠揚悅耳，心曠神怡，這就是所謂「和」。否則，樂器、歌聲都單一、單調，聽眾會感到乏味，甚至煩躁，這是因為同的緣故。

在經濟、政治、文化、民族、社會無處不有「和」，否則，完全是同，那就會死氣沉沉，毫無生氣。最終，經濟不經濟、政治不政治，文化不文化，民族不民族，社會不社會。

例如，我們今日的市場經濟，有個體經濟、私有經濟、集體經濟、國有經濟、合資經濟等，於是才會繁榮發達、生機勃勃，否則只是一種公有經濟，那還是市場經濟嗎？

又如政治，共產黨領導，是執政黨，還必須有民主黨派參政、議政，對共產黨進行民主監督。否則共產黨一統天下，政治就不會清明，很可能走向

〔註1〕 《中國古典哲學概念範疇要論》〔M〕，北京：中國社會科學出版社，1989年，第127～128頁。

專制、獨裁的道路。

就領導班子而言，必須團結持有不同意見的人一道工作。這樣工作才有朝氣，決策才能科學，才能夠比較好的反映大眾的意見與訴求。否則，完全一致，沒有異議，工作就毫無創造性。

毛澤東當年曾經說過：「不懼怕批評與自我批評，實行知無不言，言無不盡」，「言者無罪，聞者足戒」，「有則改之，無則加勉」這些中國人民的有益的格言，正是抵抗各種政治灰塵和政治微生物侵蝕我們同志的思想和我們黨的肌體的唯一有效的方法。〔註2〕這段話直接講的是黨內民主生活問題，但其精神實質是講黨內領導班子如何保持「和」，保持團結一致。那種「一團和氣」，「你好，我好，大家都好」，彼此相安無事，沒有任何批評、任何的不同意見，那就是「同」。「同」的結果就是肌體受到腐蝕，最後蛻化變質。

改革開放二十多年的歷史，我們見到不少地方黨委或政府班子一齊爛掉，原因是他們只講「同」，只講如何與第一把手保持一致，不講「和」，不懂「和」是不同意見、不同觀點、不同作風的調和，是一種對立統一，錯誤地理解「和」，就是一鼻孔出氣，就是和氣一團。從不認真開展批評與自我批評。

就文化而言，「百花齊放，百家爭鳴」就是「和」，一花獨放，一家單鳴，就是同。毛澤東說：「百花齊放，百家爭鳴的方針，是促進藝術發展和科學進步的方針，是促進我國的社會主義文化繁榮的方針。藝術上不同的形式和風格可以自由發展，科學上不同的學派可以自由爭論」。這就是繁榮文化和科學的「和」的方針。毛澤東接著又說：「利用行政力量，強制推行一種風格，一種學派，禁止另一種風格，另一派學派，我們認為會有害於藝術與科學的發展」。〔註3〕這就是所謂「同」，「同則不繼」。沒有發展，沒有前進。「和實生物」，生機盎然。

民族問題，中國是一個由56個民族組成的多民族統一的國家。憲法第四條規定：「中華人民共和國各民族一律平等。國家保障少數民族的合法的權利和利益，維護和發展各民族的平等、團結和互助關係。禁止對任何民族的岐視和壓迫，禁止破壞民族團結和製造民族分裂的行為」。

「各少數民族聚居的地方實行區域自治，設立自治機關，行使自治權」。

〔註2〕 《毛澤東選集》（第3卷）〔M〕，北京：人民出版社，1991年，第1096頁。
〔註3〕 《毛澤東選集》（第5卷）〔M〕，北京：人民出版社，1977年，第388頁。

「各民族都有使用和發展自己的語言文字的自由，都有保持或者改革自己的風俗習慣的自由。」各民族大團結就是「和」。平等、互助、相互尊重。否則，如果漢族強迫少數民族「歸順」，強制改變他們的生活方式、生活習慣，則是「同」。反之亦然，在任何少數民族地區的主體少數民族，也不得強迫漢族「歸順」或者強迫另一少數民族「歸順」他們。各民族相互尊重、相互學習、取長補短，共同為振興中華而奮鬥，才是唯一正確的選擇。

社會由各種組織、單位、團體等組成。如家庭、學校、企業、政府、機關等。他們各得其所，各盡其責。他們都有各自的權益，又都有對國家，全體公民的社會責任，彼此要相互尊重，友好合作，顧全大局，服從整體。這就是「和」，否則，毫無個性，成為一模一樣的單位，這就是「同」。社會將不成其為社會。一言以蔽之曰，既要有統一性，又要有獨立性，這才是真正的和。

由此可知「和」是人類生存與發展的基本價值，普遍價值。家庭要講和。夫妻、父子、兄弟要和，所謂「家和萬事興」。企業要講和。員工與老闆，員工與顧客，員工與員工相互間都要和，所謂「和氣生財」。機關、團體，政府部門內部、彼此之間要講和，合作共事，互相支持，所謂「團結就是力量」。各國家間也要講「和」。互不干涉內政、互相尊重領土主權，互不侵犯，平等互利，即所謂「和平共處」。人與自然也要講「和」。人來自自然界，自然界是人類的母體，人是自然界一成員。自然界供給人衣食住行的資源，所以人應當保護自然、善待自然、感恩自然。恰如莊子在《齊物論》中所說「天地與我並生，萬物與我為一」。張載所說「民吾同胞」、「物吾與也」。這就是所謂「天人合一」。

對立面的鬥爭是事物發展的動力，對立面的和諧也是事物發展的動力。天下萬事萬物都是矛盾的統一體。毛澤東說：「矛盾著的對立面又統一又鬥爭，由此推動事物的的運動與變化」

這裡說的對立面的「統一」就是「和」，就是平衡。

這裡說的對立面的「鬥爭」則是「不和」，就是失衡，就是轉化。可見沒有鬥爭、事物不能發展變化，沒有和諧也沒有發展變化，「和」的確也是事物發展、變化的規律極為重要的方面。這即是「和」的價值之所在。改革開放二十多年，我們國家是穩定的，各方面的關係比較「和諧」，這是我們和平崛起，經濟快速騰飛的根本原因。

事物的發展是波浪式的，由和諧到不和諧再到和諧。

今日中國之所以提出建設和諧社會，是因爲出現了許多的不和諧。我們克服這些不和諧，以求得新的和諧。這是我們社會永續發展的必然要求。

三、建設和諧社會的內容與舉措

爲什麼要提出建設和諧社會呢？我們的社會在發展過程中出現了許多不和諧。這些不和諧已經危及到社會的穩定，黨、政府與群眾的關係，阻礙進一步的改革與開放，阻礙經濟與社會的發展與進步。

首先是人與自然不和諧。

我們國家由於經濟的迅猛發展，且建立在高消耗、高污染的傳統發展模式上，因此造成了嚴重的環境污染和生態破壞問題。

我們的生態危機表現：一是植被破壞嚴重。森林資源銳減，目前我國森林覆蓋率僅爲 16.5%，人均面積僅爲世界人均森林面積的五分之一。二是水土流失驚人。由於修路、採礦、開荒等造成嚴重的水土流失，目前水土流失面積達到了 67 萬平方公里。三是土地荒漠化、沙化加速。截止 1999 年底全國沙化土地面積高達 174.3 萬平方公里，占國土面積的 18%，現在仍以每年 3436 平方公里的速度不斷擴展。四是耕地逐年減少。受「三廢」污染（即廢水、廢氣、廢渣）的耕地面積達 1.5 億畝，占全國耕地面積的二十分之一。五是水資源嚴重匱乏。我國人均水資源擁有量 2200 立方米，只是世界平均水平的四分之一，全國 600 多座城市中三分之二供水不足，六分之一嚴重缺水。

我國環境污染形勢嚴峻。一是大氣污染嚴重，目前我國二氧化硫年排放量居世界第二。極嚴重地危害人們的健康，呼吸道、肺氣腫、肺癌等發病率上升。二是水質日趨惡化。我們 78%的淡水污染物超標，40%的水源不能飲用，酸雨面積在增加，海洋、江河、湖泊被污染，全國七大水系如長江、珠江、松花江、淮河、黃河、遼河、海河的五類水質占 30%，許多大湖泊，如滇池、太湖的污染非常嚴重。〔註4〕三是固體廢物排放量增加，電子垃圾、建築垃圾、生活垃圾堆放城市周圍，對空氣、地下水、農田均有不同程度的污染。此外，還有噪音污染，室內環境污染等。

〔註 4〕龐元正：《全球化背景下的環境與發展》〔M〕，北京：當代世界出版社，2005年，第 464～615 頁。

針對上述問題，解決的對策：

第一、建立人與自然關係的新理念。拋棄「人類中心主義」的舊觀念，樹立「人與自然和諧共存」的思想。以「天人合一」的意識取代「人是自然界主人」的意識。愛護自然、尊重自然，開發與保護自然相結合。

第二、轉變生活方式。現代中國人所面臨的生態危機，環境破壞，跟世界發達國家一樣，與貪欲過度膨脹，追求奢侈豪華的生活方式有關。因此，放棄消費主義，提倡過簡樸生活，恐怕是適宜的。

第三，確立新的道德評價尺度。為保護環境，克服生態危機，在人們行為評價上有人提出一個新標準，即判斷行為對與錯的標準，要看我們的行為是否有利於生態共同體的完整，穩定與美麗。凡是有利於生態共同體完整、穩定與美麗，便是對的，否則就是錯的。

第四、發展循環經濟。改變傳統工業生產模式，依據「資源——產品——再生資源」的方式生產，開發經濟效益好、資源消耗低、環境污染少、科技含量高的產品。

第五、健全有關環境、生態保護法，加大執法力度，完善懲罰機制。

其次，人與人，人與社會的不和諧。

置身於市場經濟環境下到處是競爭的關係，競爭的氛圍。無論是學習、工作、勞動中的人們無一能夠逃脫競爭。

競爭的結果，經濟發展了，但社會財富的分配、收入的分配卻拉開了距離。於是就產生了不平等，不公正的問題。

當前中國社會人際關係緊張不和諧主要有二個方面，一是國民收入相差日益懸殊，即通常所說的貧富差別拉大。二是公民與少數官員矛盾較多，不滿情緒增加。

就前者而言，城鎮居民與鄉村農民收入拉大；城鎮居民內部，鄉村農民內部的收入也在持續擴大；不同地區居民收入差別也在不停地擴大，不同所有制職工，或不同行業職工收入差別同樣在擴大。貧富收入差距拉大之後，造成了貧困人口，城鎮中有 1200 萬人口處於相對貧困中，人均年收入 1059 元，月收入比全國平均收入水平低 54.7%。2004 年按人均純收入低於 668 元標準，年末農村貧困人口為 2160 萬。按人均純收入 669～924 元標準，年末農村低收入人口為 4977 萬人。

改革開放前，我們分配問題主要是平均主義，幹多幹少一個樣，幹好幹

壞一個樣，甚至干與不幹都一個樣。所謂「幹不幹二斤半」，（人人有飯吃）人們普遍沒有積極性，所謂「出勤不出工」，「出工不出力」。現在的問題相反，收入差別懸殊，人們也不正經「幹活」，混日子，而且牢騷滿腹。顯得人與人、人與團體、人與社會不和諧，矛盾尖銳，糾紛增多，再加上大批下崗職工問題更為嚴重。怎麼辦？有學者寫文章道：從分配問題上入手。

在收入分配方面的初次分配主要是市場分配，根據是效率；再次分配由政府調節，防止收入差距過大，主要是依據公平的原則。

首先在初次分配中，要堅持公有制為主體的經濟制度，保證生產條件和經濟關係的平等，這樣才能保證初次分配條件與機會公平。激勵性分配形式貫徹按勞分配原則；效率性分配方式貫徹按生產要素分配原則，兩者皆以效率為前提。建立健全市場機制，輔以必要的政府手段。規範不合理的收入，控制壟斷性收入，取締非法收入，諸如市場壟斷、製假售假、走私販私，偷稅漏稅等。

其次，在再次分配中保證保障性收入分配合理，解決好再次分配公平問題。再分配需要通過政府運作，以公平為原則，保證保障性分配到位，這就需要加大政府調控力度，通過立法、經濟政策、運用稅收、金融、行政等調節干預手段，諸如實行累進稅，對富人按更高稅率征稅；轉移支付，即對特困人群支付貨幣，如老人、殘疾人，為失去工作的人建立失業保障制度等。〔註5〕

第三，政府提供救濟，如提供醫療補助，廉價租、售房屋，發放食品券等。

至於公民與政府關係不融洽，主要是一些官員貪污受賄，假公濟私，侵吞公共財物，或侵犯百姓的權益等，這些問題的解決主要靠端正官員的思想意識，牢固樹立立黨為公，執政為民的觀念；改革幹部管理體制，健全監督法規與制度，加大監督者的權力，對違法亂紀的官員實行懲戒。

最後，自己與自己的不諧和，人們與自然、與他人、與社會不諧和，歸根到底，人自己與自己的不和諧，即身心不和諧，思想中正不壓邪；思想與行為脫節，說與做矛盾。生活在商品社會中的人，幾乎都已經「異化」了，糧食、蔬菜、水果、魚肉都已經變味了，人也變味了。人變得自私、貪婪、

〔註 5〕王偉光：〈在效率優先的前提下，更好地兼顧公平，構建社會主義和諧社會〉〔N〕，學習時報，2005 年 8 月 15 日，第頁。

嫉妒、冷酷、欺騙、做假、麻木甚至殘忍。不能說全體，至少社會上有許多人是這樣。就社會一般大眾而言，幾乎人人都在向錢看。絞盡腦汁、想方設法賺大錢。人欲惡性膨脹，為了錢，不講良心、不要體面、不知廉恥，不顧親情。

教育產業化、醫療產業化、甚至某些政府機關也產業化，舊社會有一句話，叫做「有錢能使鬼推磨」，現在人們說：「有錢能使官推磨」，「舊社會衙門口朝南開有理沒錢別進來」，現在則是「衙門口依然朝南開，有理沒理先拿錢來」。真是不假。

換言之：人欲放縱、失度、失控，「欲之失謂之私，私則貪邪隨之矣」。這就需要全社會、全體公民起來抑止這個「私欲」。

宋明理學，講「存天理、滅人欲」是錯誤的，人欲不能滅，滅了人欲，個人、社會均無發展動力了。但人欲之私、必須加以抑止。陽明先生講「省察克制」，是有合理性的，對過度的私欲需要反省，需要克制，需要剷除。

讓我們個人之欲與他人之欲、社會之欲，自然之欲、均應有度，和諧共處，共生共榮。這樣我們才會活得快樂、活得幸福。

關於目前青年價值觀中的一個重要問題的探討 —— 個人主義再認識

改革開放以來，我國青年的精神面貌有很大變化，個人自我意識增強了，要求實現個人的自我價值，重視公民的民主自由的權利實施，主張參與對社會生活和國家的管理等等。

青年人關心國家大事，擁護改革、開放的政策，迫切要求改變社會上一切不正之風，積極投身於物質文明與精神文明的建設。這一切都說明，我國青年思想覺悟、精神面貌，從總體上說是好的。但是，不能不看到，我國青年由於受到西方文化思潮和我們國內一些人的錯誤觀點的影響，對個人主義由認識不清到欣然接受，甚至奉為生活信條。這就不能不引起我們的重視和憂慮。本文將就個人主義的若干問題，作些理論上的分析和探討，給從事青年思想教育工作的同志們參考。

一、個人主義概念的由來和它的一般含義

個人主義這個概念，似乎很明確，其實不然，對個人主義有各種不同的理解，不同的界說。

由於對個人主義有不同的理解，不同的界說。因此，便有褒有貶，各持己見。可以說，個人主義是一個有嚴重歧義的概念。

（一）一般大眾所理解的個人主義

社會上許多人，把個人主義理解為利己主義，即自私自利。這樣看待個人主義，不限於中國人，西方也有這種看法。例如，加拿大坎爾格里教授鮑

伯·威爾（Bob Ware）在《個人主義種種》一文中說：「在大眾思想中，個人主義經常被認為是自私自利的，在行動上只顧增進個人利益，而不考慮別人的一切。從這種意義上來說，它是與行動上為他人利益著想的利他主義相對的。當然，甚至最自私的人有時也幫助別人，至少是朋友和家庭，只是他們過分看重自己的利益而很少想到別人罷了。」（《道德與文明》1987 年第6 期）。

（二）學者、理論家們所理解的個人主義

在蘇聯學者伊·謝·康主編的《倫理學詞典》中，關於個人主義的條目，界說如下：「個人主義是論證道德和選擇行為的一種原則。它建立在這樣種世界觀的立場上：這種世界觀把在個人的社會聯繫之外進行考察的個人同社會，同一切社會性的起源。」

「個人主義的立場同集體主義顯然是對立的。個人主義不讓人把社會問題作為自己個人問題理解，不讓人去關心其他人的命運，結果就使個人的世界觀陷進死胡同。個人主義的道德目標往往是以功利主義為準則的利己主義；它的極端形式會導致無政府主義，犬儒主義和虛無主義，個人主義的特殊品質是貪財、虛榮、愛好功名、陞官主義、自大狂」。……

「個人主義僅僅產生在發達的階級社會。培養個人主義的最大溫床是資產階級私有制關係。但是在文藝復興時期，早期基督教和啟蒙時代的意識形態中個人主義表現人希望從封建依附關係和教會等級制束縛下解放出來的要求，所以具有歷史的進步意義。」（參見《倫理學詞典》，甘肅人民出版社，1983 年版，第 113 頁）。

這種觀點，視個人主義為利己主義，但肯定它在歷史上有進步意義，作為個人品質的個人主義則毫無可取之處。

《中國大百科全書》哲學卷，關於個人主義的界說如下：

「個人主義，一種以個人為中心對待社會和他人的思想和理論觀點。表現為利己主義，自由主義和無政府主義等形式」。

「個人主義把個人和社會對立起來，一切從個人需要和個人幸福出發，反對統一的社會價值標準。個人主義發展到極端，就會為了個人利益而不擇手段地損害社會和他人。個人主義產生和發展的現實經濟基礎是私有制。個人主義在資本主義上升時期，作為資產階級反對封建主義的有力思想武器，曾起過解放思想的積極作用。但它畢竟是私有制的產物，其消極作用是主要

的，尤其是在資本主義思想武器，曾起過解放思想的積極主義制度完全確立以後，情形更是如此。」

中國的學者大都對個人主義基本上持否定態度，認爲它是一種以個人爲中心的思想和理論。歷史上，作爲資產階級思想解放的武器，曾經起過積極作用，但消極作用是主要的，在社會主義社會，個人主義與社會發展利益相對立。

《美國科林大百科全書》書中關於個人主義的解釋：

「個人主義概念，首先出現在資產階級革命後的法國，常常是被社會主義者，自由主義者、修正主義者用來描述個人利益的罪惡和反社會衝動的。而在英語中，這個詞最初是指美國人所崇尚的利己主義社會哲學。並在羅爾夫・瓦爾多・愛默生寫於 1835 年的一篇文章中率先得到使用。法國政治評論家弗倫齊曼・亞利克西・德，托克維爾在他的《美國民主》一書中，以一種輕蔑的口氣使用這個詞，暗示了一種與自私相類似的對社會的威脅。然而愛默生和其他的美國人卻從正面使用這個詞，來表示一種對個人第一的樂觀信仰」。

「自這個詞被用於英語以來，有兩種對其意義進行界定的方法。一種方法是先設定一種定義，然後再與眾多不同的人物和思潮聯繫起來，而不管他們是否使用過這個詞。第二種方法，根據它在歷史發展過程中所湧現的不同實際意義，來限定它。

觀念的定義，首先將個人主義定義爲一種維護個人最高價值，把社會作爲滿足個人目的手段的學說。這種學說，既指一種人性論，它把個人作爲能夠判斷其行爲效果的道德價值的源泉，也是指一種向傳統、教會或是國家權利的壓制要求自由的政治理論。各種理性運動與這個詞相聯繫，並體現了這種觀念上的意義，這包括伊壁鳩魯的思想；強調個人價值的基督教傳統；歐洲文藝復興的自信；新教改革；約翰・洛克的中產階級自由思想，以及亞當・斯密的自由經濟學。個人主義在這種意義上與集體主義相對照，這種定義的主要缺陷在於掩蓋了個人主義觀念的歷史發展的複雜性。

歷史意義的界定：對個人主義的肯定首先出現在美國，在那裡，這個詞的意義遠遠超過了自由追求經濟利益古典自由主義政治思想。個人主義建立在一種對自然道德秩序的信仰基礎上。這種自然道德秩序使人爲的社會秩序成爲必然，同時爲每個人將會使道德要求和評判內在化，並使自己的生活遠

遠超出獨立自我的各種約束力的限制，正如愛默生所說：『沒有任何統治者，政府會更加牢固的。』」

英國學者們對個人主義的解釋，與美國大體相似，試以《簡明不列顛百科全書》爲例，加以說明。

《簡明不列顛百科全書》是這樣界說個人主義的：「個人主義一種政治和社會哲學，高度重視個人自由，廣泛強調自我支配，自我控制，不受外來約束的個人或自我。創造這個詞的法國政治評論家亞歷克西·德·托克維爾把它形容爲一種溫和的利己主義，它使人們僅僅關心自己家庭和朋友的小圈子。作爲一種哲學，個人主義包含一種價值體系，一種人性理論，一種對於某些政治、經濟、社會和宗教行爲的總的態度、傾向和信念。個人主義的價值體系可以表述爲以下三種主張：一切價值均以人爲中心，即一切價值都是由人體驗的（但不一定是由人創造的）；個人本身就是目的，具有最高價值，社會只是達到個人目的手段；一切個人在某種意義上說道義上是平等的。下述主張最好地表述了這種平等：任何人都不應當被當作另一個人獲得幸福的工具。個人主義的人性理論認爲，對於一個正常的成年人來說，最符合他的利益的，就是讓他有最大限度的自由和責任去選擇他的目標和達到這個目標的手段，並且付諸行動。另外作爲一種總的態度，個人主義包括高度評價個人自信，個人私生活和對他人的尊重。」

「個人主義的消極方面，反對權威和對個人的各種各樣的支配，特別是國家對個人的支配」。

美國、英國作爲個人主義的故鄉，這裡的思想家們，賦予個人主義以積極的肯定意義，是一種政治和社會哲學，強調個別人的獨立性和利益。有時也具有否定的含義，但是在當代英語社會中，沒有普遍性。

（三）個人主義概念的由來和它的核心思想

個人主義和利己主義一樣，都是私有制的精神產品。有了私有制，人們自然在他的自我意識中形成私有觀念，其中個人主義和利己主義，便是私有觀念中的核心內容。資產階級的私有制，使個人主義、利己主義觀念，達到極致的高級階段。這就是個人主義和利己主義產生的經濟根源。

在資本主義世界，個人主義不僅是一種普遍的社會意識，滲透在政治、經濟、文化各方面，而且也是一種財產制度。正如《大不列顛百科全書》關於個人主義的條目所指出的那樣，「個人主義也指一種財產制度，即每個人（或

家庭）都享有最大限度的機會去取得財產，並按自己的意願去管理和轉讓財產。」由此可見，個人主義和私有財產、特別是和資本主義私有制度有內在的聯繫。

個人主義作爲一種社會和政治哲學，作爲一種倫理觀念，它的產生，也有其文化和思想淵源。

個人主義思想，發端於文藝復興時代。當時並沒有個人主義這一概念和詞彙。在那個時代，個人主義作爲一種從宗教、神靈對人的控制、奴役和擺佈中解放出來的一種朦朧意識而出現。個人主義這個概念，最早出現在上個世紀三十年代，有人說，首先使用「個人主義」概念的是法國政治評論家托克維爾（見溫洋《美國人價值觀淺說》——個人主義。美國研究參考資料，1986 年第 1 期）。也有人說是美國著名作家、詩人羅爾夫·瓦爾多·愛默生。不管怎樣說，個人主義這個科學概念的產生，是十九世紀的三十年代，比個人主義的行爲和表現產生的晚些。

個人主義思想在文藝復興時代，是以表現凡人的面貌出現的。最初是在文藝作品中，特別是在雕刻繪畫中，表現凡人的性格特徵，如達芬奇不朽的作品《蒙那·麗沙》，他畫的不是天使、耶穌和聖母，而是普普通通的人。

個人主義思想的進一步發展，是十八世紀歐洲啓蒙時代。英國唯物主義哲學家洛克，可以說是一個代表他提出關於天賦權利和個人政治平等理論，影響深遠。

此外，法國的孟德斯鳩、英國的亞當·斯密、德國的康德、北美殖民地托馬斯·佩恩、本傑明·富蘭克林等，都主張從自然和社會的各種迷信和權勢的束縛下解放出來，強調人的自身價值及其作用。其中，亞當·斯密的經濟個人主義突出地反映了這個時期個人主義思想的特點。亞當·斯密認爲，人人都自由地追求個人利益，那麼整個社會，就會在「看不見的手」（指經濟規律）指引下，走向繁榮和幸福。

1776 年美國的「獨立宣言」，可以說是個人主義思想的範本。其中寫道：「我們認爲下面所說的都是極明顯的眞理：所有的人都生而平等。上帝賦予他若干不可剝奪的權利。其中包括生命自由和對幸福的追求。」

十九世紀以後至今，個人主義思想還包括「機會均等」、「我的一切由我個人負責」等等。

總之，個人主義思想是有多重意義的概念。諸如：人應當是獨立自主

的，有權做出自己的決定，別人，包括政府在內，無權干涉，人生而平等，上帝賦予人以生命、自由和對幸福的追求不可剝奪的權利；人擁有最高的價值；我的一切，由我負責等等。

其核心思想是，個人的價值利益、意志、願望和要求，是至高無尚的，人的行動、生活方式的選擇，要求最大限度的自由，甚至絕對自由。簡言之，就是自我中心論。這也就是個人主義思想實質之所在。

個人主義是資產階級人生觀的核心。它既是一種人性論、一種價值觀、一種生活態度，也是一種倫理觀。

二、公正地評價個人主義思想

個人主義思想出現不是偶然的，有它的經濟的和思想根源，它在歷史上的作用，不管是積極的，還是消極的，都是不容忽視的。

（一）個人主義的合理因素

個人主義，作為資產階級的精神武器，在反對封建制度和宗教統治中，曾經起過積極作用，在當時來說，提出個人主義觀念，是思想上的一大解放。

在封建宗法制度重壓和教會的殘暴統治下，個人的利益被否定，欲望被抹煞，個性被摧殘。資產階級先進的思想家們，勇敢地舉起個人主義的旗幟，肯定個人具有最高的價值，主張自由地選擇生活的道路，鼓勵人對幸福生活和物質利益的追求，揭示蘊藏在個人自身中一切潛在的力量，帶來了個性的解放，喚醒了人的自我意識。

個人主義使人認識到自己的力量和智慧，掙脫禁欲主義、蒙昧主義和絕對服從的桎梏，以極大的熱情思索人生，追求知識，增長才幹，發展人的獨立性。這些都是好的，值得肯定的。

個人主義從理論上說，重視人的利益，尊重人的權利，捍衛個性自由，倡導獨立自主，鼓勵個人奮鬥等，都是合理的、積極的、可取的。

（二）個人主義的反科學性

個人主義從本質上說是不合理的，反科學的。讓我們從以下四個方面分析它的反科學性、不合理性。

首先，作為價值觀的個人主義，把自己看作是目的，把社會看作是達到個人目的的手段。儘管他們也曾說過，人和人是平等的，任何人都不應當把別人當作自己獲得幸福的手段。但這種聲稱於事無補，不過是掩耳盜鈴的把

戲而已。

從邏輯上說，這種論證問題的方式不能自圓其說。人是目的，社會是手段，請問在我個人之外的社會是什麼？毫無疑問，就是除我之外的一切他人。既然一切其他人都是達到我的目的的手段，那麼再聲稱，他人在人格和尊嚴上與我平等，不應當把別人當作為我獲得幸福的工具，豈不是廢話嗎，不是與前面的論點，即說社會是實現我的目的手段相矛盾嗎？

從理論上說，個人是目的，社會是手段，是站不住腳的。充其量，不過是一種無法實現的良好願望而已。事實上，人與他人，即人與社會兩者互相依賴、互為目的、互為手段。社會不依賴個人，不把個人、或集團當作手段，社會不會繁榮、也不會發展。人類社會迄今為止的歷史，可以說就是依靠犧牲某些個人、某些集團的利益，或者說，把某些個人、集團當作手段而發展起來的。比如說，現代資本主義的文明，如果資產階級不是把無產階級當作手段、當作工具，怎麼會有現代資本主義繁榮的經濟、昌盛的科學和發達的文化嗎？同樣，個人的存在與發展，如果不依賴他人，不依靠社會，換句話說，不把他人、社會當作自己求生存、求發展的手段，個人怎麼能夠存在下去？正因為如此，《聖經》才說，上帝當初造人的時候，不能只造一個亞當或夏娃，必須同時走出亞當、夏娃兩個人來。也正因為如此，魯賓遜在一個孤島上不能一個人單獨生活下去，必須有一個「星期五」陪伴。人作為一個生命個體，必須與生存的自然環境，與外界進行物質、能量、信息交換，否則不能存在。人作為一個社會存在者必須與周圍的社會環境，與周圍的人發生聯繫，進行物質、思想、感情和信息交流，否則一天也生活不下去。個人主義，作為一種價值觀，恰恰歪曲了這種關係，似乎只有我才是至高無上的。別人算不得什麼。

其次，作為價值觀的個人主義，也顛倒了個人利益、需要、尊嚴和權利，與社會利益、需要、尊嚴和權利的關係。個人主義認為，個人的需要、利益、尊嚴、權利，至高無上，神聖不可侵犯。誠然，個人利益、需要、尊嚴和權利是重要的，誰人沒有個人的利益、需要、尊嚴和權利呢？沒有個人的利益、需要、尊嚴和權利，恐怕不是一個有血有肉、有生命的現實的人。但是個人利益、需要、尊嚴和權利，從哪裡來？以從哪裡得到滿足？沒有他人相助、沒有社會提供一定的物質、文化條件，個人的利益、需要、尊嚴和權利，又從何談起？抹煞或否定個人利益、需要、尊嚴和權利，是錯誤的，

這是歷史已做出的結論。但是個人利益、需要、尊嚴和權利。比起階級的、民族的、國家的、全人類的利益、需要、尊嚴和權利，就不是至高無上的。相反，倒是階級的、民族的、國家的、全人類的利益、需要、尊嚴和權利，高於個人的利益、需要、尊嚴和權利。

第三，作爲人性論的個人主義，認爲人生來就是自利的，要求擁有最大限度，甚至於絕對自由去追求個人的利益與幸福。

人生來自利，這個論斷不能成立。不要說社會的人，退一步說，人就是一個動物，也不完全是自利的。自利固然是動物的一種本能，但動物也有利他的本能，否則動物也不會存在於自然界之中。人何況是一個社會的人，怎麼可以說他們天生就是自利的呢？在階級社會，由於受私有制的影響與薰陶，人是自利的，但人由於過著社會的生活，社會生活的共同性，決定人還有利他的一面。

人渴望自由，要求自由思想、自由言論、自由追求個人的利益與幸福，本無可厚非。但個人主義過分宣揚人的自由，似乎存在一種不受限制的自由，則是荒謬的。須知絕對的自由，就是絕對的不自由。任何人的自由，必須以不妨礙他人的自由爲限，任何人的自由都必須以遵守一定的紀律、法律爲限。否則不會有自由。個人主義要求的自由實質上是不受任何約束的自由，它的邏輯結論勢必視法律、道德、宗教規範是枷鎖，導致行動上的虛無主義和無政府主義，乃至種種反社會的傾向發生。

第四，作爲生活態度和信念的個人主義，特別強調自信，自信自己的所作所爲一切都正確。自信，對一個人來說，是相信自己力量和智慧的表現。沒有自信，人不能獨立的生活，從這個意義上說，自信是人獨立性的表現。但是個人主義把自信擡到一個不適當的位置，凡事都相信自己，依靠自己，對他人、對群眾不相信，則是錯誤的。這種過分自信，容易導致對他人的輕視，冷漠，甚至漠不關心，這樣就把自己孤立起來了。

第五，個人主義作爲一種倫理意識，更是不可取的。

倫理個人主義主張，善惡、是非的確定，以個人的需要，即我的需要、我的利益爲準。換言之，根據我的需要、我的利益，決定什麼是正當的、什麼是不正當的。這與社會的利益、社會的傳統是役有關係的。顯然是倫理個人主義是一種相對主義。

倫理相對主義，也是倫理主觀主義，只承認倫理道德的主觀性，完全否

定倫理道德價值的客觀性和它的普遍意義。主張我行我素。這種觀點是對傳統和社會道德的抵制和破壞，使社會道德陷於無序狀態。

倫理個人主義，片面強調道德是個人自我肯定、自我發展的手段的一面，甚至錯誤地把道德歸結為個性表達的方式，而否定道德是維持社會秩序的工具，對個人有約束性的一面。在個人主義者看來，社會道德規範、社會關係是束縛人發展的羈絆，只有撤開社會的道德、社會關係，個性才能得到無拘無束地發展。

第六，個人主義和利己主義是相通的。個人主義和利己主義，它們不僅同是自我中心論，而且有共同的歷史背景，同時產生於文藝復興時代，同時發展於資本主義時代，有共同的理論基礎，這就是自然人性論，即人生來就是為自己打算的，人的本性就是謀取個人私利的。但是，生理學、心理學均已證明，說人生來自私是毫無根據的。人是自私，抑或公而無私，完全是後天環境、社會物質生活條件和教育的產物。

三、我們為什麼不能引進個人主義

個人主義是徹頭徹尾的自我中心論，資本主義社會的生活實踐，無可辯駁地證明，個人主義已經走到了歷史的盡頭。

（一）個人主義違背時代潮流

個人主義，儘管目前還有許多人相信它，並把它當作生活的信條，但是，遭到歷史的唾棄，已是不可避免的趨勢。君不見，當今的西方思想家們，在倡導集體主義嗎？這說明個人主義時代，即將過去，集體主義取代個人主義，或者個人主義將溶於集體主義之中。例如，實用主義哲學家杜威，在 1934 年寫的一篇文章中說過，「我們的物質社會正向集體合作的方向發展，精神社會和思想意識，不能停留在科技社會前的個人主義價值觀和理想上。」美國學者伯恩斯教授說：「隨著十九世紀進入尾聲，美國個人主義的思想開始被來勢強大的集體主義所取代」。當然他所說的集體主義和我們所說的集體主義不完全一樣，它是立足於個人主義基礎上的集體主義。不管怎麼說，這種集體主義，雖然帶有個人主義性質，但畢竟不是原來的個人主義，這足以說明個人主義已經日落西山，氣息奄奄，快進歷史博物館了。

（二）中國原本是一個小農經濟的大國

小農經濟對人思想意識的影響，就是使人從吃奶的時候起，就染上了自

私自利的心理和習氣。中國有句俗話，「個人自掃門前雪，休管他人瓦上霜」，就是自私自利思想和習慣的寫照。

西方個人主義思想與土生土長的自私自利相結合，從而產生中國式的個人主義，即利己主義，這種利己主義，是一種赤裸裸的利己主義。

今日中國個人主義，即利己主義之風愈演愈烈，以至膽大妄為，奉行「不被抓到」就行的生活信條，損人利己，化公為私，貪污受賄，比比皆是。其危害世人皆知，有目共睹。諸如此類的腐敗現象雖不能完全歸結為個人主義所致，但個人主義思想卻是重要的思想原因。近年來西方個人主義思想滲透，已造成如此嚴重後果，可是有人居然還嫌不夠，還要引進，倡導個人主義，真不知其用意何在！

個人主義再不抵制和批判，必將進一步泛濫成災，導致道德更加淪喪。

（三）個人主義既不符合中國的歷史傳統，也不符合中國的國情

中國傳統文化是以家族為本位的，家族本位的傳統文化的積極因素是「愛」與「和」，家庭成員之間，夫妻性愛、兄弟姐妹之間是友愛，父母與子女是慈愛，整個家庭成員和諧相處，平等互助，從而產生巨大的凝聚力和親和力。這種倫理關係，推廣應用於社會，就使整個社會產生一種向心力。使社會生活健康、正常運轉。當然家族本位的傳統中國文化，在封建社會裏，有男尊女卑，男主女從這種不平等和宗法制度的消極因素，但這些消極因素，我們必須堅決予以否定，發揚其「愛的」的積極因素，這樣對新式家庭生活的建立，對社會主義精神文明的建設是有利的。而個人主義則不同，個人主義雖有許多積極因素，但基本傾向是個人中心論，太注意個人的利益與自由，過分強調個人的獨立性，對家庭對社會均產生離心傾向，因此是不可取的。

個人主義與中國當今的社會制度不相容，我們是社會主義國家，儘管有多種經濟成分同時存在，但公有制占主導地位，我們經濟改革，政治改革的目的是更好地建設社會主義並為向共產主義前進創造物質技術基礎。與此種經濟關係相適應，我們只能倡導集體主義、人道主義和為人民服務的思想。我們無論如何，不能倡導個人主義，因為個人主義是私有制，特別是資本主義私有制的意識形態，它同社會主義格格不入。個人主義在我們社會主義初級階段裏，雖然是客觀存在的一種意識形態，也是許多人崇尚的生活信條，但它不是國家意識，作為國家意識，只能是馬克思主義的世界觀、人生觀和

倫理觀。故此，我們不但不能提倡個人主義，還要抵制和批判個人主義。

這裡我們還必須指出，我們以往對個人主義的批判，究竟應當怎樣估計？我們批判錯了嗎？我認為，我們以往對個人主義的批判，從總體上說沒有錯，我們是從中國的實際出發，批判個人主義的，側重於批判個人主義所包含的自私自利的思想。但在批判個人主義思想過程，有過頭、不適當的方面。

首先，在許多場合下，把個人主義與自私自利完全等同是不妥當的。個人主義思想實質是自我中心論，自我中心包含有自私自利，但不等於自私自利。把個人主義思想與自私自利視為同一，這就是完全抹殺了個人主義思想中的積極的合理因素。

第二，常常把個人主義與正當的個人利益混為一談，甚至將個人利益視為個人主義加以討伐。正當個人利益，人皆有之，否定了個人利益，就否定了個人的存在。個人利益基本上是個物質範疇，所謂個人利益，是同一定生產力發展水平相適應，並為當時社會經濟關係制約的個人通過勞動創造的物質和精神產品的佔有和享用。個人主義又是精神範疇，是私有制經濟關係的基礎上產生的一種社會，政治哲學，一種人生價值方針。兩者有密切聯繫，當把個人利益奉為行為至上準則，或不擇手段尋求個人利益，或把個人利益置於社會整體之上的思想行為，均屬個人主義。可見個人主義與正當個人利益不同，不可混淆他們的界限。

第三，以往對個人主義的批判，常常無限上綱，什麼個人主義是「萬惡之源」，個人主義是極端反動的思想，等等。武斷的結論多於細緻的分析，令人不能接受。

這些都應該認真糾正，但對個人主義批判這個案不能翻。翻了這個案個人主義像決了堤的洪水一樣泛濫起來，將把我們社會帶進一個危險的境地。

道德建設與經濟效益

在我們的一些企業中，長期以來存在著一手軟、一手硬的情況。儘管中央領導同志、黨和政府的有關文件，多次講到兩手都要抓，兩手都要硬，可是有一手就是硬不起來。為什麼會是這樣呢？這與認識上的偏頗有關。有些企業家或經營、管理者往往把經濟與道德對立起來，認為在企業裏，抓生產、抓效益是唯一的；抓道德、抓思想、抓企業文化，沒有多少用處。甚至認為，抓思想、抓道德、抓企業文化會妨礙生產。他們在工作中見物，不見人；只講技術業務培訓，不講思想道德教育；只講物質刺激，不講精神鼓勵。這實在是一種錯誤的認識。為了辦好企業，必須轉變觀念，提高對道德建設在企業生產和企業經營管理中的地位和作用的認識。

一、道德建設極為重要

企業是從事商品生產和經營的組織，它的中心任務是提高企業經濟效益，發展企業生產力。

企業職工的勞動能力不是簡單的體力問題，具有豐富的內涵。當今所謂勞動力，不僅指勞動者的文化、科學素質、業務、技術水平，而且也包括他們的道德素質。勞動者或職工是否具有勞動道德，是否有責任心，有服務意識，有主人翁勞動態度，有良好的人際關係，會直接、間接地影響生產效率。正如保加利亞哲學博士瓦·維切夫教授在《經濟與道德》一文中所說：「道德正在通過人們的道德——心理素質而體現為生產要素」。這一要素通過對人的教育而對勞動活動的效益發生影響。「勞動的成果既取決於工人的業務素質和知識，也取決於他們的『道德潛力』，取決於他們對自己的義務和責任

的認識，取決於有益於社會的動機和需求。爲了爲現代化的生產過程提供保證，人的道德心理素質的意義不僅不亞於體力和智力因素，而且往往具有首要的意義。高水平的業務能力與高水平的道德素質的統一，是人們充分參加社會生產的必不可少的條件。」（載保加利亞《工人事業報》1988 年 7 月 4日）當代美國的社會經濟，可謂最發達的商品經濟或市場經濟，他們的企業或公司非常注重道德和職業道德的管理。據報載，華盛頓道德問題研究中心去年年底發表一項全國性的調查報告，調查報告表明，現在越來越多的公司都制定了正式的職業道德計劃。根據調查，60%的公司制定了職業道德準則，33%的公司開設了商業行爲培訓課，還有 33%的公司設立了職業道德辦公室，員工可以前去咨詢或彙報有疑問的商業活動。爲什麼美國的公司這樣注重職業道德的管理呢？這是因爲良好的職業道德能夠促進勞動生產率和產品質量的提高。

我們的企業改革做得好的單位，其中重要原因之一，就是重視企業道德建設。例如冀東水泥廠，在 80 年代初，從日本引進一條水泥生產線，達到 90年代的世界先進水平，連續數年被建材部和省評爲「雙文明」先進單位，是我國建材系統「創利稅大戶」之一。他們爲什麼會成爲雙文明單位呢？原因是全廠職工從上到下，都把道德建設擺在一個重要的位置上，努力提高全廠職工思想道德的素質。他們提出，在工廠講職業道德做文明職工，在家裏講家庭道德做文明家庭成員，在社會公共場合講社會公德做文明公民。無論職業道德、家庭道德，還是社會公德，均有規範性要求，有考覈標準，有監督機制，有評比表揚的制度，這就是他們創造的「三位一體」道德文明建設的新格局。職工思想道德素質提高了，促進生產效率大大提高，連續多年被評爲生產先進單位，也同時被評爲「全國思想政治工作優秀企業」。

石家莊市汽車出租行業，開展「爭做文明使者，光大河北形象」的活動，收到顯著的社會效益和經濟效益，引起社會的廣泛關注。爲開展這一活動，他們提出樹立「三個意識」，做到「五個文明」。所謂「三個意識」，即「我就是省會，我就是河北，我就是文明使者」。所謂五個文明，即「語言文明——使用『您好、謝謝、再見』六字服務用語，禁用粗話、髒話；儀表文明——衣著整潔，舉止端莊，不留長髮長鬚；車容文明——車窗明亮、車身無塵、坐套乾淨、車內無異味；經濟文明——使用計價器、明碼實價不拒載、不宰客、主動開票找零錢；行車文明——證件齊全、遵守交通規則、不

搶道、不壓車、不亂停亂放」。「三個意識」,「五個文明」,既包含有道德的因素,又包含有行為文明的因素。

自開展這一活動以來,汽車司機服務水平顯著提高,受到社會各界的廣泛讚譽。也因此提高了經濟效益。據有關部門統計,開展活動以來,全市出租車平均增加收入21%。用司機的話說:「文明也可以生財」。

以上事例說明,在經濟體制改革的條件下,道德絕不是可有可無的,道德與生產、經營活動、職業行為密切相關,兩者互相促進,相得益彰。隨著職工道德覺悟的提高,主人翁責任感的加強,自我監督能力的增進,他們在生產勞動中,或在職業行為中,自主性、創造性、業務能力、技術水平就會相應的加強或提高。這樣就會創造出生產的高效率或經濟的高效益。反過來,經濟效益好,收入增加了,也有助於職工更好地講道德,講文明。

二、道德是現代企業管理理論的重要構成因素

企業管理理論,從 X 理論到 Y 理論,再到超 Y 理論,以至於企業文化理論誕生的歷史過程看,從重視物到重視人、重視人際關係、重視人的精神、心理與思想道德看,思想、道德越來越成為現代企業管理理論的重要內容。

前聯邦德國《世界報》1988年9月18日有學者發表文章說,美國人認識到,道德哲學是管理的總鑰匙。又說,在德國企業中,道德哲學的重要地位也在增加。文章列舉了麥道公司在其企業指導原則中搞好管理的五把鑰匙:人才管理、開發管理、分散管理、改進質量和道德綱要。接著作者指出,「道德綱要」是把所有鑰匙串在一起的總鑰匙。認為,「道德綱要」就是價值觀,就是企業文化。可見道德在企業文化中具有舉足輕重的地位,它所起的作用,是其他企業文化因素所不能代替的。事實上,道德作為企業價值觀的核心,保證企業生產經營活動始終如一遵循企業價值觀指明的方向運作,保證企業獲得正當的經濟效益、良好的社會效益,並推動整個社會經濟進步與發展。因此,許多企業家、企業經營文化的學者、專家們都非常重視對企業文化中倫理或道德問題的研究。

作為企業文化重要組成部分的道德,滲透在企業經營管理的全部過程之中,決策、計劃、組織、指揮、控制、協調,其中都有道德要求。如決策道德有謹慎決策、開拓創新、意志堅定等;計劃道德有忠於決策目標、積極穩妥、留有餘地、嚴格監督檢查等;組織道德有知人善任、大膽放權、信任下

屬、協調與合作等；指揮道德有勇於負責、正確運用權力、善於發揮組織作用等；控制道德有注重實效、協調各種關係、嚴格按規章制度辦事等；協調道德有辦事公正、平等待人、尊重來自各方向的意見、公正合理處理各種關係與矛盾等。管理方法中除職業道德方法之外，尚有行政、法律、經濟、社會心理的方法，這諸種方法中都含有道德的成分。如經濟方法中，兼顧國家、企業、個人三者的利益，物質獎勵與精神獎勵相結合，責權利相宜，獎懲相當。又如，社會心理方法中，尊重人格，滿足需要，承認個性，發揮專長等。

綜合上述，可見道德是現代企業管理理論的重要內容。任何管理不外是對人、財、物的管理，而對人的管理則是管理之要害。現代企業管理理論，一致主張企業「以人爲本」，或「企業即是人」，原因就在於此。然而對人的管理，絕不可以用管錢、管物的方法。適合於人的方法有許多，但最佳方法則爲法與道德。法是外在的他律，包括企業中的各種規章制度，都程度不同地具有法的性質與功能，都是「硬性的」規定。這種「硬性的」規章制度，貫徹執行起來，不論是否理解，是否同意，都要照此辦理。如果能夠得到職工心理上的認同，貫徹執行起來，就會順暢得多。那麼，究竟如何得到心理上的認同呢？這需要有一種內在的道德自覺，即道德自律精神。道德乃是貫徹、執行法的思想基礎。由此看來，加強企業思想政治工作，提高職工思想道德覺悟，至關重要。職工群眾有道德上的自覺，就會把外在的他律變成內在的自律，把企業的規章制度變成一種工作和生活的需要，由「要你怎樣做」，變成「我要怎樣做」。正如毛澤東同志所說：「唯物辯證法認爲，外因是變化的條件，內因是變化的根據，外因通過內因而起作用」。（《毛澤東選集》第一卷，人民出版社 1991 年版，第 302 頁）。在《人的正確思想是從哪裏來的？》一文中，他又說：物質可以變精神，精神可以變物質，一種先進的正確思想、觀念或意識一旦被群眾所掌握，就可以變成巨大的物質力量。

三、道德建設重在提高全體職工的素質

社會主義的道德建設與西方資本主義企業的道德建設雖然共同認爲，它是企業生產、經營的一種動力，可以提高勞動效率，帶來良好的經濟效益。但是其中有一點根本不同，就是我們講企業道德，包括企業文化建設，不止是爲了提高勞動效率，增加經濟效益，我們更注重社會效益即提高職工的思

想道德素質；尤其是培養有理想、有道德、有文化、有紀律的一代新人。這就是說，我們的企業不但要出優質的產品，還要出優質職工。

僅就有道德而言，除了要求我們的職工掌握國民公德的基本原則與規範，能夠在特殊的具體的場所，作出正確的道德判斷，選擇正當的行為之外，還要成為一名合格的現代企業的文明職工。為此，必須加強對職工的職業道德教育。著重點在「三業」教育，即「敬業」、「勤業」、「樂業」，亦即職業責任、職業技能、職業理想、職業紀律教育。這裡的關鍵是企業領導人、管理者自身的道德教育問題。馬克思說：「環境正是由人來改變的，而教育者本人，一定是受教育的」。(《馬克思恩格斯選集》第一卷，人民出版社 1972 年版，第 17 頁)。馬克思的論斷是正確的，也是行之有效的。我國許多企業和公司，很注重對管理人員的職業培訓，其中包括職業道德培訓。石家莊市交通局運管處，在汽車出租行業開展「爭做文明使者，光大河北形象」的活動中，著眼於提高管理幹部整體素質，認真抓了管理幹部的培訓。業務培訓方面，要求幹部做到「五懂五會」，即懂政治會講埋，懂政策會管理，懂法規會處理，懂業務會辦理，懂市場會治理。他們提出：「司機為社會服務，我為司機服務，以文明帶文明，以文明促文明」。他們不但是組織者，指揮者，也是參與者。他們要求司機做到的，自己首先做到。管理幹部利用節假日義務幫助出租汽車司機清洗車輛，捐款 7800 多元，購置坐套贈送給出租汽車，無償為出租車進京代辦信函手續。其次，秉公辦事，廉潔自律。管理幹部在執行公務、辦理業務中，自覺做到：不吸車戶一支煙，不吃車戶一頓飯，不喝車戶一杯酒，不收車戶一份禮，不花車戶一分錢。再次，從制度建設入手，抓管理人員的考評，塑造文明執法形象，修改、完善各種規章制度。如《崗位目標責任制百分考覈辦法》、《目標責任狀》、《工作人員上崗責任書》等。

石家莊市汽車運管處領導開展的「爭做文明使者，光大河北形象」的活動，取得了顯著的成效，為全國出租汽車行業樹立了好榜樣。《人民日報》、《光明日報》、《經濟日報》、中央人民廣播電臺、中央電視臺、新華社紛紛做了報導。他們的成功經驗關鍵就在於管理幹部能夠以身作則，率先垂範。我們的各行各業的企業文化建設，企業思想政治工作，道德建設，首先應從管理人員，特別是領導幹部做起，這才是提高全體職工思想道德素質、科學文化素質的真正的突破口。

道德危機與德性教育

　　目前我國社會的道德狀況如何？這是人們普遍關注的問題。有人說，道德滑坡了，有人說，否，道德在爬坡。「滑坡論」、「爬坡論」各有其道理。但依我之見，對當前社會道德狀況的分析，要改變長期以來形成的一種思維定勢，即所謂形勢大好，問題不少，亦即九個指頭與一個指頭。這種思維定勢，對成績肯定相當充分，對問題認識不足或輕描淡寫，思想深處是害怕別人否定大好形勢否定工作成績。這樣一種思維定勢，往往把矛盾掩蓋起來，終有一天會來個總爆發，以至不可收拾。

　　因此，看形勢、分析問題，借助於反向思維可能把問題弄得更清楚。通俗地說，反著看、倒著看，有可能看得更清，摸得更準。依這樣一種研究問題的方法，觀察當前我國社會生活中諸種道德現象，與其說好，毋寧說，存在著社會道德危機更切合實際，更令人警醒。

　　我國今日的社會道德狀況，比之從前，不能說沒有任何進步，但確實存在有道德危機。

　　危機之一，是人變得不誠實了，或者說，不誠實的人越來越多。撒謊欺騙、毀約、弄虛作假比比皆是，更有甚者，把老實人說成是傻瓜、無能或無本事。

　　危機之二，是人變得自私了。人們常常為了自己的利益，不顧他人，甚至損害他人或社會的利益。從前批評自私自利的人或現象有句話說：「各人自掃門前雪。休管他人瓦上霜」。如今連自家的門前雪也不掃了。這絕不是個別現象。

　　危機之三，是變得無責任心，即不負責任或不盡義務。本來是自己應做

的事情，不做，應負的責任，不負。我們常常聽人說：「這事沒人管！」出了問題，找不到負責的人。從前批評混飯吃的人說：「當一天和尚撞一天鐘」，如今不少人，當一天和尚，十天也撞不了一次鐘。

危機之四，是人變得不知羞恥了。即臉皮變得越來越厚。他們不知羞恥為何物，恣意所為，我行我素。當然還可以列舉一些。我認為講出這幾點足矣！

道德危機，不只是我們國家有，可以說，是個世界性的問題，美國、日本，西歐等也不同程度地存在著。

人們不禁要問，為什麼會發生世界性的道德危機呢？據西方當代一些學者諸如馬爾庫塞、佛洛姆等人的見解，這是後工業化社會人性異化的必然產物。人變成了「單面」人或「單向度」人，人成為高速運轉的機器上的一個部件。人物化了，人失去了理想、信念、甚至理性。人喪失了精神家園，人變成了消費動物。正因為如此，他們現在比任何時候，都注重對人的人文精神教育與德性教育。美國為挽救道德危機，成立了全國性的道德教育委員會，前不久眾議院議長金里奇先生針對社會的道德危機大聲疾呼：家庭、學校、團體社會聯手加強全社會的德性教育。美國社會的道德危機，其原因，還有社會制度方面的問題，如財富分配不均，兩極分化日趨嚴重；有教育制度方面的問題，如近 30 年來家庭、學校、教會、社會團體忽視道德教育。

我們的道德危機的原因、性質與西方不完全相同，有我們自己獨特的原因。諸如長期「左」的政治路線的干擾，使社會倫理教育政治化，倫理教育內容脫離實際，大眾很難認同；官商一體，政企不分，引起心理不平衡，導至行為失調；還有黨風不正，政風不廉對社會道德風尚造成不良影響。

解決當前道德危機的辦法，首先是在全社會加強法制教育，增大執法力度，克服乃至肅清行政、司法方面的腐敗，教育黨政幹部以身作則、廉潔奉公遵紀守法，做社會大眾的道德模範。家庭、學校、社會三管齊下，同時抓好道德教育。道德教育的中心與重點，應該是德性教育，即重在提高內在的思想道德素質。樹立、培養、鑄造基本的德性。即誠實、公正、仁慈勇敢、大度、感恩、廉恥、責任心、關心他人與社會。道德教育的對象一是青少年，二是黨政官員，三是父母或家長。

我認為果真如此做下去，我們社會的道德會一天比一天好起來。

德性教育問題之我見

　　德性教育是人生教育的重要課題，也是古今中外學校教育的核心內容之一。過去如此，現在如此，將來也應當如此。

　　16世紀，德國宗教改革家、倫理學家馬丁‧路德金說：「知識加上品性——這就是真正的教育目標。」

　　中國現代著名教育家蔡元培先生認為，道德教育乃國民教育之根本，養成完善人格之關鍵。他說：「若無德，雖則體魄智力發達，適則助其為惡，無益也。」

　　中國古代卓越的教育家孔子，向來重視德性教育，認為德性教育是全部教育的核心。中國的教育傳統，從來都是德育第一。今天的社會主義時代，培養、造就跨世紀的一代新人，僅僅有現代化的科技文化知識是不夠的，還要有優良的德性、高尚的情操，才是一個健全的、完美的、適應新世紀新時代要求的人。21世紀將是一個高科技時代、信息化時代，人們的生活方式、工作方式將發生前所未有的變化，人們的觀念也將發生巨大變化。為適應環境的變遷，培養人的優良的德性，將具有重要意義。我們的教育方針也還是把德育擺在首要的位置，所謂「德、智、體、美、勞」是也。

一、德性教育意義的再認識

　　德性教育，為什麼是教育的核心內容，為什麼要擺在一切教育之首？這似乎不成問題，可是今天卻成了問題，德性教育被大大地忽視了，有必要重新認識。這是因為：

　　第一，從人性上說，人既是自然存在者，又是社會存在者。人從「自

然人」成爲「社會人」，人就得社會化。社會化的根本問題則是文明化、道德化。

人身上既有動物性，亦有人性，所以德國民間諺語說，「人一半是野獸，一半是天使」。人身上的動物性，經過社會文明的薰陶，已不是原始意義的動物性，但動物的遺傳因子，畢竟存在。就其存在而言，是多些、少些的問題。恩格斯在《反杜林論》中說：「……人來源於動物界這一事實，已經決定人永遠不能完全擺脫獸性，所以問題永遠只能在於擺脫多些或少些，在於獸性和人性上的差異。」（《馬克思恩格斯選集》第 3 卷，第 140 頁）人要克服其自然性，獲得社會性，就得學習道德，「鑄造」德性。

第二、注重德性教育是古今中外優秀的教育傳統，也是培養人才的客觀要求，即「德才兼備」。然而現代教育則反其道而行之，普遍存在的問題是重智輕德、近利遠義。教育日益商品化、產業化，其不良後果之一是功利意識盛行，只重知識、技術教育，忽視道德教育。爲糾正教育工作的偏差，教育改革的重要內容之一，也應加強品德教育，這不只在中國，在全世界也是如此。

第三，從當代人文精神失落、人性異化、道德危機看，加強德性教育也勢在必行。中國改革開放近二十年，社會生活發生了巨大變化，人們思想、精神面貌總的說是好的、是有進步的，但與此同時，也出現了道德墮落的問題，主要表現在，人變得不誠實，變得自私，變得無責任心了。青少年犯罪率節節上升，當前中國社會犯罪人多半是青少年。

美國社會的道德危機也相當嚴重，眾議院議長紐特·金里奇說：「現在在美國有 12 歲的孩子賣毒品、14 歲的孩子懷孕、16 歲的孩子殺 16 歲的孩子，各個年齡的孩子承認撒謊、欺騙和盜竊的人數之多也前所未有。解決的辦法是在我們的家庭、學校、企業、政府以至每天的日常生活中重新提倡具有美國傳統的核心道德標準，但最有潛力戰勝這一全國國民品性危機的是學校。」（桑德福麥克唐奈：《教育改革中的道德教育計劃》，《華爾街日報》，1997 年 2 月 18 日）美國的道德危機主要表現是吸毒販毒、暴力事件、青年性關係混亂、少年母親增多、家庭破碎等，這與他們近 30 年來，許多公立學校取消了正規的品德教育有關。由於各方面的呼吁，現在全美許多學校已逐步恢復品德教育。1993 年 2 月美國爲推進社區中公立學校的品德教育成立了全國性的「品德教育聯合會」。

二、德性教育的宗旨與內容

德性教育，即品德教育，其宗旨是要培養人，造就一代善良的、有道德的人。我們現代的教育，培養出的人不應該是「單面人」，而應該是全面的人，不但要有現代科學文化知識，而且要具有高度社會文明。這裡的關鍵是全面提高人特別是青年人的內在素質。因為青年是國家的未來，民族的希望。在人的內在素質中，居中心地位的則是道德素質，即道德品質。人的品質是在長期的社會實踐中形成的內在德性。德性有道德的德性，也有非道德的但與道德有關的德性。

就中國的傳統倫理文化而言，倫理就是德性論。德性倫理內容十分豐富，這裡僅以孔子為例，他在《論語》中講到的仁、義、禮、知、勇、恭、寬、信、敏、慧、剛、毅等均是人的德性。

就西方倫理學而言，古希臘的哲人亞里斯多德在他的《尼哥馬克倫理學》一書中，把德性分作兩類，一類是理智的德性，指智慧、理解、明智；另一類則是倫理的，即道德的德性，指大度、節制、勇敢。

中世紀神學家托馬斯·阿奎那在《神學大全》一書中把德性分作三類，即理智的德性，指直觀、學識、智慧；道德的德性，指審慎、公正、節制、剛毅；神學的德性，指愛、信、望。

依我之見，道德的德性不是孤立存在的，事實上，它與許多非道德的德性是相關而存在的。例如認知的德性、心理的德性、能力的德性都直接、間接與道德的德性相關聯。沒有一定的知識素質，不認識自然、社會、人生的規律，沒有這方面的科學、文化知識，就很難有正確的道德觀念和道德意識，而無正確的道德意識、觀念，就不可能培養起良好的道德素質。若無心理的德性，即無一定的情感、激情、意志力，人們就沒有勁頭、沒有興趣去探尋道德的真理。如果缺少能力素質，也就是說倘若無分辨善惡是非的能力，那麼就不能擇其善者。在特殊的情境中，喪失決斷力必然陷入不知所措的境地。

三、德性教育的方法與途徑

踐履道德，即實踐道德，做道德上應該做的事情，是鑄造良好德性的基本方法。

古希臘哲學家亞里斯多德說：「理智的德性大多數由教導而成，培養起來

的，所以需要經驗和時間。倫理的德性則是由風俗習慣薰陶出來的。」又說：「德性和其它技術一樣，是用了才有，不是有了才用」，「人們通過現實活動，而具有某種品質，品質爲現實活動所決定。」（《尼哥馬克倫理學》第 2 卷，中國社會科學出版社，1990 年版，第 20 頁）這就是說，培養良好的德性，要學習有關的知識，這固然是重要的，但更爲重要的則是要做、要行動。沒有實際的行動，任何良好的德性都培養不起來，須知道德的德性是道德行爲的結果。反過來說，道德行爲又是以道德的德性爲原因的，因此要特別注意培養、塑造道德德性。

中國先秦時代的儒家就如何培養、塑造人的德性有系統的理論與方法。歸納起來，不外是學、思、行三個方面。

所謂「學」，即指學習道德知識，掌握做人的道理與原則。如孔子說：「不學禮，無以立。」（《論語·季氏》）又如子曰：「見賢思齊焉，見不賢而內自省也。」（《論語·里仁》）

所謂「思」，就是思考學習道德知識是否付諸實行了；檢查反省言行是否違反了道德。孔子說：「君子有九思：視思明、聽思聰、色思溫、貌思恭、言思忠、事思敬、疑思問、忿思難、見得思義。」（《論語·季氏》）又說：「內省不疚，夫何憂何懼？」（《論語·顏淵》）所謂「行」，就是對道德原則、規範的踐履，言行一致，實行道德原則與規範的要求。孔子說：「始吾於人也，聽其言而信其行；今吾於人也，聽其言而觀其行。」（《論語·公冶長》）

荀子特別強調行的重要。他說：「不聞不若聞之，聞之不若見之，見之不若知之，知之不若行之。學致於行之而止矣。行之明也，明之爲聖人。」（《荀子·儒效》）

培養良好的德性必須從一點一滴做起，即是謂「積善成德」。荀子說：「積土成山，風雨興焉；積水成淵，蛟龍生焉；積善成德，而神明自得，聖心備焉。」（《荀子·勸學》）

中外倫理史上的先賢聖哲所講的這些培養良好德性的方法，今日看來，依然切實可行。

此外創造一種倫理文化氛圍，特別爲人父母者、師長者、領導者更應以自己的模範的道德行爲，爲青少年樹立榜樣，耳濡目染，日久天長，必定會對青少年對全社會成員道德素質的提高發生積極的影響。

揚榮抑恥固根本

胡錦濤總書記在今年 3 月兩會期間，提出「八榮八恥」為主要內容的社會主義榮辱觀。意義重大、影響深遠。抓住了當前人民大眾普遍關心的社會現實問題，集中表達了廣大幹部和群眾的心願。

這是對社會主義榮辱觀的精闢概括，旗幟鮮明地為我們社會主義道德建設和人格修養指明了方向。我體會，「八榮八恥」，「切中了時弊」、「抓住了根本」、「可圈可點」、「可信可行」。

意義重大

改革開放以來，我國社會生活各方面都發生了翻天覆地的變化。國民經濟的發展，每年以9%的速度增長，這是當前世界上任何一個國家所不能企及的。我們用了不到 30 年時間，建成了一個經濟大國，成為世界第四大經濟體。可是，當我們審視我們的精神文明建設的狀況時，我們感到憂心忡忡。

當前社會風氣的表象

由於種種原因，當前我國精神文明建設一手硬、一手軟，即重視物質文明建設，輕視精神文明建設的現象，並沒有得到根本的解決。實事求是地說，我們的社會風氣在敗壞、道德在淪喪。假冒偽劣、坑蒙拐騙，幾乎成為一種社會頑症，誠信危機。首先是一些人不信社會主義、共產主義了。信物質第一，金錢至上。過分追求物質利益，追求金錢，見利忘義、無所不為；貪污受賄空前嚴重，而且多為官員、幹部，這種狀況嚴重地損害了黨的威望，動搖了黨的執政根基；以權謀私，或以職謀私，相當普遍，在一些地區、一些機關，不顧黨紀國法，明目張膽，官商勾結，官商一體。諸如此類

社會現象，群眾十分不滿。其惡果是是非顛倒，善惡混淆、美醜不分，以恥為榮。正不壓邪，邪壓了正，好人受氣，壞人張狂。這種現象，長期得不到解決。

「講話」的意義

胡錦濤總書記關於「八榮八恥」的講話，可以說憂國憂民，用心良苦，很有針對性，很有現實性，很藝術，也很高明。反面問題，正面講。說他「切中了時弊」是說他講了老百姓的心裏話，反映人民大眾要求改變不良社會風氣的堅定意志，振奮了民心，鼓舞了正氣。總書記這篇講話，把價值觀、人生觀、道德觀熔為一爐。既體現了我們民族的優秀文明傳統，又體現了時代精神。

內容豐富

如何理解「抓住了根本」？

胡總書記關於「八榮八恥」的講話，不僅「切中了時弊」，而且「抓住了根本」。為什麼說他「抓住了根本」？我們知道，要扭轉社會風氣的腐敗，道德的淪喪，從哪裏入手，從哪裏切入？就是一個關鍵性的問題。胡總書記從人的榮辱觀上入手。依我之見，這才是抓住了根本。趨榮避恥，這是人性使然。凡人都有追求榮譽之心，避免羞恥之情，這是人類行為的社會本能，巨大的動力。這也就是所謂行為趨向問題。君不見「人往高處走，水往低處流」，還有「雁過留聲，人過留名」的民間諺語嗎？說的是人都願意留下好名聲，願意得取讚譽，願意受到表揚。不願意受到批評、指責、更不願意遭受恥辱。恰如先秦時代荀子（《荀子・榮辱》）所說：「好榮惡辱、好利惡害，是君子小人所同也。」

胡總書記講「八榮八恥」讓人們劃清新的榮恥界線，從而讓人們在改革開放的條件下好榮惡恥，近榮遠恥，揚榮抑恥。做到「八榮八恥」，道德品質的提升就是順理成章的事，黨風的端正就有希望，社會風氣的好轉就指日可待。

何為榮、辱？何為榮辱觀？

所謂榮（譽），就是人們為國家、為社會、為大眾做了好事，或作出了貢獻，得到了群眾、社會或國家的肯定、表揚或褒獎，於是心裏高興，覺得很

榮耀、很光彩，這就是榮譽。所謂（恥）辱，就是人們做了損害國家、社會或大眾的壞事，受到批評、指責或處罰，於是心裏感到內疚，感到慚愧，就是恥辱。可見榮譽與恥辱，既是社會對行為者的一種客觀評價，又是行為者主觀的一種心理感受。

所謂榮辱觀，就是對榮辱系統的、完整的認識。時代不同、社會不同、民族不同，榮辱觀也就不同。換言之，榮辱觀是歷史的範疇、階級的範疇、民族的範疇。恰如恩格斯（《馬恩全集》第 39 卷，第 25 頁）所言：「每個社會集團都有它自己的榮辱觀。」中國封建社會以「金榜題名」、「高官厚祿」、「封妻蔭子」為榮，資本主義社會以擁有資本為榮、金錢的價值等同於人的價值。總之，剝削階級以追求財富、權力和享受為榮。勞動人民不同於剝削者，則以勞動為榮，以不勞而獲為恥。

知恥的意義

恥，簡言之就是羞惡之心。恰如宋代大儒朱熹（《四書章句集注・孟子・盡心上》）所說：「恥，吾所固有羞惡之心也。有之則進於聖賢，失之則入於禽獸，故所繫甚大。」恥，做人的基本道德意識，道德情感，也是起碼的道德行為準則，這就是所謂「有恥且格」。

北宋思想家歐陽修（《新五代史・雜傳》）說：「禮義，治人之大法，廉恥立人之大節。」宋代朱熹（《朱子語錄》卷十三）說「人有恥，則能有所不為。」又說「人須知恥，方能過而改。」（《孟子・盡心上》）說「人不可以無恥，無恥之恥，無恥矣。」先秦時代的管子（《管子・牧民》）說過：「禮義廉恥，國之四維，四維不張，國乃滅亡。」可見，恥，不只是立人的大節，也是立國的根本原則之一。

何為社會主義的榮辱觀？

為改革開放，為貫徹科學發展觀，為祖國的繁榮富強而努力工作，積極奉獻，就是我們的榮譽觀。反之，損害國家、社會和大眾的利益，為了一己之私利而見利忘義，無視黨紀國法的行為，則是恥辱。胡總書記講的「八榮八恥」，就是對我們社會主義榮辱觀的具體內容的高度概括。

「八榮八恥」的深層內涵

「八榮八恥」，不可以僅從字面上理解。它的深層內涵十分豐富。從「八榮」說包含有立功、立德、立言三個方面。這是古今中國人一以貫之的追求，

這是眞正有意義的人生。所謂「三不朽」是也。爲社會主義建設、爲改革開放、爲振興中華，立功、立德、立言無尙光榮。

胡總書記講的「八榮」：以熱愛祖國爲榮，以服務人民爲榮，這兩榮包含有立功之意；以崇尙科學爲榮（自然、社會、人文）這一榮包含有立言之意；以辛勤勞動爲榮，以團結互助爲榮，以誠實守信爲榮，以遵紀守法爲榮，以艱苦奮鬥爲榮，這五榮包含有立德之意。這種理解不可絕對化，其中各榮可以互相轉化。

「八恥」，依我之見，包含有言行脫節之恥、過失之恥、罪行之恥三個方面。這三個方面的恥辱，常見的是言行脫節之恥，許多人有這種毛病而不自覺；過失之恥，少數人有此類毛病，比較容易引起注意；極少數人有罪行之恥，罪行之恥多爲人所避之。

言行脫節之恥，包含有說大話、說假話、說空話、說了不做。這是人性的一大弱點，有悠遠的歷史，可以說古已有之。孔子（《論語‧里仁》）說：「古者言之不出，恥躬之不逮也。」（《論語‧爲政》）又說：「巧言令色，鮮矣仁。」《《論語‧憲問》）則說：「君子恥其言而過其行。」說的就是這種情況。「有其言無其行，君子恥之」（《禮記‧雜記》）言行脫節，說一套，做一套總是錯的。但在特殊條件下，言行不一致可以允許，可以理解，也可以諒解。孔子（《論語‧子路》）說：「言必信，行必果，硜硜然小人哉。」孟子（《論語‧婁下》）說：「大人者，言不必信，行不必果，惟義所在。」但以此爲藉口，拿言行脫節不當回事，則是絕對不行的。

過失之恥，應盡量避免。過失之恥，或認識不到位，或感情衝動，或行爲不檢點造成的。諸如出言不遜，性騷擾，小偷小摸等。

罪行之恥，多爲明知故犯，或鑽法律空子，爲一己之私利而不擇手段。諸如貪污受賄、假冒僞劣、坑蒙拐騙、殺人搶劫、嚴重的以權謀私等均屬侵犯國家、社會或大眾的利益，破壞社會安寧、秩序，製造混亂的罪惡行徑。

「八恥」之中，以危害祖國爲恥，以背離人民爲恥，以違法亂紀爲恥，這三恥包含有罪行之恥的意義；以愚昧無知爲恥，以好逸惡勞爲恥，這兩恥包含有言行脫節之恥的意義；以損人利己爲恥，以見利忘義爲恥，以驕奢淫逸爲恥，這三恥包含有過失之恥的意義。當然這種劃分同樣不是絕對的。

如何樹立社會主義的榮辱觀樹立榮辱觀？

首要之點在道德教育，從養成教育入手即從孩童抓起。重在實踐訓練，

從我做起，從身邊小事做起，從一點一滴做起。所謂「千里之行，始於足下」，「合抱之木，生於毫末」。關鍵從內心深處培養起「好榮惡恥」的情感，從行為上持久不懈地堅持下去，久而久之，必培養起堅定的「榮辱」自律觀。其次懲戒，即外部的懲罰，對恥辱的懲戒不可或缺，或輿論譴責，或行政處罰，或經濟制裁，或法律懲治。以上所述，即「抓住了根本」。

貴在踐行

總書記所言，之所以可圈可點，在於旗幟鮮明、態度明朗，反對什麼，提倡什麼，褒獎什麼，譴責什麼，清清楚楚，大快人心，大得民意。

所謂「可信可行」，就是照總書記講話的要求去做，社會腐敗風氣的扭轉，黨風的端正，道德的昇華，人民大眾思想、道德素質的提高將指日可待。

學習社會主義榮辱觀與保持先進性教育相結合

學習社會主義榮辱觀不能停留在口頭上、表態上、造勢上，應見諸於行動。對共產黨員、領導幹部來說學習「八榮八恥」不能和老百姓一樣的要求，應高於對老百姓的要求。我認為對黨員幹部的要求標準要高，但不要一步到位。先達到底線要求，然後才向高線目標前進。所謂底線要求，起碼做一個好人，做和老百姓一樣的奉公守法的公民。不做特殊公民，取消特權思想，共產黨所謂的「官」，實際上是人民的公僕。為人民效力，為人民辦事，與人民大眾打成一片。取消特權思想，淡化官本位觀念。例如坐車、住房，按規定辦，超標準就是特殊化，就是官本位的表現。

然而，對一個黨員，一個幹部來說，做個好人是不夠的。要做好人中的好人，即先進分子或優秀分子。做好人是起碼的要求，但不可以停留在此等水平線上，要用高標準、共產黨員的標準要求自己。

共產黨員、領導幹部是工人階級、人民大眾中的先進分子或優秀分子。何謂先進分子？就是事事處處走在群眾前面，做奉公守法的模範，做實踐黨章、黨規、黨法的模範。何謂優秀分子？就是品質優秀、德才兼備，為人處世的楷模。

試以集體主義原則的實踐為例：把集體主義原則、化為公私關係加以說明。公私分明，嚴守公私界線，公是公，私是私，不以私犯公，這是底線；公私兼顧，或以公為先或以私為先，但必須兼顧另一方，這是中線；因公棄

私，公共利益第一，大眾、國家、民族利益首位，公私衝突，棄私從公，這是高線倫理。

因公忘私或大公無私，忘卻了私，把私置於度外，超越自我，這是高線倫理。境界高，可謂與天地共存，與日月同輝。公私分明或公私兼顧是公民的標準、大眾的標準、好人的標準。黨員、領導幹部首先要做到這一點，否則甭說黨員幹部就連一個公民都不合格。黨員幹部不應停留在公民的道德水平上，而要讓他們做到因公棄私或大公無私理所當然。這是高標準要求黨員、幹部，毫無疑問他們都應做到這步。

先進就是光榮，就是榮譽。列寧說，共產黨是我們時代智慧、榮譽和良心的象徵。因此，我們每一個共產黨員，都要自覺做到「八榮八恥」，這還不夠。還要進一步，還要做「八榮八恥」的模範，爲全社會樹立榜樣。

學習貫徹社會主義榮辱觀與學習中華民族的傳統美德，共產黨的傳統黨德相結合

中華民族有五千年悠久文明的歷史、文化遺產豐富多彩。中華倫理文化的基本精神就是「易經」所說「天行健，君子以自強不息」，「地勢坤，君子以厚德載物」。「自強不息」、「厚德載物」就是博大精深的中華文化的精神氣質、或它的根本理念。用我們現代的語言表達就是「生命不止、奮鬥不息」，「任勞任怨、寬厚大度」這就是我們中華民族生生不息綿延不絕的靈魂。

中華民族的傳統美德是什麼？可以說眾說紛紜，莫衷一是。諸如「三綱」、「五常」。即「君爲臣綱，父爲子綱，夫爲妻綱」，「仁、義、禮、智、信」。又如「三達德」即「智、仁、勇」，「智者不惑，仁者不憂，勇者不懼」。再如，「五達道」，即「父子有親、君臣有義、夫婦有別、長幼有序、朋友有信」。

還有「禮義廉恥、孝悌忠信」等等。我以爲「禮義廉恥、孝悌忠信」爲好，這是中國歷史上，明清兩代主流道德，既是國家倡導，又是民眾奉行的。禮義廉恥，側重於人的內在德性，孝悌忠信，則側重於人的外在行爲。這既有人的內在品質，對人、對事、對己的內在準則，又有對家庭、對朋友、對國家、對社會的外在行爲標準。

我們學習「八榮八恥」，還要與傳統美德中人格修養，諸如，「慎獨」、「反省」、「改過」相結合。

黨的優秀傳統，優良的黨德，有所謂延安精神、井岡山精神等。歸納起

來，黨的「三大作風」即「理論聯繫實際，密切聯繫群眾，批評與自我批評」，就是優秀的黨德傳統。「三大作風」之外，還有「個人服從組織，少數服從多數，下級順從上級，全黨服從中央」、全心全意為人民服務、大公無私、艱苦奮鬥；忠於黨、忠於祖國、忠於人民；革命第一、工作第一、他人第一；戰爭時期，衝鋒在前，退卻在後；和平建設時期吃苦在前，得利在後等等，諸如此類都是黨的傳統。

學習社會主義榮辱觀與黨風廉政建設相結合

中紀委監察部 3 月 17 日發出通知要求，紀檢幹部「認真學習胡錦濤同志重要講話，深入開展社會主義榮辱觀教育」。其中特別講到對黨員領導幹部的要求，「常修為政之德，常思貪欲之害，常懷律己之心」。對黨的領導幹部來說，黨風廉政建設核心問題是「立黨為公，執政為民」。公權公用，不能公權私用。胡錦濤同志說「群眾利益無小事。」關鍵是堅持做到「權為民所用，情為民所繫，利為民所謀」，牢記「以服務人民為榮，以背離人民為恥」。

學習社會主義榮辱觀與貫徹科學發展觀、改進日常工作相結合

我們目前正在深入貫徹科學發展觀，就是說我們經濟的增長，不只是 GDP 的數字，更要注意質。把經濟增長與環境、資源、城鄉經濟結構調整、人民大眾的收入相協調和統籌，即均衡發展。而社會主義榮辱觀則為科學發展觀的構成部分、在貫徹科學發展觀的過程中，起著思想保障作用。倘若只求經濟數字增長不顧環境、資源的承載力，不顧人民生活的提高，搞什麼形象工程，政績工程，就是背離人民、危害國家，這絕對不是光榮而是恥辱。我們要真心實意地貫徹科學發展觀，兢兢業業、盡職盡責，這才是我們的光榮之所在。

我們在自己崗位上改進作風，提高效率，做好工作，讓百姓滿意，讓群眾高興，這才是實實在在的榮譽。這樣人民大眾就會擁護我們、愛戴我們。

對青少年進行「知恥」教育說略

　　當前中國社會有一種很不正常的現象，直截了當地說，就是不知恥的人多起來了，而且令人憂慮的是，很多人明明知道這事可恥，可是為了達到某種目的，還是照做不誤。有的人根本不知恥為何物，做起可恥的事來，理直氣壯。還有些人對恥麻木不仁。大有入鮑魚之肆，久聞不知其臭的感覺。對撒謊、欺騙、貪污受賄等可恥行為，許多人不以為恥，反以為榮，是非榮辱界限大顛倒，這對美醜辨識尚不足力的青少年影響和危害尤甚。改變這種不良風氣需要綜合治理，經濟、法律、行政、紀律、倫理互相配合，家庭、學校、社會協調行動，但根本之點，還是通過道德教育，喚起人們的良知，人們的知恥心。

　　對青少年的榮恥教育應遵循規律，走知、情、意、行之路。首先是知恥。知恥需要「認知」恥的涵義。恥，是羞惡之心。恥，是做人的基本道德意識、道德情感，也是起碼的道德行為準則。恰如孔子所言：「有恥且格。」（《論語・為政》）恥，作為一種道德意識，是人們頭腦中的一種善惡觀念。劃清善惡界限，支配行為，趨善避惡。恥作為一種道德情感，是人們的一種厭煩醜惡的心理狀態。近善遠惡，擇善而行。恥作為一種道德行為規範，是人們行為的基準或尺度，以善為榮，以惡為恥。

　　恥，依儒家觀點，乃人生固有，沒有恥，不算是人。「無羞惡之心，非人也。」（《孟子・公孫丑上》）宋代理學家朱熹說：「恥者，吾固有羞惡之心也。存之則進於聖賢，失之則入於禽獸，故所繫為甚大。」（《四書章句集注・孟子・盡心上》）

　　恥是否與生俱來，暫且存而不論。但，恥是人的本質特徵，是人與動物

相區別的重要之點。人若無恥，那麼人何以成其爲人呢？

人爲什麼要知恥？還是朱熹說得好：「人有恥，則能有所不爲。」（《朱子語類》卷 13）「人需知恥，方能過而改。」人有了知恥心，就不會做傷天害理、違反法律和道德的事。一旦做了壞事，就會自我反省，改正錯誤。相反，人若不知恥，就什麼壞事都能幹得出來。清末思想家康有爲說：「人之有所不爲，皆賴有恥心。如無恥心，則無事不可爲矣。」（《孟子微》卷 6）孟子說：「人不可以無恥，無恥之恥，無恥矣。」（《孟子・盡心上》）人不可沒有羞恥之心，知道無恥是可恥的，就不會有恥辱了。

知恥對於個人而言，是重要的，是人立足社會、爲人處世必須恪守不渝的準則。

知恥對於團體、對組織同樣是重要的。一個團體或組織講廉恥就有凝聚力，就能團結一心，知難而進。相反，不講廉恥，就沒有內在的凝聚力，缺乏自我約束，各行其事，無所不爲，那樣是很危險的。

對於一個國家來說，恥是治國之大端，是治理國家的重要原則之一，政府行爲、國家行爲要講廉恥。

春秋時代管仲說：「國有四維……何謂四維？一曰禮；二曰義；三曰廉；四曰恥。」「一維絕則傾，二維絕則危，三維絕則覆，四維絕則滅。」（《管子・牧民》）這就是說禮義廉恥是治理國家的四大綱維。不講廉恥，國家就有滅亡的可能。

在中國長達兩千多年的封建社會，禮義廉恥一直是國家倡導的一種主體道德（此外，尚有孝悌忠信），直到近代依然如此。這也是中國百年塗炭不致滅亡的文化上的原因。

我們中國近百年來蒙受西方列強的侵略和奴役，達到無以復加的地步。這令人痛心疾首的「百年恥辱」，激起我們民族主義的熱情，愛國主義的精神，我們發憤圖強，「富國強兵」，終於使我國成爲今日世界蒸蒸日上的強國。這就是所謂「知恥近乎勇」（《禮記・中庸》）。

恥關涉人的社會生活的方方面面。小而言之，舉止言談，待人接物，大而言之，經濟、文化、教育、體育、衛生諸種活動，無不滲透著恥或廉恥的問題。對此，我們不可不知。依筆者一孔之見，恥大致可分爲三類，即言行脫節之恥，過失之恥，還有罪惡之恥。胡錦濤總書記講的「八榮八恥」之中就包含這三種不同的恥。

言行脫節之恥，包括說空話、說假話、說大話、不守承諾，即說話不算數。言行脫節之恥，是常見的不良現象。許多人都有這種毛病而不自覺，這是人性的一大弱點，有悠遠的歷史，可以說古已有之。孔子說：「古者言之不出，恥躬之不逮也。」（《論語‧里仁》）古代人輕易不許諾什麼，唯恐做不到。做不到就是空許願，所以這是一種恥。孔子又說：「巧言、令色、足恭，左丘明恥之，丘亦恥之。」（《論語‧公冶長》）花言巧語，和顏悅色，恭恭敬敬，實際上完全不是那麼回事。把怨恨藏在心裏，表面上很友好。說假話，騙人，表面一套，骨子裏另一套，這也是恥辱。

孔子還說：「君子恥其言而過其行。」（《論語‧憲問》）孔子以言過其實、說大話為恥。《禮記》寫到，「有其言無其行，君子恥之」（《禮記‧雜記下》）。這就是說，有言無行，只說不做，或說了不算，這也是一種恥。

總之，說空話，說大話，說假話，說了不算都是言行脫節。胡總書記講的「八榮八恥」中的愚昧無知，好逸惡勞就是言行脫節之恥。

言行脫節，一般地說，這是做人不應該有的，是一種羞恥。但也不盡然，在某些特殊的情況下允許有例外。所以，孔子又說，「言必信，行必果，硜硜然，小人哉」（《論語‧子路》）。

這句話的意思是說，認死理，不管什麼情況說話都兌現，行為都要有結果，這不是君子之所為，乃小人的勾當。這話是對不知道將原則性與靈活性相結合的人的一種批評。

孟子對孔子這句話有解釋，孟子說，「大人者，言不必信，行不必果，惟義所在」（《孟子‧離婁》下）。有大德的人，說話不一定信實，行事不一定有結果，但這樣做必須以不違背義為前提。這是通權達變。但如果以此為藉口，拿言行脫節不當回事，則是絕對錯誤的。

過失之恥，多半是個人思想不端，行為不檢點造成的，也有工作上的錯誤造成的，如官僚主義、瀆職、不負責任等等。胡總書記講的「八榮八恥」中的損人利己、見利忘義、驕奢淫逸就是過失之恥。

罪惡之恥，則是目無黨紀國法的諸種犯法行為。胡總書記講的「八榮八恥」中，危害祖國、背離人民、違法亂紀就是罪惡之恥，如「藏獨」分子今年 3 月 14 日在拉薩市打砸搶燒殺的暴力行為就是無法無天的罪惡之恥。此外，行賄、受賄、貪污腐敗、侵吞國有資產、霸佔群眾利益，諸如此類，皆屬罪惡之恥。

　　對青少年進行知恥教育，需要營造良好氛圍，轉變不良社會風氣。社會上種種不知恥的行爲幾乎成爲一種頑症，很難根治，究其原因，就是經濟泛市場化的結果。發展市場經濟本來是好事，帶來經濟的繁榮，國家經濟實力的提升，人民大衆生活的改善。但是市場不是萬能的，不能不論什麼事都推向市場，都產業化。這樣就把本來是公益性質的事業變成了商業。一言以蔽之，「一切向錢看」。爲了錢而不擇手段。弄虛作假、坑蒙拐騙都在所不惜。什麼良知，什麼廉恥全然不顧，如醫生篡改患者病例，教師盜竊他人學術成果，學生考試作弊，官員賣官，商人賣有害食品，凡此種種，不知羞恥的行爲遍地皆是。

　　難道幹這種勾當的人，不知他們的所作所爲是卑鄙骯髒，沒羞沒恥嗎？知道是知道，但爲了錢就顧不了那麼多了。所以根治社會不知廉恥的現象，應加強國家對市場的干預，糾正泛商品化的現象，建立誠信制度，監督政府部門、企業的行爲。

　　其次，加強對官員的廉恥教育。我們中國政權的運作機制，一是法制，二是品德。官員樹立法制觀念遵守紀律，執行法律，按法規辦事即依法行政。同時官員必須德才兼備，有良好的道德品質。中國的政治歷來法治與德治並行，依法治國與以德治國相結合。其中，首要的是對官員的道德要求。選拔官員道德品質是第一位的。有無良好品質，涉及百姓對政府的信任和擁護問題。恰如孔子所說：「舉直錯諸枉，則民服；舉枉錯諸直，則民不服。」（《論語・爲政》）。這話是說選拔幹部，務必人品好，爲人正派，不事歪門邪道，否則老百姓不會擁護。

　　孔子曾說，政治就是正派正直，秉公執法。「政者，正也。子帥以正，孰敢不正？」（《論語・顏淵》）做官的帶頭做正派的人，下面的人怎敢胡作非爲？孔子這些教導具普世性，古代適用，今日也該適用。

　　當今中國社會某些人不講廉恥，「盛況空前」。這是因爲「上有好者，下必有甚焉」。當官的以權謀私，小而言之，多吃多占，用公款裝修、旅遊、供子女上大學；大而言之，貪污受賄，侵吞國有資產，動輒數百萬，以至數千萬，不顧廉恥至極。這雖然是少數人，但影響極壞，久而久之，敗壞了社會風氣。老百姓跟著學，跟著做。所以加強對官員、公務員的道德教育，首要的是加強「八榮八恥」教育，廉恥教育，這應當是目前和今後一段時間黨課教育的重要內容。

　　社會主義榮辱觀教育，應著眼於養成教育，從幼兒園、小學做起，從我做起，從現在做起，從身邊的小事做起，從一點一滴做起。所謂「千里之行，始於足下」。認識什麼是榮，什麼是恥，劃清榮恥界限，關鍵是從內心深處培養起「好榮惡恥」、「近榮遠恥」的情感。恰如孔子所言「知之者，不如好之者，好之者，不如樂之者」（《論語・雍也》）。編成朗朗上口的兒歌，每日誦讀，日久天長印在腦子裏，就會體現在行動中。要對近榮遠恥，對知榮辱表現好的人予以鼓勵表揚，不斷強化榮辱觀念，使青少年樹立起堅定的榮辱自律觀，自覺地不斷地爲祖國爲人民立功、立言、立德，爭取最大光榮。

　　知廉恥是中國優秀的倫理傳統，良好的道德範疇。我們的先人非常重視對子弟，對大眾進行廉恥教育。我們當代的中國人要很好地繼承、弘揚這種知廉恥的光榮傳統，就一定能把青少年的知恥教育做好。

傳統倫理與家庭道德建設

　　培植健康、良好、新型的家庭人倫關係，對於構建當代中華民族精神具有不可或缺的重要意義。本又通過對傳統倫理「三綱」「五倫」、尤其是家庭「三倫」的科學分析及去蕪存精，提出了如何建設新型家庭道德的既富理論意義又具實踐價值的見解。

一

　　中國傳統的倫理文化以家庭為本位，不同於西方以個人為本位。何以見得？這可以從通行於中國封建社會兩千五百多年之久的所謂「三綱」、「五倫」的綱常名教中找到佐證。

　　「三綱」者，最早見於《韓非子‧忠孝》篇：「臣事君、子事父、妻事夫，三者順則天下治，三者逆，則天下亂，此天下之常道也」。可謂「三綱」說的前驅。漢代大儒董仲舒，使「三綱」系統化、理論化。董仲舒在《春秋繁露‧深察名號》篇中說：「循三綱五倫，通八端之禮，忠信而博愛，敦厚而好禮，乃可謂善」。又在《基義》篇中說：「凡物必有合，……陰者陽之合，妻者夫之合，臣者君之合。物莫無合，而合各有陰陽。……君臣父子夫婦之義，皆取諸陰陽之道……君為陽，臣為陰；父為陽，子為陰；夫為陽，妻為陰。……王道之三綱可求於天」。這裡董仲舒提出「三綱」的概念，說明了「三綱」的意義，並與陰陽、天道相聯繫來論證。東漢章帝時，班固編纂的《白虎通義‧三綱六紀》中根據董仲舒的思想，明確完整地表述了「三綱」的意義：「三綱者，何謂也？謂君臣、父子、夫婦也。故君為臣綱、父為子綱、夫為妻綱」。「三綱」是封建社會道德的總綱，即最重要的根本性的

原則。

「五倫」即五種人的社會關係：君臣、父子、夫婦、長幼、朋友。在中國倫理思想史上，孟子首次提出了「五倫」說。「人之有道也，飽食暖衣，逸居而無教，則近於禽獸。聖人有憂之，使契爲司徒，教人以倫：父子有親，君臣有義，夫婦有別，長幼有序，朋友有信」。〔註1〕這裡孟子不僅講了五種人倫關係，也講了如何正確處理這五種人倫關係準則，即「義、親、別、序、信」，亦即「五教」。孟子的「五倫」之教思想來源於堯舜時代，並作了創造性的發揮。

「三綱」、「五倫」密切相關。「三綱」中涉及家庭人倫關係的兩綱，即父爲子綱，夫爲妻綱。「五倫」中涉及家庭的有三倫，即父子、夫妻、長幼。「三綱」中君爲臣綱乃父子之綱之擴展。「五倫」中，君臣一倫、朋友一倫乃父子一倫、長幼一倫之延伸。可見中國傳統文化是以家庭爲本位的文化。正因爲如此，中國人的家庭觀念極深，自古以來，人們就十分重視家庭，關心家庭，建設符合禮儀要求的家庭。這可謂世世代代中國人的優良傳統，也是中國傳統文化一大特色。

那麼「三綱」、「五倫」中所謂的人倫關係究竟是怎樣的呢？一言以蔽之曰：統治與服從的關係，即不公正、不平等的關係。

「君爲臣綱、父爲子綱、夫爲妻綱」，這個綱是什麼意思？恰如張岱年教授指出：「綱是網上的大繩，常語云：『提綱挈領』，提起網上的大繩，就可以帶動整個的網。綱具有主導的作用」。〔註2〕質言之，在君臣、父子、夫妻的關係中，君、父、夫處於統治的地位。前者擁有支配後者的權利，而後者只有聽命於前者的義務。

有關家庭關係的父爲子綱，夫爲妻綱同君爲臣綱一樣是不平等的。尤其男女不平等，通常的表述就是「男尊女卑」，「男主女從」。男尊是說男子的生命、地位、權利、聲望、人格至貴、至重；女卑是說女子的生命、地位、權利、聲望、人格卑微、低賤。男主不言而喻，男人爲主，男人不但是女人的主人，而且是一家之主。女從是說女子從屬於男子，爲男子的奴僕，聽命於男子。女從最明顯的注解，莫過於「三從」，即「婦人伏於人也，是故無專制之義，有三從之道：在家從父，適人從夫，夫死從子，無所敢自遂

〔註1〕《孟子·滕文公上》。
〔註2〕《中國倫理思想研究》，上海人民出版社，1989年版，第150頁。

也」。〔註3〕

在家庭人倫關係之中，父子一倫不平等，夫妻一倫不平等，那麼，長幼一倫是否平等呢？長幼一倫，包括兄弟姐妹之間的關係。這裡男尊女卑依然起作用，即從性別上說，是不平等的，男子處於優越地位。

那麼，同性別者是否平等呢？如兄弟之間、姐妹之間是否平等呢？不可否認，兄弟或姐妹之關係，畢竟不同於父子或夫妻關係，他（她）們是同輩人之間的關係。所以這裡多少有一點兒平等的意味，但事實上長兄、大姐比之老弟、小妹來說，往往處於優先的地位，實際上是不平等的，不過其不平等的程度次於父子、夫妻就是了。父子、夫妻、兄弟姐妹之間不平等的原因在於社會經濟關係及其財產關係：男子在生產、經營活動中起著決定性的作用，他是土地及其它一切財富的佔有者與支配者。在家庭中自然是一家之主，掌握著人、財、物各方面的一切權利。且封建社會從政治上說，又是家長制的宗法等級特權社會。為這種經濟關係所決定，政治關係所制約的家庭人倫關係，不可能是公正與平等的。

那麼，反映這種不公正、不平等的人倫關係的道德又是怎樣的呢？不言而喻，是一種不平等的道德。道德作為一種社會意識現象，根源於社會經濟關係，社會、經濟關係及其表現人倫關係的不平等，規定了不平等的道德。

無論從邏輯上還是從道德的本意上說，道德主要是調節人與人、人與社會的關係，因此，它的功能與效力，應當對雙方都有約束力，都起作用，而不應只針對一方面提出要求。孟子曾經說過：「君臣有義、父子有親、夫婦有別、長幼有序、朋友有信」。這裡的義、親、別、序、信，分別關係到君臣、父子、夫婦、長幼（包括兄弟）、朋友相互兩個方面。但孟子並沒有進一步解釋義、親、別、序、信對以上五種人倫關係每一方的道德要求是什麼。後來成書於漢代的《禮記·禮運》篇中講到人倫關係中相互對待的道德，這就是「人義」。「何謂人義？父慈子孝；兄良弟悌；夫義婦聽；長惠幼順；君仁臣忠。十者謂之人義」。春秋時代的史書《左傳·昭公二十六年》有「父慈子孝、兄愛弟敬、夫和妻柔」的說法。從中可以看到有關家庭人倫關係，即父子、夫妻、兄弟（包括姐妹）相互對待的道德要求。從權利與義務的關係上來看，五倫也好，三倫也好，或多或少的有一點平等的意味。也就是說道德

〔註3〕《大戴禮記·本命篇》。

要求是雙向的，並不是單向的，是兩方面的，而不是一方面的。但在宗法等級制的封建社會裏，實際行不通。真正奉行的道德是權利與義務分離的道德，即長者、尊者、貴者享有道德權利；而幼者、卑者、賤者負有道德義務。君臣、朋友兩倫暫且不論，僅就父子、夫妻、長幼三倫而言，實際實行的家庭道德，是「孝」、「聽」、「悌」或者「孝」、「柔」、「敬」。這就是說，子對父要孝順，妻對夫要順從，弟對兄要服從。

作為家庭人倫關係的道德規範，孝、聽、悌無疑包含有許多時代的、階級的內容。但也有超越時代的一般意義，我們可以批判地繼承。

二

作為重建民族精神重要一環的家庭倫理道德建設，不是割斷歷史另起爐竈，它首先應當是對中國傳統文化中家庭倫理道德遺產的批判繼承與借鑒，把其中具有科學性、民主性，對我們今天家庭倫理道德建設有益的東西，吸取過來，並賦予新的意義。例如，反映傳統家庭人倫關係的道德規範孝、聽、悌或者孝、柔、敬就不可全盤否定。

為什麼呢？因為道德所反映的社會經濟關係不單是階級的，也有社會共同利益的方面，因此，道德規範除了有階級性，階級的特定要求之外，還有全民性，社會生活共同性的要求。

例如「孝」就是如此。

《論語》記載，孟懿子問孝。子曰：「無違」。〔註4〕魯國大夫孟璐子向孔子請教，什麼是孝？孔子回答說，孝就是對父母的生養死葬，不得違背「周禮」。周禮是西周封建社會的政治制度、道德規範和禮節儀式的總稱。可見，這是有明顯的階級性的，倘若今天把「無違」，即祖制不可違背看作是孝，顯然是不合時宜，與改革不相容。孔子說：「父在，觀其志，父沒觀其行；三年無改父之道，可謂孝矣」。〔註5〕這是說，父親活著的時候，考察兒子是否孝，看他的志向與他父親的志向是否一致。父親不在了，看他的行為如何，三年不改父親生前立下的規矩，就是孝。不言而喻，這裡所謂孝，具有嚴重的保守性。子曰：「父母在，不遠遊，遊必有方」。〔註6〕這裡的孝顯然是小農經濟的反映。在那個時代，兒子被看作父母的私有財產，除了守家在地，耕

〔註4〕《論語·為政》。
〔註5〕《論語·學而》。
〔註6〕《論語·里仁》。

田務農，侍奉父母之外，不能外出經商或做工。這種孝的觀念，具有極大的局限性，明顯的不適應現代社會的需要，與我們今天發展商品經濟相去甚遠。孟子說：「不孝有三，無後為大」。〔註7〕依據宋儒朱熹在《四書集注》援引趙岐《孟子注》的說法，阿意曲從，陷親於不義，一不孝也；家貧親老，不為祿士，二不孝也；不娶無小，絕先祖祀，三不孝也；三者之中，無後為大。這意思是說，對父母的缺點，過失視而不見，一味順從，使父母陷入不義的境地是不孝；家境貧寒，父母雙親生活無著落，不去做官或做事，賺錢養活父母，也是不孝，但是最大的不孝，是不娶妻生子，使家庭斷了香火。不言自明，這是小農經濟在道德上的要求，因為兒子是家庭中主要的勞動力，沒兒子，意味著年老生活無依無靠。同時也是宗法制度的反映，因為沒有兒子，家業無人繼承，祖先無人祭祀。無庸置疑，這樣的孝，與我們當今實施的計劃生育國策是背道而馳的，必須否定。以上關於孝的概念，均屬其具體意義，即特殊意義。這種特殊意義有局限性、階級性和歷史性。我們不能不加以分析地肯定這些意義，更不可以盲目地照搬。

孝的概念除了上述種種特殊意義外，還有一般意義，即普遍意義。這種普遍意義不止適用一個社會、一個階級或一個時代，它們是超越某個時代的，甚至在幾個時代都有價值。

例如，子游問孝，子曰：「今之孝者，是謂能養，至於犬馬皆能有養，不敬何以別乎」〔註8〕。孔子的學生子游問孔子何謂孝？孔子說，現在人們都說，能養活父母就是孝。然而狗與馬都能養活，如果不敬父母，只是養活，這與養狗、養馬有什麼區別呢？這話的意思是說，只養活父母，還不是真正的孝。真正的孝，或孝的深層含義，則是敬愛父母。毫無疑問，敬愛雙親具有普遍意義，不論哪個時代、哪個階級的人，都不會對敬愛父母表示疑義。又如子夏問孝，子曰：「色難，有事服其勞，有酒食先生饌，曾以為孝乎」。〔註9〕子夏問孝於孔子，孔子說：做到孝，最難的是和顏悅色，僅僅有事替父母去做，有了美酒佳肴讓父母先吃，這不難做到，難的是和顏悅色，即由衷的尊敬雙親。尊敬父母同樣具有極大的普遍意義。無論什麼人、無論什麼時候，對自己的父母抱著尊敬的態度，總是值得肯定的。孟子也說過：「孝之

〔註7〕《孟子·離婁上》。
〔註8〕《論語·為政》。
〔註9〕《論語·為政》。

至，莫大於尊親」。〔註10〕最高的孝，莫過於對父母的尊敬。再如，孔子說：「事父母，能竭其力」。〔註11〕奉養父母，或扶助父母，替父母做事盡心盡力，是孝。這也具有相當的普遍意義。只要社會經濟發展水平還沒有達到使從事農業生產的人領取工資，或從社會領取養老金的時候，子女奉養父母的責任與義務，將始終存在。綜上所述，尊親、敬親、養親就是孝的普遍意義。這些意義，我們應當批判的繼承。

至於「聽」或「柔」，「悌」或「敬」，作為調節夫妻關係、兄弟關係的道德規範，它只是要求妻或弟的一方，而不對夫或兄的一方提出相關的要求，顯然不公道。然而就一方面來說，要求妻聽或柔，也不能認為毫無可取之處。如果丈夫所作所為是正當的，要求妻子聽從或柔順，不無道理。問題是在封建專制制度下，以男性為中心，無論丈夫言行舉止正當與否，做妻子的都必須無條件地聽從或柔順。這就不正確了。「悌」或「敬」的道理，亦應做如是觀。一般的說，幼弟尊長兄，本無可非義，但無論長兄言行舉止正確與否，一律表示尊敬，或一概服從，很難說是正確的。

總之，「孝」、「聽」、「悌」或「孝」、「柔」、「敬」這些調節父子、夫妻、兄弟關係的道德規範，其中的合理因素，真理成分，反映家庭倫理生活規律性的東西，我們可以批判繼承、學習和借鑒，用以建設社會主義的家庭倫理關係與道德。

必須指出，社會主義的家庭倫理道德建設需要從傳統倫理文化中吸取合理的積極因素，但僅此是不夠的，我們還必須把這種建設奠立在社會主義的經濟、政治、法律制度的基礎上。限於篇幅，對此無法詳細申論。

那麼，基於對傳統家庭倫理、道德的借鑒與學習，基於社會主義經濟基礎、社會政治制度、婚姻、家庭的法律制度的規定與制約，社會主義家庭人倫關係的道德應當是怎樣的呢？

當今中國的家庭同世界上大多數國家一樣多是核心家庭。這種家庭人倫關係主要有夫妻、父母與子女、兄弟姐妹這樣三種關係。

夫妻關係是構成家庭人倫關係的根本，古今亦然。在現代社會的核心家庭中，夫妻關係最為重要。夫妻之間的道德要求是雙向的，是權利與義務的平等。父母與子女之間的道德，兄弟姐妹之間的道德，亦應做如是觀。

〔註10〕　　《孟子‧萬章上》。
〔註11〕《論語‧學而》。

夫妻之間的道德要求，即應遵循的道德規範是「互敬」。所謂「互敬」，就是平等相待，相敬如賓。夫妻是志同道合的同志，又是親密無間的生活伴侶，在家庭的地位與權利是平等的。彼此應珍惜愛情、忠貞不渝。相互尊重對方的人格與尊嚴，支持其工作、學習與社會活動。夫妻雙方必須承擔互相幫助、共同提高的義務，家政大事，協商解決，誰的意見正確，就按誰的意見辦。夫妻長期生活在一起，難免發生矛盾，這就需要多一點容忍，多做自我批評，嚴以律己，寬以待他（她），赤誠相見，坦然交心，互諒互讓，消除隔閡，增強團結，和睦為貴。

父母與子女之間，應遵循的道德規範是「慈孝」。慈孝是傳統家庭父子間的道德要求，我們沿用舊的道德範疇，但內容、意義卻不同。它是建立在父母與子女人格平等的基礎上。這裡所謂慈，是父母對子女的仁慈、厚愛的情感與態度。慈，不但是父母以無私的愛心養育兒女，而且要求父母以認真負責的態度教導兒女成為一個善良的人，一個有益於人民，有益於社會，有益於國家的人。這裡的所謂孝，首先是子女對父母由衷的尊敬和愛戴，其次是父母年老體弱或喪失勞動、生活能力，兒女盡孝敬之心，盡量扶助、贍養老人，平日多關心、體貼父母，敬重他們，以實際行動報答父母的養育之恩。

兄弟姐妹之間的道德應當是「友愛」。兄弟姐妹一奶同胞，親如手足，在家庭生活中，彼此不但地位、人格平等，在權利與義務方面也是平等的，因此應友好相處，相互愛護，相互學習，相互幫助，共同進步。「互敬」、「慈孝」、「友愛」，我認為這就是我們當今建設民主、和睦、親善的家庭人倫關係的道德。

三

人所共知，夫妻關係乃人倫關係之始。沒有夫妻關係，自然不會有父子兄弟姐妹及其它諸種關係。特別是現代社會核心家庭增多，夫妻關係顯得更為重要。夫妻關係直接涉及家庭的存在、鞏固、建設的根本問題。因此夫妻關係是家庭倫理、道德建設的重點。當代中國不少家庭夫妻關係不健康、不正常、不和諧的關鍵因素之一，便是所謂「見異思遷」。一些人往往由於身份、地位、職業、權利的變遷，如進城、提幹、取得學位或做生意突然發財，於是認為原配不如自己，與自己差距太大，漸漸產生了見異思遷、喜新

厭舊的思想與行爲，直致婚姻離異家庭破裂。

不錯，婚姻以愛情爲基礎，婚姻的存續，也需要愛情來支持。但究竟什麼是愛情？這是許多人並不眞正懂得的問題。愛情是雙方的互相「給予」或「奉獻」，愛情需要養護與培植。相愛的男女結爲夫妻，在他們一生的過程中，由於種種原因，在思想感情上發生某些波折、淡化甚至裂痕，在所難免。作爲夫妻雙方，應面對現實，相互調適，促膝談心，溝通思想，交流感情，消除隔閡，不斷增進理解、諒解、信任與尊重。須知，愛情對夫妻雙方來說，不僅是權利。也是義務。彼此有愛的權利，亦有維護、發展愛的義務。如果濫用愛的權利，任意轉移愛的情感，更新愛的對象，這不但使愛無章法，而且會使愛放蕩不羈，人們就將陷入不停的離婚與結婚的煩惱之中，這對當事者來說，究竟是幸福，還是痛苦呢？而對兒童身心成長所造成的危害，則更是當事者始料未及的。人生活在世上，不只是靠感情而生活，更須依靠理智，確切說，依靠理智對感情調控而生活。

妨礙夫妻關係和諧相處的第二個重要因素，乃是第三者插足問題。依據唯物辯證法的觀點，外因是條件，內因是根據。如果夫妻感情甚篤，思想端正，這個家庭的堡壘不易被攻破。第三者能夠插足其間，說明夫妻之間有空子可鑽。由此提醒人們，應注意調適夫妻關係，及時消除那怕是微小的隔膜或誤會，不斷增進瞭解，加深友誼與愛情。爲此夫妻雙方應本著坦誠、耐心、寬容與諒解的精神相處。

第三，則在於性解放思想的不良影響。「性解放」是二十世紀二十年代前後在西方開始出現、六十年代以來在一些國家流行的一種社會思潮。「性解放」或「性自由」顯然包含有開放性教育、普及性知識、破除兩性關係上的神秘感、注意夫妻性生活的和諧與合理性的意義。但是不可否認，這種思潮包含有「性放縱」的錯誤觀念與行爲。在個人主義價值觀支配下的「性解放」或「性自由」的擁護者們認爲，身體、性器官是個人的私有物，自己有權處置。於是出現性生活混亂，性行爲放蕩種種醜惡的現象。人們把性欲等同於愛情，似乎發泄性欲，就是施愛，完全排除了兩性之愛的精神、文化因素。同時又把婚姻與愛情分開，好像婚姻與愛情沒有關係，婚姻變成肉體買賣的契約，聖潔的愛情被褻瀆，合法的婚姻被破壞，溫暖的家庭被瓦解。青少年因此成爲犧牲品，失去雙親共同的庇護與撫愛，心靈的創傷無法癒合，犯罪率節節上升。可見，「性解放」或「性自由」給子女、家庭、社會帶來了嚴重

的危害。資產階級個人主義的價值觀，享樂主義的人生觀，使人離開了人的位格，喪失了人性與人的尊嚴。因此「性解放」、「性自由」的觀念不可盲目接受與效法，應當堅決抵制與批判。

中國人歷來重視家庭倫理關係，重視家庭道德建設。可以說，這是我們民族的光榮傳統、在改革開放的今天，強化家庭倫理、道德建設，建立民主、和睦、親善的家庭人倫關係，倡導夫妻「互敬」、父母與子女「慈孝」、兄弟姐妹「友愛」的家庭道德，必定會對當代中華民族精神的建設起到積極的作用。

論計劃生育政策的倫理學根據

　　實行計劃生育，控制人口增長，提高人口素質是我們的基本國策。這項國策，有它的法律學和倫理學根據。本文僅就其倫理學根據，作些分析與探討。

　　當代國際社會面臨的嚴重問題之一便是人口的急驟增長，這就是所謂人口數量的「爆炸」問題。據聯合國人口基金會於 1990 年 5 月發表的《世界人口白皮書》說，目前世界人口的總數已達到 53.8 億，按現有速度增長，今後 10 年，每年計增 0.9 億至 1 億，到 2000 年全世界人口將突破 60 億，而根據當代科學技術水平所界定的地球的有效空間和支付能力，它最多只能供養 80 億。

　　由於經濟的發展、科學技術的進步，死亡率大大降低，人的壽命大大延長，出現了高出生率、低死亡率的人口增長模式。據有關資料統計 1925 年世界人口 20 億，經過 37 年，即 1962 年達到 30 億，又經過 13 年，即 1975 年達到 40 億。從 1975 年到 1990 年 15 年左右，世界人口竟達到 53 億 8 千萬之多。

　　我國的情況也是如此。舊中國從 1840 年到 1949 年的 109 年中，全國只增加人口 1.3 億。而中華人民共和國成立以後的 30 年中，出生人口 6 億多，除去死亡，淨增 4.3 億人。人口增長這麼快，使全國人民在吃飯、穿衣、住房、交通、教育、衛生、就業等方面都遇到越來越大的困難，使整個國家不容易在短時間內改變面貌（參見 1980 年 9 月《中共中央關於控制我國人口增長問題致全體共產黨員、共青團員的公開信》）。1982 年 2 月，中共中央、國務院關於進一步做好計劃生育工作的指示中說：「由於我國的人口基數大，年齡構

成輕，如果不下最大的決心，採取堅決而有效的措施，實行計劃生育，把人口增長的勢頭控制下來，出生率稍有提高，新增加的人口絕對數就很大，對於四個現代化建設，以及我們的子孫後代，都會帶來十分不利的影響。」這就是說，人口「爆炸」問題，不但是中國發展面臨的問題，也是世界發展面臨的問題。無論從中國的國家利益出發，還是為全人類利益著想，我們都得實行計劃生育，控制人口數量，提高人口素質。

為此，我國制定了相應的計劃生育政策。其主要之點是「提倡晚婚晚育，少生優生；提倡一對夫婦只生一個孩子。國家幹部和職工、城鎮居民除有特殊情況可以生第二個孩子外，一對夫婦只生一個孩子。農村也要提倡一對夫婦只生一個孩子，某些群眾確有實際困難，經過批准可以間隔幾年以後生第二個孩子。為了提高少數民族地區的經濟文化水平和民族素質，在少數民族中也要實行計劃生育，具體要求和做法由各自治區和所在省決定。」「對於少數民族也要提倡計劃生育，在要求上可適當放寬一些。」（《中共中央、國務院關於加強計劃生育工作嚴格控制人口增長的決定》）那麼這項計劃生育政策的倫理學根據，究竟是什麼？

少生優生、提倡一對夫婦只生一個孩子的倫理學根據是社會主義的集體主義和人道主義原則。這項政策要求，一切有生育能力的、健康的國民，都要遵照執行。這是一個普遍性的要求，但是有特殊情況的，可以適當照顧。如夫婦雙方都是獨生子女的可允許生兩個孩子。又如對少數民族政策寬於漢族，農牧區可以生兩個，偏遠地區可以生三個，藏族地區則沒有具體規定。這樣的生育政策，兼顧了個人、家庭利益與社會、國家的利益。無疑地它是社會主義集體主義倫理原則的體現。社會主義集體主義的倫理原則的精神，就是個人利益、集體利益、國家利益的有機結合，即三者的統籌兼顧。雖然當個人利益或家庭利益與集體利益、社會和國家的利益發生矛盾，而又不能兩全其美的情況下，個人或家庭的利益，應該自覺地服從集體的、或社會、國家的利益。這就是所謂顧全大局。但即便如此，集體、社會或國家，在可能的條件下，也要盡量照顧個人的家庭的利益。誠如恩格斯所說：「社會的利益絕對地高於個人利益，必須使兩者處於一種公正的和諧的關係中。」

我們的計劃生育政策，恰好體現了社會主義的集體主義的倫理精神。提倡一對夫婦只生一個孩子，這是控制我國人口數量急劇上升，提高人口素質，涉及全民族、全中國人民根本利益的基本國策。否則不加控制，人口過分膨

脹，終究有一天，我們沒飯吃、沒衣穿、沒水喝、沒房子住，更沒有條件普及教育，我們整個民族，整個國家將陷入空前的災難之中。所以節制人口是我們國家的全局性的利益。當然這並不意味著人口越少越好。沒有適當的人口數量，社會生產難以為繼，社會也要走向滅亡。所以必須有適當的人口，即與經濟發展、資源儲備與開發相稱的人口。須知，國家興旺發達，關鍵不在人口數量，而在人口質量，即提高人口的科學文化素質和思想道德素質。若提高全民族的素質，就必須控制人口，否則提高素質無法實現。因為人口太多，社會的財富幾乎要被吃光，根本沒有經濟實力從事文化、教育、科學、技術的普及與提高。

少生優生，一對夫婦只生一個孩子，這是普遍性的要求，體現了社會整體利益，國家利益高於我們個人以至於家庭的利益，但同時對有特殊情況者，如對某些生育一個孩子有實際困難的人，少數民族中人口稀少的民族，在控制全國人口增長的前提下，允許生第二胎，這充分說明國家、社會盡量照顧了個人或家庭實際需要和具體利益，可見，我國的計劃生育政策，有社會主義集體主義的倫理學根據。

不但如此，少生優生，也是出於人道主義考慮。對先天性或後天性癡、呆、傻人員於生育有遺傳性影響的，必須實行絕育手術；對夫婦任何一方患有疾病可能使下一代出現嚴重缺陷或嚴重遺傳性疾病的禁止生育，以免生出殘廢嬰兒，造成家庭、社會或國家的經濟、醫療和精神的沉重負擔。

如果換一個角度，站在全球立場上來看，中國的計劃生育政策，控制人口數量，提高人口素質，也完全符合全人類的利益。倘若不實行計劃生育政策，人口無限制地增長下去，這不但是我們自己的負擔，也是全世界的包袱。這樣地球將更加擁擠不堪。由此看來，我國的計劃生育政策，不但有社會主義集體主義的倫理原則的根據，也還有社會主義人道主義的根據。

其次，計劃生育政策的基本精神是一對夫婦只生一個孩子。這意味著生男生女都一樣，其倫理學的根據則是平等與公正的道德原則。人所共知，我國的憲法、婚姻法、財產繼承法等都有關於男女平等的條款。如憲法規定：「夫妻雙方有實行計劃生育的義務」；「父母有撫養未成年子女的義務，成年子女有贍養扶助父母的義務」。婚姻法規定：「實行婚姻自由，一夫一妻，男女平等的婚姻制度」；「禁止家庭成員間的虐待和遺棄」等等。這是生男、生女都一樣的法律根據和保障。同時也是倫理、道德的根據和保障。須知，法律是

最低限度的道德，而道德則是不成文的法律。一對夫婦只能生一個孩子，生男、生女都一樣，從倫理學上說，其根據就是公正，即正義的原則。公正的基本精神就是平等。誠如恩格斯說：「平等一正義。一平等是正義的表現，是完善的政治制度或社會制度的原則，這一觀念完全是歷史地產生的。」（《馬克思恩格斯全集》第 20 卷，第 668～671 頁）公正，簡言之，就是公正地對待人與事，不僅個人對個人講公正，社會對個人亦應講公正。前者為個人公正，後者為社會公正。社會公正，就是社會或國家對待公民的政策、態度應保持公平、公允，即用同一尺度對待他們。

我們今天的社會制度，不同於舊社會，無論男性公民，還是女性公民，都一樣享有法律規定的權利和義務。在家庭中的地位是平等的，夫妻有同等的權利佔有、支配家庭的財產，有同樣的贍養父母、撫育子女的義務等。在社會生活中升學、就業、報酬（同工同酬）、提職、晉級，男女都一樣，從法律與道德上說，不得另眼相待女性，任何性別歧視，都是非法的，都是反道德的。生男生女都一樣，他們都享有獨生子女的待遇，他們的權益都同樣地受到法律的保護，這就是社會的公正問題，可見一對夫婦只生一個孩子的倫理學根據之一，便是社會的公正原則。

再次，實行計劃生育政策，節制人口，還有生態倫理學的根據，這就是人與自然的和諧共處。

人口過分增長，不僅造成嚴重的不良的社會後果，如住房、交通、升學、就業等困難，而且給人類生存的自然環境，造成嚴重的惡果。首先是人口過分增長，引起自然資源危機如耕地減少、淡水緊張、森林覆蓋率下降、礦產資源短缺等。試以耕地減少為例：1949 年，我國人口約 4.5 億，全國人均耕地 2.71 畝。1988 年全國人口增長到 10.96 億，人均耕地面積只有 1.35 畝。這就是說，10 年內，由於人口過分增長，人均耕地面積減少 50%。其次是人口過分增長，造成嚴重的環境污染。隨著人口的增長，生活、生產的垃圾就增多，整個世界日益成為一個巨型的垃圾場。廢水、廢氣、廢碴排入在天空、大地與江河湖海之中，使空氣、水源、田地污染日甚一日。再次，人口過分增長，破壞了自然生態系統。生態系統是個有機體，在生態系統中，水、空氣、陽光、食物是人類生活不可或缺的要素。其中食物來自生態系統中各種各樣互相聯結的食物鏈或食物網。人類正是通過食物鏈或食物網而取得生存所需要的能量。「在生態系統中，植物是生產者，它可以轉化日光能為化學能

並加以儲存。……生態學指出，正常的食物結構應該是塔式的，處於最底層數量最大的應該是植物，其次是食草動物，食肉動物，塔頂是人類。並且塔的各層間應該保持適當的比例。如果食物結構呈現出倒塔式，或塔的各層間比例失調，即動物或人類這些生態系統中非必要的成分的數量，超過了生態系統中必要成分——植物的負擔限度，那麼整個的生態系統就會陷入崩潰。然而，這種情況正在我們身旁悄悄發生。隨著人口的迅猛增長，植物王國的疆域正在逐步縮小，人均佔有森林面積、草地面積、耕田面積正逐步減少（劉湘溶：《生態倫理學》湖南師範大學出版社，1992 年版，第 175 頁）。生態倫理學教導人們，必須以人道的態度對待自然界、對待人類的生存環境，反對人類的自我中心論和人類霸權主義。為此必須節制人口，以減少對自然資源掠奪式的開發、對自然環境的污染和對生態平衡的破壞。自然界與人類本為一體，這就是中國傳統文化所說的「天人合一」，即人類與自然界和諧相處。人類對自己的生產行為、生育行為、消費行為必須加以節制，否則肆意妄為，直接地損害了自然界，間接地危害人類自身，甚至導致人類的毀滅。實行計劃生育，控制人口數量，提高人口素質的政策，有深刻的倫理學根據，這樣的人口政策，與中華民族的利益，與人類社會持續發展的利益相一致。同時它也同生態倫理學的思想相吻合。

論「孝」的古代意義與現代價值

　　孝是封建道德，這幾乎是個定論。由此進一步說，我們今天已是社會主義社會了，社會前進了，今非昔比，所以不能再提倡孝了。有許多人贊同這種看法。但確有不少人從來就不贊成對孝持全面否定的態度。他們認為孝是中華民族的傳統美德，可以為今所用。近年來，社會生活的變化，尤其是價值觀的變化，造成的負面影響致使自私自利的思想膨脹起來；不盡人子之責、不贍養扶助父母，甚至歧視、虐待父母的現象，屢見不鮮。於是，又有一些人站出來，大聲疾呼，恢復「孝道」，要子女「孝順」父母。宣稱「百行孝為先」。這兩種基本的看法，都有些道理，含有一定的真理的顆粒，但都不是科學的道德真理。

一

　　筆者不否認孝是封建道德，但也絕不認為孝僅僅是封建道德。孝有階級性，但孝也有廣泛的社會性，即全民性。依筆者之愚見，在階級社會裏，任何一種道德範疇，都是階級性與全民性的統一。任何一種道德行為準則的提出，都有它的階級利益基礎，但也有全民利益的根據。道德是從階級利益中引申出來的，但任何一個階級的階級利益都不是純粹的，它總是同其它階級的利益有這樣或那樣的聯繫，或有共通之處和某些一致點。因此，基於物質利益基礎上的道德，不可能只具有階級性而無全民性或者相反，只具有全民性而無階級性，即道德是為保障原始氏族集團的生存與發展而產生的。具體地說，它是為適應原始初民戰勝惡劣的自然環境減少自身獸性，提高人性的

需要，爲適應妥善處理個人與他人以及社會集團的矛盾的需要而產生的。然而進入階級社會以來，不同的階級，尤其是統治階級，從自己的階級利益出發，總結社會生活經驗，形成一整套的階級道德的規範或原則，並強加於社會，於是就有了道德的階級性問題。但是道德的全民性始終沒有消失，只不過被階級性掩蓋罷了，並通過階級性而存在。

從道德的功能與效應上看，道德不僅反映人們的利益關係，也反映人們的心理、情感關係。就心理、情感關係而言，不能說全是階級的，「親不親階級分」就是情感階級性的證明，但的確有超階級的共同的心理與情感。中國有兩句古話可爲佐證：「大勢所趨，人心所嚮」；「人同此心，心同此理」。道德從某種意義上說，就是人們心理和情感的表達。道德的功能與效應之一，是調節人際關係，使人們和諧相處，以禮相待，這就需要心理兼容，情感相通，而要做到這一點，就要發揮道德的作用。由此觀之，一切階級社會的道德，都有階級性的一面，都有全民性的一面。任何一種道德規範或範疇，都是階級性與全民性的統一，都有其具體的階級意義與一般的社會意義。孝亦應作如是觀。

下面我們先從具體的意義上看孝，接著再從一般的意義上研究孝。例如，孟懿子問孝，子曰：「無違」。〔註1〕孔子回答的「無違」就是不要違背「周禮」，即對父母的生養死葬都要符合「周禮」的有關規定。可見這是有明顯階級性的，倘若今日有誰主張把「無違」看作是孝，顯然也是不合適宜的。又如，子曰：「父在，觀其志；父沒，觀其行，三年無改於父之道，可謂孝矣」〔註2〕孔子認爲，父親活著的時候考察做兒子的是否孝，就看他的志向與其父的志向是否一致；父親不在人世了，則看他的行爲如何，三年不改父親生前立下的規矩，就是孝，這是具有嚴重的保守性，也是要不得的。再如，子曰：「父母在，不遠遊，遊必有方」〔註3〕意思說，父母活著的時候，兒女不要遠離家鄉，離開了也要有個一定的地方，否則爲不孝。不言自明，這裡的孝也是小農經濟生活的反映，而如果照搬到今日社會生活中來，那

〔註1〕 《論語》：《爲政》，《學而》，《里仁》，《爲政》，《爲政》，《學而》，《學而》，《學而》，《雍也》。

〔註2〕 《論語》：《爲政》，《學而》，《里仁》，《爲政》，《爲政》，《學而》，《學而》，《學而》，《雍也》。

〔註3〕 《論語》：《爲政》，《學而》，《里仁》，《爲政》，《爲政》，《學而》，《學而》，《學而》，《雍也》。

麼，商品經濟就不可能發展，農村多餘的勞動力就不能流動，現代化也就無從談起。還有孟子說：「不孝有三，無後爲大」。〔註4〕不生兒子，就是不孝。這不僅是小農經濟在道德觀念上的要求，沒兒子意味著生活無著落；而且是封建宗法制度的反映，沒有兒子家業無人繼承，祖先無人祭祀。無庸置疑，這樣的孝，今日必須否定。

諸如此類，均屬孝的概念的具體意義，即特殊意義。這種特殊意義有局限性、階級性、時代性與歷史性。我們不能不加分析的肯定這些意義，更不可盲目照搬到我們社會主義初級階段上來。

孝的概念，除特殊意義外，還有一般的意義，即普遍意義。這種普遍意義，不僅適用於一個社會，一個階級或一個時代，還具有超階級的或跨越時代的價值。例如：子游問孝，子曰：「今之孝者，是謂能養。至於犬馬，皆能有養。不敬何以別乎？」〔註5〕這話的意思說，只養活父母，還不是真正的孝，真正的孝或孝的深層次意義，則是敬愛父母。毫無疑問，敬愛雙親，具有普遍意義，不論那個時代，那個階級的人，都不會對敬愛父母表示疑義。又如，子夏問孝，子曰：「色難。有事，弟子服其勞；有酒食，先生饌，曾是以爲孝乎？」〔註6〕是說做到孝，最難的是對父母和顏悅色，僅僅有事替父母去做，有了美酒佳肴，讓父母吃，這不難做到，難的是和顏悅色，這也是具有極大的普遍意義的，無論什麼人，無論什麼時候，對自己的生身父母，抱尊敬的態度，總是值得肯定的。再如，孔子說：「事父母，能竭其力」，〔註7〕養父母，扶助父母，替父母做事盡心盡力，這些都是孝，也是具有普遍意義的。即使社會經濟水平非常高，社會福利事業非常發達，不需要兒女奉養父母，但扶助年老父母的義務，恐怕也不能一點沒有。

總之，感恩、敬親、養親，就是孝的普遍意義，這是可以批判繼承的。由此可見，孝的範疇具有二重性，其中有糟粕亦有精華，有封建性、保守性的東西，亦有民主性、科學性的因素。

〔註 4〕 《孟子》：《離婁上》，《萬章》。

〔註 5〕 《論語》：《爲政》，《學而》，《里仁》，《爲政》，《爲政》，《學而》，《學而》，《學而》，《雍也》。

〔註 6〕 《論語》：《爲政》，《學而》，《里仁》，《爲政》，《爲政》，《學而》，《學而》，《學而》，《雍也》。

〔註 7〕 《論語》：《爲政》，《學而》，《里仁》，《爲政》，《爲政》，《學而》，《學而》，《學而》，《雍也》。

二

孝作爲一種道德範疇或道德規範，具有二重性，這是肯定無疑的，當然就其功能與作用而言，也同樣具有二重性。

孝最早是作爲家庭倫理規範出現的，它的功能是調節父母是子女之間的關係，並無社會規範的意義。遠在西周社會，孝作爲一種道德觀念已見諸於文字。《尚書·酒浩》說：「肇牽車牛，遠服賈，用孝養厥父母」。《爾雅·釋訓》有「善父母爲孝」的說法，意思都是敬愛、贍養父母。先秦時代，孝慈並提。孝是子女對父母的義務，慈則是父母對子女的責任，這就是所謂「父慈子孝」。即父子在權利與義務方面，有對應性，有某種程度的平等意味。正如墨子所說：「父者之不慈也，子者之不孝也，此天下之害也」。〔註8〕孝起初是家庭道德規範，但後來逐漸擴展到社會與國家，演變成一種社會道德準則。這種狀況在孔子那裡已初露端倪，孔子說：「弟子入則孝，出則悌，謹而信，泛愛眾，而親仁。行有餘力，則以學文」〔註9〕孔子弟子子夏發揮上述思想說道：「事父母，能竭其力；事君，能致其身」〔註10〕這就是說，在家事父母爲孝，在外事君主，也是孝（即忠的意思）。這裡已包含有忠孝一致，或忠孝一體的思想。這就意味著，把孝從家庭擴展到社會，從父親推延到君主。正是如此孔子特別看重孝，孝是治國安民，立身處世的根本，也是他的仁學學說的根本。

當然這僅僅是一種看法而已，但在生活實踐中，把孝擴大到社會生活的各方面，以「孝治天下」，形成系統的「孝道」還是始於漢代。

再看《孝經》提倡以孝事君，忠孝一體，其闡述的正是孝是忠的原因，忠是孝的結果，在家孝父，在朝忠君；孝是忠的縮小，忠是孝的擴大，這就是所謂移孝作忠，忠孝合一。再說「三綱」，作爲社會道德，要求臣忠於君，子孝於父，婦從於夫，這完全是一種統治與服從的關係，而原初的平等、民主的意味，消失殆盡。毫無疑問，這是封建等級專制制度強化在倫理、道德關係上的必然反映。這顯然是把「孝道」當成了封建統治階級維護宗法等級制度的道德武器。它的主要社會功能，就是捍衛封建地主階級的利益與統治，

〔註 8〕 《墨子》：《非命》。
〔註 9〕 《論語》：《爲政》，《學而》，《里仁》，《爲政》，《爲政》，《學而》，《學而》，《學而》，《雍也》。
〔註 10〕 《論語》：《爲政》，《學而》，《里仁》，《爲政》，《爲政》，《學而》，《學而》，《學而》，《雍也》。

讓臣民盲目地服從他們的控制與奴役，不得抱怨，不許反抗。

「孝道」的許多內容與規定，是悖逆人性，違反歷史進步的規律；是對子民人格的侵犯，獨立意志的否定，也是對人的進取心與創造精神的扼殺。中國近代以來，有許多偉大的思想家，都對封建的「三綱」和忠孝道德進行了激烈的批判，正如，「五四」運動的先鋒陳獨秀先生，在《新青年》（一卷四號）《東西民族根本思想之差異》一文中指出的，封建忠孝道德觀造成的惡果有四：「一曰損壞個人獨立自尊之人格；一曰窒礙個人意見之自由；一曰剝奪個人法律平等之權利；一曰養成依賴性，戕賊個人之生產力」。類似的批判對提高國人之道德覺悟，實行倫理革新與社會政治革命都大有裨益。

但是我們必須看到孝作為一種家庭或社會倫理規範，其功能與作用中也有值得肯定的東西，即其有維持家庭穩定的功能與作用。孝不僅調節父子關係，要求父子和睦相處，而且也調節兄弟之間的關係，要求兄弟親密無間。所以孝是維繫家庭的凝聚力，使封建時代的家庭成員之間同產共居，就是父子或兄弟分家另過之後，各自家庭間也能互助互恤。這不能不說是孝的一種積極的作用。再說，孝作為社會的道德規範，有明顯的階級性，公開為封建專制的宗法等級制度服務的另一面，其在封建社會的早期階段，對協調君臣、父子關係，穩定社會秩序，發展生產力，培養人對國家、社會、家庭的義務感、責任心方面，也有某種程度的進步作用。由此可知，我們對孝不能完全否定。我們必須站在辯證唯物主義的立場上，以歷史主義的態度對待孝；拋棄其保守的、消極的，甚至是反動的因素，吸取其合理的、進步的、有益的成份，為我們的家庭倫理建設，為社會主義精神文明建設服務。

三

孝作為中華民族的傳統道德，存在於社會生活中，已有三千餘年的歷史，影響深遠。不可否認，在歷史上孝曾經扮演過封建道德的角色，但仍然有一些合理的因素，值得我們批判繼承。

筆者認為，孝作為今日家庭生活中的道德規範可以從古代孝的道德範疇中吸取感恩、敬愛、贍養的合理成份，即在概念的表述上，不稱「孝順」，而稱「孝敬」為好。一則「孝順」不容易與「三綱」劃清界限，「順」有服從或盲從的意蘊；而「孝敬」則能夠體現中國傳統道德孝範疇的合理性，又符合我國憲法中關於父母與子女關係的權利與義務對應的平等的規定。我們認為

講「孝敬」既符合我國人民尊老愛幼的優良傳統，又符合社會主義精神文明建設的要求。孝敬父母起碼是贍養、扶助雙親，這個道德要求符合發展社會生產的客觀需要。恩格斯曾經指出：「根據唯物主義觀點，歷史中的決定性因素，歸根結蒂是直接生活的生產和再生產。但是，生產本身又有兩種。一方面是生活資料即食物、衣服、住房以及爲此所必需的工具的生產；另一方面是人類自身的生產，即種的繁衍」〔註11〕人類自身的生產，即勞力的生產與再生產。

在歷史上家庭是人類社會生產的基本單位，包括生活資料和勞動力的生產。就生活資料的生產而言，家庭的生產職能在退化，特別是西方資本主義社會。然而在今天的中國，自改革以來，農村實行聯產承包責任制，家庭的物質生活資料的生產職能，不但沒有降低，反而強化了。就人口的生產而言，現在與過去一樣，家庭依然是基本的生產單位，將來恐怕也是如此。未成年的子女，需要由父母撫養、教育成人；而在父母年老體衰，失去勞動能力和生活自理能力時，又需要子女的贍養與扶助，這是一種互助，也是一種互利和互惠。因爲，贍養、扶助父母，以盡孝心，符合發展社會生產力的客觀需要，也符合人性的要求。

當然，我們提倡「孝敬」父母之德，與舊中國的封建「孝道」有本質的不同。封建「孝道」是對子女的片面要求，是建築在經濟、政治、人格不平等的基礎之上的。但現在提倡的是父母負有撫養、教育未成年子女的義務，這就意味著未成年子女享有被撫養、教育的權利。成年子女負有贍養、扶助年老父母的義務，這就意味著父母享有被贍養、扶助的權利，在這裡，父母與子女在權利與義務上是平等的。孝敬父母，除了客觀的物質基礎之外，還有心理上的根據。即父母與子女有血緣的關係，兒女的生命是父母賦予的，因此，尊重、敬愛雙親，自然是順理成章的事情，當然這種純眞的孝心不可能完全自發的形成，需要後天的啓迪與教育。

以上所述，就是倡導「孝敬」父母的客觀物質基礎和主觀心理根據。既便如此，人們或許要問，在社會主義現時代，在改革、開放的當今倡導「孝敬」父母，究竟有什麼必要？依筆者之見，還是很有必要的。

首先，「孝敬」父母，是當今社會生活所必需。在社會主義初級階段，在社會生產力尙不夠發達，物質生活富裕程度還低，家庭還是生產或消費單位

〔註11〕《馬克思恩格斯選集》第4卷，北京：人民出版社，1972年版，第4頁。

的情況下，養親、敬老，依然是子女在家庭生活中，應盡的法律和道德的義務。既使有朝一日生產力高度發展，物質生活十分豐富，養親的問題，可以由社會來解決，但敬老依然是需要的。尤其是隨著我國老齡人口日益增多的情況下，養親、敬老，就顯得更爲突出。所以倡導「孝敬」父母，養親、敬老十分必要。

其次，倡導「孝敬」父母，是培養人道意識的起點。孔子說，人者「愛人」，主張愛有差等、厚薄、遠近之分。首先從愛自己的雙親做起，然後推己及人，逐步做到愛天下的父母，愛天下的人。孔子的人道思想比較實際，符合人的認識與情感發展的客觀規律，容易被人接受和踐履。墨子講「兼愛」，主張遠施周遍，愛無差等，即無差別的愛一切人。墨子的人道思想十分理想，但有悖於人之常情，很難做到。

孔子仁者「愛人」的思想及其實踐方法，「能進取譬，可謂仁之方也已」〔註12〕給我們莫大的啓迪。我們要弘揚孔子仁者「愛人」的人道思想，發揚光大中華民族「尊老愛幼」的優良道德傳統，就應當教導人們從孝敬父母，敬愛雙親做起。一個人連自己的父母都不愛，怎麼可能愛天下的父母呢！遺憾的是，數十年來，我們在道德教育上，只教導人們愛黨、愛人民、愛領袖、愛祖國等等，卻很少或根本不教導人們愛父母，這不能不說是道德教育上的偏頗。愛黨、愛人民、愛祖國是對的，但不從愛父母講起，這種愛的教導顯得空泛無力，缺乏深厚的根基。

再次，倡導「孝敬」父母，有助於培養人們的感恩意識。儒家「孝」的觀念和秦漢之後的「孝道」，均含有感恩的意識。孔子說，事父母、能竭其力，父母死後「服三年喪」，這裡表達了兒女對父母的感恩意識。現代英國直覺主義倫理學大師威廉‧大衛‧羅斯認爲人的自明道德義務有忠誠、公正、感恩、賠償等，其中重要的一項則是感恩。可以說，東西方古今的偉大聖哲，都非常重視感恩意識。他們爲什麼如此重視感恩呢？因爲感恩是一種善良的道德意識與情感，是支配人實現道德行爲的動機之一。

感恩本是我們中國人的良好道德習慣，但在以往數十年裏，對感恩即通常所說的「報恩」思想，做過多次的批判。現在看來，這種胡亂批判的社會後果是，讓解放以後成長起來的幾代人，「感恩」意識淡薄，或者根本不知「感

〔註12〕《論語》：《爲政》，《學而》，《里仁》，《爲政》，《爲政》，《學而》，《學而》，《學而》，《雍也》。

恩」為何物。這是當今社會生活中粗暴無禮，忘恩負義，甚至恩將仇報等種種反常現象泛濫的根源。

社會生活、家庭生活的負面經驗，使我們認識到培養「感恩」意識，樹立「感恩」義務觀念的重要意義。那麼，從那裡著手培養人們的「感恩」意識呢？筆者認為，從孝敬父母開始。一個人不能報答父母的養育之恩，連對雙親都不知感恩，還能指望他去對其它人表示感恩嗎？我們應當樹立這樣的觀念：凡是給我以關懷、愛護、幫助、照顧、支持、提攜的一切人表示感恩。「滴水之恩，當以湧泉相報」，應當成為我們生活中的一種價值觀，如果人人都樹立感恩意識，我們的家庭、鄰里、親戚、朋友和社會中的人與人的關係，必然是親善、融洽的。

第三，倡導「孝敬」父母，有利於克服個人主義、利己主義的泛濫。尤其是改革開放以來，大力發展社會主義商品經濟也使人們的價值觀念發生了顯著的變化，其積極的方面暫且不論，就其消極方面而言，個人主義、利己主義和狹隘功利意識，為許多人奉為生活信條。自我中心，自私自利，心中只有自我或放大的自我，包括了妻子和兒女，而沒有父母，沒有兄弟與姐妹。這種狀況，與我們中華民族「孝敬」父母的傳統美德相悖，與社會主義精神文明相對立。我們應當採取一系列措施從根本上加以改變。其中提倡「孝敬」父母，有助於克服自私自利的思想、抵制個人主義、利己主義、狹隘功利意識對人們心靈的腐蝕與毒害；有利於穩定家庭，密切家庭成員的關係；有利於弘揚我們中華民族「尊老愛幼」的傳統美德，建設融洽和諧的現代社會。這就是倡導「孝敬」父母的現代價值。

孝道的原本含義及現代價值

一、「孝」的原本含義

　　「孝」主要是指子女對父母在贍養、尊敬、送終等方面應盡的義務。孝是儒家的核心德目之一。《孝經》上說：「夫孝天之經也，地之義也，人之行也。」「天地之性，人為貴。人之行，莫大於孝。」在人的行為中，沒有比孝更為重要的了，孝是百德之首。

　　「孝」不只是家庭道德，也是社會的倫理。在傳統社會裏，孝是安身立命的根本、治國安邦的大道。《論語》中有子曰：「其為人也孝悌，而好犯上者，鮮矣；不好犯上，而好作亂者，未之有也。」（《論語‧學而》）孟子說：「老吾老，以及人之老，幼吾幼，以及人之幼，天下可運於掌。」（《孟子‧梁惠王上》）漢代以「孝」治天下而聞名於世。漢代以降的歷代統治者，莫不模仿漢代的以「孝」治理天下，以「孝」規範百姓的行為，以求得社會的穩定與和諧。

　　傳統文化中，「孝」的含義有如下六種。

（一）孝是奉養雙親

　　「善事父母為孝」，奉養父母，扶助父母，替父母做事，盡心盡力都是孝。孔子說：「事父母，能竭其力。」（《論語‧學而》）

（二）孝是尊敬父母

　　奉養雙親是孝的外在表現，但是不是真正的「孝」還要看是否甘心情願，真心實意地奉養雙親。所以孔子說：「今之孝者，是謂能養。至於犬馬皆能有養，不敬，何以別乎？」（《論語‧為政》）意思是說，如今的所謂「孝」，只

是養活父母就行了。這一點連狗和馬都可以做到，若不以恭敬之心，即便養活父母，那跟養狗、養馬有什麼區別呢？孟子也說：「孝之至，莫大於尊親。」（《孟子・萬章上》）尊敬父母是孝的最高表現，給父母解決吃穿住行的問題比較容易，難的是是否由衷地行孝。孔子在回答子夏問孝時說道：「色難，有事弟子服其勞，有酒食先生饌，曾以爲孝乎？」（《論語・爲政》）僅僅有事替父母去做，有美酒佳肴讓父母先吃，這不難做到，難的是由衷地和顏悅色地尊敬雙親，即身敬、詞遜、色順。

總之，養親是孝的外表，而尊親才是孝的實質。孝是養親與尊親的統一。

（三）孝是「無違」周禮

周禮是西周社會的制度、法與道德的總匯。

對雙親行孝，要符合周禮的要求，不得違背周禮的規定。所以孔子說：「生，事之以禮，死，葬之以禮，祭之以禮。」（《論語・爲政》）這就是說，對待父母生養死葬祭祀，都要按周禮的規定辦。

（四）孝是「無改」父之道

做兒女的要以父母的是非爲是非，視父母的意見、主張永遠正確，不可改變。孔子說：「父在，觀其志，父沒，觀其行，三年無改父之道，可謂孝矣。」（《論語・學而》）意思是說，父親活著的時候，觀察兒子的志向與父親的志向是否保持一致，父親死了以後，觀察兒子的行爲是否有悖於父親的意志，三年不改變父親立下的規矩，這才是孝啊！

孟子亦有類似的說法，孟子說：「不得乎親，不可以爲人，不順乎親，不可以爲子。」（《孟子・離婁上》）不得父母的歡心不可以做人，不順從父母的旨意，不能做一個好兒子。可見孟子順從父母的意志與孔子三年無改父之道，一脈相承。

（五）孝是後繼有人

後繼有人，即爲立嗣。孟子說：「不孝有三，無後爲大。」（《孟子・離婁上》）《魏書・李孝伯傳》也有類似的記載：「三千之罪，莫大於不孝，不孝之大，莫大於絕祀。」

爲什麼說沒有子嗣是最大的不孝呢？因爲如果沒有兒子，像敬養父母、揚名顯親、祭祀祖先這樣的事就都無法實現。因此，沒有子嗣爲最大的不孝。

（六）孝是諫諍

《孝經》有一《諫諍》章，認為子女對父母盲目服從不是孝，主張「從義不從父」，發現父有不義時，子女有諫諍的義務，使父不離善道，這才是孝。

二、孝的衍生意義

孝的內涵很豐富，不只是對父母盡孝，還衍生出其他意義。

（一）孝與忠

忠的原本意義就是「盡其在我」，即忠於職守，亦即盡心盡力地做事，不論對君主、對朋友、對國家都是如此。

漢代以孝治天下，孝的概念滲透著忠的元素。

忠與孝漸成一體，或「忠孝道一」。孟子說：「不順乎親，不可以為子。」（《孟子・離婁上》）宋代朱熹說：「順，事親之本也。」（朱熹《近思錄》）漢桑弘羊說：「為人臣者，盡衷以順職。」（《鹽鐵論・忱邊》）《孝經・廣揚名》說：「君子之事親孝，故忠可移於君。」這裡所說的忠即為孝。孝是忠的原因，忠是孝的結果。「在家為孝子，入朝做忠臣」，「求忠臣於孝子之門」。對國君的孝，就是忠。忠孝一致，源於家國一體，家是國的縮小，國是家的放大。父親是一家之長，君主是一國之尊。可見孝親與忠君是一致的。講忠講孝，目的是培養「順民」。

忠孝是中國封建社會最重要的道德準則，是構成「三綱」即「君為臣綱，父為子綱，夫為妻綱」的基本內容。

（二）孝與悌

悌的原義是「友」與「恭」。所謂「兄則友，弟則恭」，即指兄弟間的友愛之情。夫婦、父子、兄弟等三倫，是家庭之內的倫常關係。倫常的基礎可以歸結為一個「孝」字。孝的向上推衍就是慎終追遠，向下延伸就是慈幼扶弱，向橫擴展就是友愛兄弟，即「悌」。

悌也不僅限於家庭，在家之外，在社會上，也要行悌道，這就是孔子所謂「君子敬而無失，與人恭而有禮，四海之內皆兄弟也」（《論語・顏淵》）。

可見「悌」包含在孝之中，是「孝」的應有之意。

（三）孝與仁

仁即愛。何謂仁？「樊遲問仁，子曰愛人。」（《論語・顏淵》）《中庸》

說：「仁者人也，親親爲大。」意即「孝親」是行「仁」的最大行爲。「仁」是道德的總括詞，包含諸多德目，其中自然包括「孝」在內。所以孔子說：「孝悌也者，其爲仁之本與！」人的根本就是孝與悌。對父母的孝就是仁。「仁愛」首先是敬愛父母，這就是「親親爲仁」；再進一步擴展爲「泛愛眾而親仁」，即博愛。

三、孝的精華與糟粕

孝作爲傳統倫理文化的一個重要範疇，是我國封建社會占主導地位的家庭道德，又包含有若干社會道德元素。客觀地對孝進行分析，我們發現孝或者孝道有許多精華，亦有不少糟粕。它既有時代的局限性、階級性，又有全民性、普適性。

（一）孝或孝道的合理性與精華

「孝」這一道德概念中奉養年邁的父母，或對因故失去勞動能力和自主生活能力的父母，給予贍養、扶助、關心、照顧，減輕或解除他們生活的困苦或身體的疾患，是合乎人之常情的。烏鴉反哺，羔羊跪乳，動物尚且如此，何況人乎！

「孝」這一概念中，尤其子女對父母、少一輩對老一輩的尊敬，才是「孝」的真諦。所以儒家講「孝」或「孝道」，主張「敬、養」結合，是完全正確的。敬愛父母具有超時空性、超階級性，任何時代、任何階級或階層，對父母、對長輩都講究尊敬。

「孝」中祭祀也是合理的，是感恩意識的表現，也是孝的精華。我們紀念逝去的父母、祖先，不僅寄託我們的哀思，更是培養一種感恩意識。感恩意識是良心的基礎，也是社會公德的前提。有了感恩意識，才能努力做有益於父母、有益於社會、有益於大眾的事情。

此外，還有諫諍，幫助父母糾正不義之舉也是合理的孝行。

（二）孝或孝道的不合理性與糟粕

孝或孝道在中國漫長的封建社會中，一直受到封建統治者的青睞，把它視作維護封建等級秩序的根本原則。所以孝或孝道有時代的局限性和歷史的階級性。簡言之，有很多不合理性與糟粕。

比如，「不孝有三，無後爲大」，這不僅是小農經濟在道德觀念上的要求，而且是封建宗法制度的反映。

「身體髮膚受之父母，不敢毀傷」，認為毀傷身體就是不孝。愛護生命，珍惜健康是正當的，但是為了社會公益事業，為了革命與建設，難免有損傷身體、流血犧牲的時候，這也是不孝嗎？

再如，孔孟「孝」的觀念中還有「守孝三年」之說，主張「養生不足以當大事，惟死可以當大事」（《孟子·離婁下》）。這種薄養厚葬的觀念至今在我國很多地區仍有影響。主張「無違」與「無改父之道」；「父母在，不遠遊，遊必有方」（《論語·里仁》）等孝道原則，在今天看來都是保守、落後、不合時宜的糟粕，應予以摒棄。

（三）孝的功能與作用

孝作為一種家庭倫理規範有維持家庭穩定、建立和諧家庭關係的作用與功能。孝不僅調節父子關係、要求父子和睦相處，而且也調節兄弟之間的關係、要求兄弟親密無間。所以孝是維持家庭穩固的凝聚力。封建社會時代的家庭成員間同產共居，就是父子、兄弟間分立門戶之後，各自家庭間也能互助、互恤，這不能不說是「孝」的一種積極作用。

孝作為社會道德規範，有明顯的階級性，為封建的專制宗法等級制度服務。在封建社會的早期階段，對協調君臣關係、上下關係，穩定社會秩序，發展生產力，培養人們對國家、社會、家庭的義務感、責任心有一定的正面作用。

但同時必須承認孝或孝道有著不少消極的負面作用，特別是在漢以後。漢代是繼秦之後又一高度集權的統一的封建帝國，國家封建專制制度與家庭宗法制度一體兩面，孝親與忠君一體化，把孝擴展到社會生活的各方面，「以孝治天下」形成系統的「孝道」。東漢章帝時，明確提出「三綱」，要求臣忠於君，子孝於父，妻從於夫。君臣、父子、夫婦的地位嚴重不平等，是一種統治與服從的關係。到了宋明時代，孝、忠都發展到極端，便有「天下無不是的父母」，「天下無不是的君主」，「君叫臣死，臣不得不死」，「父叫子亡，子不得不亡」之說。君、父絕對正確，庶民與子女必須無條件地服從。「忠君」、「孝親」都被推向極端，變成「愚忠」、「愚孝」，成為封建統治者維護他們的階級利益與統治的武器。

孝或孝道的一些內容是違背人性的，違反歷史進步的規律，是對子民人格的侵犯和對其獨立意志的否定，也是對人的進取心與創造精神的扼殺。中國近代以來，有許多偉大的思想家，對封建的「三綱」與「忠孝」之道進行

了激烈的批判。例如五四新文化運動的先鋒陳獨秀先生在《新青年》（一卷四號）發表文章《東西民族根本思想之差異》指出：封建忠孝道德觀造成的惡果有四，「一曰損壞個人獨立自尊之人格；一曰窒礙個人意見之自由；一曰剝奪個人法律平等之權利；一曰養成依賴性，戕賊個人之生產力」。類似的批判對提高國人道德覺悟，實行倫理革新與政治革命大有裨益。

對「忠孝」之道，歷史上的許多批判雖有過頭之處，但其進步意義不可否定，對我們民族的思想解放的偉大作用不可低估。

四、孝的現代意義的轉換

「孝」是中華民族的傳統道德，有精華，亦有糟粕，因此要採取「揚棄」的態度，批判地繼承，革命地改造，即予以新的詮釋。為此要對其加以現代意義的轉換、挖掘、耙梳、篩選、整理，提煉與昇華。

（一）區分精華與糟粕

釐清科學性與保守性的界限精華與糟粕區分的標準：是否有利於社會生產力的發展，有利於家庭、社會的和諧穩定，有利於人的品質、情操的進步。符合這個標準就是精華，就有科學性；不符合這個標準，就是糟粕，就有保守性。如奉養、尊敬、諍諫、祭祀是精華之所在，是可以繼承的。而「不孝有三，無後為大」，即「無子」；「三年無改父之道」，即按老規矩辦事；「無違」，即生養死葬不得違背禮；「守孝三年」，即在三年裏不生產、不交往、不娛樂，專事哀悼父母的亡故。所有這一切，都是陳腐而守舊的，耽誤生產，妨礙工作，影響學習，是糟粕，應無條件地否定。

（二）挖掘民主性、人民性、進步性的因素

中國傳統孝、孝道歷經數千年之久，各個時代、各統治者，都力求作出有利於自己的解釋，從而打上深深的階級烙印，為此要正本清源，弄清「孝」或「孝道」的本真意義。

「孝」與「慈」是聯繫在一起的。所謂「父慈子孝」，父要慈，子要孝，雙向對應或對等，即是說父與子雙方都要對對方負有義務，相應地都從對方那裡獲得權利。這是儒家孔孟講「孝」的原初意義。漢代以後特別是宋明時代，隨著中央集權制的強化，只講「孝」，不講「慈」，或者強化「孝」，弱化「慈」。君臣關係亦如此，孟子講「五倫之教」，即「君臣有義，父子有親，夫婦有別，長幼有序，朋友有信」。什麼是「君臣有義」？即「君使臣以禮」、

「臣事君以忠」。這裡就有君臣在權利與義務方面是對應的，是雙向運行的意思，多少有一點平等的意味。可是漢代以後就只片面強調「臣事君以忠」，而淡化「君使臣以禮」。

顯然「父慈子孝」、「君禮臣忠」中的「孝」與「忠」都或多或少地有民主性、人民性與進步性的意義。

「孝」或「孝道」裏有「諍諫」一條，也是有進步意義的行為規範。傳統倫理講「孝」或「孝道」常常與「順」相聯繫，甚至認為「孝」就是「順」。因此「孝順」並提。然而這裡的「順」也不是絕對的，在許多情況下，兒女對父母的過失可以委婉提出勸告，甚至批評，這就是所謂「諍諫」。

孔子說：「事父母幾諫。見志不從，又敬不違，勞而不怨。」（《論語‧里仁》）意思是說，事父母發現他們有過失，可以委婉地規勸，如果聽不進去，也還要恭敬地對待他們，為他們效力。如果一味「順從」，明知父母不對，還要聽從他們，就是把父母推向「不義」的境地，即為不孝。

《孝經》有一章專講「諫諍」，「故當不義，則子不可以不爭於父，臣不可以不爭於君。故當不義則爭之。從父之令，又焉得為孝乎？」（《孝經‧諫諍》）這就是說，當父、君有不義的行為時，做兒子、做臣子的要諍諫，這才是「孝」，才是「忠」。知道父親有過，不去阻攔勸告，那是「孝」嗎？不是。

先秦時代的荀子也講過「從道不從君，從義不從父」（《荀子‧子道》）。這就是說「順從」父母是有條件的，必須合乎「道」或「義」。可見，諫諍是民主性的精華，有進步意義，我們可以繼承。

（三）孝的現代意義和價值

我們在社會主義的現階段，繼承和弘揚中華民族傳統「孝」文化，具有重要的現代意義和價值。

第一，孝敬父母，尊重老人，不僅因為他們給我們以生命，教我們以求生存的本事，或對社會做出了應有的貢獻；還因為今日中國社會生產力不夠發達，許多家庭還是生產單位，同時又是普遍性的消費單位。養親、敬老依然是子女在家庭生活中應盡的法律和道德義務，即便有朝一日社會養老普遍實行，精神贍養的義務依然存在。

第二，倡導孝敬父母是培養人道意識的起點。「仁者人也」，「仁者愛人」。愛人以孔子之見，有遠近、厚薄之分，即「愛有差等」。首先從愛自己雙親做

起，然後「推己及人」，逐步做到愛天下的父母，愛天下的人。

第三，倡導孝敬父母，有助於培養人們的感恩意識。孔子說「事父母能竭其力」，就有感恩思想在內。「服喪三年」雖是消極、保守的教條，但其中也有感恩的成分。

我們對大自然、對社會、對團體、對國家，乃至對他人均應表示感恩，因爲他們給予我們許許多多有形或無形的幫助或支持。有了感恩意識，才能成爲一個善良的公民。

結束語

那麼，我們今天講「孝敬」與歷史上講「孝」或「孝道」是否相同呢？我們說有相同的一面，但又不完全相同，我們賦予了它新的內涵：

第一，贍養爲孝，養身與養心結合；

第二，尊敬爲孝，以仁愛之心行孝；

第三，感恩爲孝，報答養育之恩；

第四，追思爲孝，懷念先人，繼承遺志；

第五，親和爲孝，和顏悅色，令父母歡心。

以上五條，歸結爲一條：善待父母爲孝。

我以爲這五條「孝」的內涵既是歷史的，又是現實的，既是歷史的傳承，又是新時代的創新。我們全社會從上到下，從官員到群眾，人人都應該重視孝敬父母，關愛老人，這是構建社會主義和諧社會的必要條件和必然要求。

「孝」與家庭文明

　　人人渴望有一個民主、和睦、溫馨、幸福的家庭。這樣一個家庭如何才能建立起來呢？

　　這就涉及家庭文明問題。

　　家庭文明，不僅僅有物質的方面，如漂亮的住宅，考究的家俱，豐盛的食品，而且還有精神的、心理的方面，主要體現在良好的家庭人際關係上。

　　家庭人際關係，主要是父母、子女、兄弟姊妹之間的關係。現代家庭不同於封建時代的幾代同堂的大家庭，多半是以夫妻為核心的小家庭。但不管是大家庭也好，小家庭也好，終究有一個父母與子女相互關係的問題。這裡著重討論子女該如何對待自己的父母。這一問題不可避免地涉及傳統道德「孝」的問題。「孝」是不是封建道德？社會主義時代，還要不要提倡「孝道」？

　　1、孝是封建道德，這幾乎是個定論。但確有不少人從來就不贊成對孝持全面否定的態度。他們認為孝是中華民族的傳統美德，可以為「我」所用。近年來，社會生活的變化，尤其是價值觀的變化，造成的負面影響致使自私自利的思想膨脹起來，不盡人子之責、不贍養扶助父母甚至歧視、虐待父母的現象，屢見不鮮。於是，又有一些人站出來，大聲疾呼，恢復「孝道」，要子女「孝順」父母。

　　筆者不否認孝是封建道德，但也絕不認為孝僅僅是封建道德。孝有階級性，但孝也有廣泛的社會性，即全民性。依筆者之愚見，在階級社會裡，任何一種道德範疇，都是階級性與全民性的統一。任何一種道德行為準則的提出，都有它的階級利益基礎，但也有全民利益的根據。道德是從階級利益

中引申出來的，但任何一個階級的階級利益都不是純粹的，它總是同其它階級的利益有這樣或那樣的聯繫，或者有共通之處，或者有某些共同的一致的利益。

因此，立於物質利益基礎上的道德，不可能只具有階級性而無全民性，或者相反，只具有全民性而無階級性。從道德的起源上看，道德是沒有什麼階級性的。它是爲保證原始氏族集團的生存與發展而產生的。具體地說，它是爲適應原始初民減少獸性，提高人性的需要，爲適應妥善處理個人與他人以及社會集團的矛盾的需要而產生的。進人階級社會以來，不同的階級，尤共是統治階級，從自己的階級利益出發、總結社會生活經驗，形成一整套的階級道德的規範或原則，並強加於社會，於是就有了道德的階級性問題。但是道德的全民性始終沒有消失，只不過被階級性掩蓋罷了，並通過階級性而存在。

從道德的功能與效應上看，道德不僅反映人們的利益關係，也反映人們的心理、情感的關係。就心理、情感的關係而言，不能說全是階級的，的確有超階級的共同的心理與情感。中國有兩句古話，可以作爲佐證：「大勢所趨，人心所嚮」；「人同此心，心同此理」。道德從某種意義上說，是人們心理和情感的表達。道德的功能與效應之一，是調節人際關係，使人們和諧相處，以禮相待。這就需要心理相容，情感相通，而要做到這一點，就得發揮道德的作用。由此觀之，一切階級社會的道德，都有階級性的一面，也都有全民性的一面。任何一種道德規範或範疇，都是階級性與全民性的統一，都有其具體的階級意義與一般的社會意義。孝亦應作如是觀。先從特殊的意義看孝。例如，孟懿子問孝，子曰：「無違。」（《論語・爲政》）魯國大夫孟懿子向孔子請教，什麼是孝？孔子回答說，所謂孝，就是不要違背「周禮」，即對父母的生養死葬都要符合「周禮」的有關規定。「周禮」是西周社會的政治制度、道德規範與禮節儀式的總稱。可見這是有明顯階級性的。倘若今日仍把「無違」看作是孝，顯然不合時宜，讓人恥笑，太迂腐了。

又如，子曰：「父在觀其志，父沒觀其行，三年無改父之道，可謂孝矣。」（《論語・學而》）孔子認爲，父親活著的時候，考察做兒子的是否孝，就看他的志向與其父的志向是否一致，父親不在人世了，則看他的行爲如何，三年不改父親生前立下的規矩，就是孝。不言而喻，這裡所謂孝，具有嚴重的保守性，即按既定方針辦。假如兒子時時、處處都依父親的章程辦，不管這

個章程正確與否，也不問客觀環境究竟有什麼變化，僅此而已，還有什麼創造、發展、前進可言呢？

再如，子曰：「父母在，不遠遊，遊必有方。」（《論語·里仁》）意思是，父母活著的時候，兒女不要遠離家鄉，離開了也要有一個一定的地方，否則為不孝。這裡的孝，顯然是小農經濟生活的反映。這一看法視兒女為父母的私有財產，除了守家在地，耕田務農，侍奉父母之外，不能出外經商或做工。這種孝的觀念，具有極大的局限性，它明顯地不適應現代社會的需要。

還有，孟子說：「不孝有三，無後為大。」（《孟子·離婁上》）依據朱熹在《四書集注》援引趙岐《孟子注》的說法：阿意曲從，陷親不義，一不孝也；家貧親老，不為祿仕，二不孝也；不娶無子，絕先祖祀，三不孝也。三者之中無後為大。這意思是說，對父母的缺點、錯誤視而不見，一味順從，使父母陷入不義的境地是不孝，家境貧寒，父母雙親生活無著落，不去做官或做事，掙錢養活父母，也是不孝。但最大的不孝是不娶妻子，或不生兒子，使家族斷了香火。這是小農經濟在道德觀念上的要求，因為沒兒子意味著生活無著落，也是封建宗法制度的反映，因為沒有兒子家業無人繼承，祖先無人祭祀。無庸置疑，這樣的孝，同我們今天實施的計劃生育國策是相違背的，必須否定。

此外，《孝經》裏還有什麼：「身體髮膚，受之父母，不敢毀傷，孝之始也。」輕易毀傷身體，固然不好，努力保全生命，維持健康是正當的，但是為了革命與建設，難免有損傷身體的時候，有時為保衛祖國而捐軀，或為社會主義建設而流血負傷，難道這也是不孝嗎？如此般的理解孝，那麼，就不會有人去參軍、參戰了，也不會有人為建設社會主義而奮不顧身了。

諸如此類，均屬孝概念的具體意義，即特殊意義。這種特殊意義有局限性、階級性、時代性與歷史性。我們不能不加分析的肯定這些意義，更不可盲目照搬到我們社會主義初級階段上來。

孝的概念，除特殊意義外，還有一般的意義，即普遍意義。這種普遍意義，不止適用於一個社會、一個階級或一個時代，它們是超階級的或跨越時代的，在幾個時代都適用。

例如：子游問孝，子曰：「今之孝者，是謂能養，至於犬馬皆能有養，不敬何以別乎。」（《論語·為政》）孔子學生子游問孔子何謂孝？孔子說，現在

人們都說，能夠養活父母就是孝了，然而，狗與馬都要養活，如果不孝敬父母，只是養活，這與養狗、養馬有什麼區別呢？

這話的意思說，只養活父母，還不是真正的孝，真正孝或孝的深層次意義，則是敬愛父母。

毫無疑問，敬愛雙親，具有普遍意義，不論那個時代，那個階級的人，都不會對敬愛父母表示疑義。

又如，子夏問孝，子曰：「色難，有事服其勞；有酒食，先生饌，曾是以為孝乎？」（《論語・為政》）孔子弟子子夏問孝於孔子。孔子說：做到孝，最難的是對父母和頗悅色，僅僅有事替父母去做，有了美酒佳肴，讓父母吃，這不難做到，難的是和顏悅色，即由衷的尊敬雙親。尊敬父母也同樣具有極大的普遍意義，無論什麼人，無論什麼時候，對自己的生身父母，抱尊敬的態度，總是值得肯定的。孟子也說過，「孝之至，莫大於尊親。」（《孟子・萬章上》）最高的孝，莫過於對父母的尊敬。

再如，孔子說：「事父母，能竭其力。」（《論語・學而》）奉養父母、扶助父母、替父母做事盡心盡力，是孝。這也具有相當的普遍意義。只要社會生產力水平、社會經濟發展水平，沒有達到使從事農業生產的人領取工資，並從社會領取養老金的時候，子女奉養父母的責任與義務，就不能完全擺脫。即使社會經濟水平非常高，社會福利事業非常發達，不需要兒女奉養父母，但扶助年老父母的義務，恐怕也不能一點沒有。

總之，尊親、敬親、養親，就是孝的普遍意義。這是可以批判繼承的。由此可見，孝的範疇具有二重性，其中有糟粕，又有精華，有封建性、保守性的東西，亦有民主性、科學性的因素。

2、孝作為一種道德範疇，或道德規範，具有二重性，這是肯定無疑的。就其功能與作用而言，也同樣具有二重性。

孝的觀念產生於原始氏族社會的末期，即由母權制向父權制過渡的時期。由於私有制的產生，並為男性家長所支配，子女可以直接從先人那裡繼承財產，為了表達對其家長的感恩、崇敬和哀思之情，日久天長便產生了孝的觀念。

孝最早是作為家庭倫理規範出現的，它的功能是調節父母與子女之間的關係，當初並無社會規範的意義。遠在西周社會，孝作為一種道德觀念已見著於文字。《尚書・酒浩》說：「肇牽車牛，遠服賈，用孝養厥父母。」《爾雅・

釋訓》有「善父母爲孝」的說法，意思都是敬愛、奉養父母。

先秦時代，孝慈並提。孝是子女對父母的義務，慈則是父母對子女的責任。這就是所謂「父慈子孝」。父子在權利與義務方面，有對等性，有某種程度的平等意味。父不慈，子不孝，就要天下大亂。正如墨子所說：「父者之不慈也，子者之不孝也，此天下之害也。」

《墨子‧非命上》孝起初是家庭道德規範，但後來逐漸擴展到社會與國家、演變成一種社會道德準則。這種狀況，在孔子那裡已初露端倪。孔子說：「弟子入則孝，出則悌，謹而信，泛愛眾，而親仁，行有餘力，則以學文。」（《論語‧學而》）孔子弟子子夏發揮上述思想，說道：「事父母能竭其力，事君能致其身。」（《論語‧學而》）孔子還說「出則事公卿，入則事父兄。」（《論語‧子罕》）這就是說，在家事父母爲孝，在外事君主，也是孝（即忠的意思）。這裡已包含有忠孝一致，或忠孝一體的思想。這就意味著，把孝從家庭擴展到社會，從個人推延到君主。正因爲如此，孔子特別看重孝。所以他說：「君子務本，本立而道生，孝悌也者，其爲仁之本與！」（《論語‧學而》）孝悌是治國安民、立身處世的根本，也是他的仁學學說的根本。

但這僅僅是一種看法而已，在生活實踐中，把孝擴大到社會生活的各方面，以「孝治天下」，形成系統的「孝道」，那還是在孔子之後，即始於漢代。

漢是繼秦之後的又一高度集中統一的封建大帝國。國家封建專制的政治制度與家庭的宗法制度一體兩面，都是家長式的等級特權制度。君主與父親，說一不二，擁有生殺予奪之權。爲維護封建等級特權制度，統治者們極力擡高「孝」的作用，提倡推行「孝道」，把孝作爲一種社會道德行爲規範。《孝經》寫道：「夫孝天之經也，地之義也，民之行也」，認爲孝是萬事萬物的本源，對待君、父、兄的至德。上自天子下至庶人，「壹是以孝爲本」。《孝經》提倡以孝事君，忠孝一體。孝是忠的原因，忠是孝的結果，在家孝父，在朝忠君。孝是忠的縮小，忠是孝的擴大，這就是所謂移孝作忠，忠孝合一。東漢章帝時，明確提出「三綱」，即「君爲臣綱，父爲子綱，夫爲婦綱」。在這裡，君、父、夫與臣、子、婦的地位是不平等的，君、父、夫只享有道德權利，而無須盡道德義務，臣、子、婦只負有道德義務，而不可能享有道德權利。「三綱」作爲社會道德，要求臣忠於君，子孝於父，婦從於夫。君臣、父子、夫婦完全是一種統治與服從的關係，原初的平等、民主的意味，消失殆

盡。毫無疑問，這是封建等級專制制度強化在倫理、道德關係上的必然反映。歷史進人宋明時代，便有所謂「天下無不是底父母」，「天下無不是底君主」；「君叫臣死，臣不得不死」，「父叫子亡，子不得不亡」。即是說，父母、君主絕對正確，永遠正確，子女與臣民，只能絕對的服從他們的意志，無條件的服從他們的統治。這也就是說把「忠君」、「孝親」的道德，引向歧路，變成愚忠、愚孝。在那個時代，子或臣，對父或君，如有不孝、不忠的表現，或有違背其意志的行為，均屬大逆不道，不僅要受輿論的無情譴責，甚至遭到法律的嚴厲制裁。顯然，「孝道」成為封建統治階級維護宗法等級制度，「皇權至上」、「父權至尊」的道德武器。它的主要的社會功能，就是捍衛封建地主階級的利益與統治，讓臣民盲目地服從他們的控制與奴役，逆來順受，不得抱怨，不許反抗。

「孝道」的許多內容與規定，悖逆人性，違反歷史進步的規律，是對人的人格的踐踏、獨立意志的否定，也是對人的進取心與創造精神的扼殺。中國近代以來，有許多偉大的思想家，對封建的「三綱」和忠孝道德進行了激烈的批判。例如，「五四」運動新文化的先鋒之一陳獨秀先生，在《新青年》（一卷四號）上發表文章《東西民族根本思想之差異》，指出，封建忠孝道德觀造成的惡果有四：「一曰損壞個人獨立自尊之人格；一曰窒礙個人意見之自由；一曰剝奪個人法律平等之權利；一曰養成依賴性，戕賊個人之生產力」。類似的批判對提高國人之道德覺悟，實行倫理革新與社會政治革命都大有裨益。

但是我們必須看到孝作為一種家庭或社會倫理規範，它的功能與作用，還有另外的一面，即值得肯定的東西。

孝作為家庭倫理規範，有維持家庭穩定的功能與作用。孝不僅調節父子關係，要求父子和睦相處；而且也調節兄弟之間的關係，要求兄弟親密無間。所以孝是維繫家庭的凝聚力，使封建時代的家庭成員之間同產共居，就是父子或兄弟分異之後，各自家庭間，也能互助互恤。這不能不說是孝的一種積極的作用。

孝作為社會的道德規範，有明顯的階級性，公開的為封建專制的宗法等級制度服務。但在封建社會的早期階段，對協調君主、父子關係，穩定社會秩序，發展生產力，培養人對國家、社會、家庭的義務感，責任心方面，也有某種程度的進步作用。由此可知，我們對孝不能完全否定。我們必須站在

馬克思主義的立場上，以歷史主義的態度對待孝；拋棄其保守的、消極的、甚至是反動的因素，吸取其合理的、進步的、有益的成份，為我們的家庭倫理建設，為社會主義精神文明建設服務。

3、孝作為中華民族的傳統道德，存在於社會生活中，已有三千餘年的歷史，影響深遠。不可否認，在歷史上孝曾經扮演過封建道德的角色，但仍然有一些合理的因素，值得我們批判繼承。

筆者認為，孝作為今日家庭生活中的道德規範可以從古代孝的道德範疇中吸取尊、敬、養的合理成份。在概念的表述上，不稱「孝順」，而稱「孝敬」為好。一則「孝順」不容易與「三綱」，即「君為臣綱，父為子綱，夫為婦綱」劃清界限，「順」有服從、盲從的含義，而「孝敬」則能夠體現中國傳統道德孝的範疇的合理性，又符合我國憲法中關於父母與子女關係的權利與義務的規定。講「孝敬」符合我國人民尊老愛幼的優良傳統，符合社會主義猜神文明建設的客觀要求。

我們在家庭道德的建設和合宜家庭生活中，要求兒女或晚輩孝敬父母、孝敬年一長的老人，有無根據，有無必要？

我們的回答是肯定的。孝敬父母起碼是贍養、扶助雙親。這個道德要求，符合發展社會生產力的客觀需要。恩格斯曾經指出：「根據歷史唯物主義的觀點，歷史的決定因素，歸根結蒂是直接生活的生產和再生產。但是生產本身又有兩種。一方面是生活資料，即食物、衣服、住房以及為此所必需的工具的生產；另一方面則是人類自身的生產，即種的繁衍」。(《馬克思恩格斯選集》第四卷，第2頁)。人類自身的生產，即勞動力的生產與再生產。在歷史上，家庭是人類社會生產的基本單位，包括生活資料和勞動力的生產。就生活資料的生產而言，家庭的生產職能在退化，特別是西方資本主義社會。然而在今天的中國，自改革開放以來，農村實行聯產承包責任制，家庭的物質生活資料的生產職能，不但沒有降低，反而強化了。就人口的生產而言，現在與過去一樣，家庭是基本的生產單位，將來恐怕也是如此。未成年的子女，需要由父母撫養、教育成人；而父母年老體衰，失去勞動能力和生活自理能力時，又需要子女的贍養與扶助。如同俗話所說：「你養他小，他養你老」。這是一種互助。從功利意義上說，也是一種互利和互惠。倘若所有的兒女都不盡贍養、扶助年老父母的義務，那麼天下的父母將橫下一條心，絕不生兒育女，人類豈不絕了後，斷了種嗎？勞動力沒有了，社會生產不就停止了嗎？

人類的歷史不就終結了嗎？由此觀之，贍養、扶助父母，以盡孝心，符合發展社會生產力的客觀需要。

人所共知，我國憲法第 49 條明文規定：「父母有撫養教育未成年子女的義務，成年子女有贍養扶助父母的義務」。這條有關孝的規定是對中華民族傳統「孝道」的批判繼承和革命改造，是我們社會主義家庭重要的倫理道德規範。

我們提倡「孝敬」父母之德，與舊中國的封建「孝道」有本質的不同。封建「孝道」是對子女的片面要求，是建立在經濟、政治、人格不平等的基礎之上。我們則相反。社會主義從根本上消滅了剝削制度，人與人是平等的，父母與子女的關係亦不例外。父母負有撫養、教育未成年子女的義務，這就意味著未成年子女享有被撫養、教育的權利。成年子女負有贍養、助父母的義務，這就意味著父母享有被贍養、扶助的權利。在這裡，父母與子女在權利與義務上是平等的。

孝敬父母，除了客觀的物質的基礎之外，還有心理上的根據。由於父母與子女有血緣的關係，兒女的生命是父母賦予的。兒女的成長，從蹣跚學步，呀呀學語，到懂得做人的道理以及學會謀生的經驗，父母付出了不可數計的心血與代價。對此兒女多少有所瞭解，由此形成正反饋，做兒女的很容易產生報答父母養育之恩的思想情感，爲父母養老送終，尊重、敬愛雙親，自然是順理成章的事情。然而這種純眞的孝心不可能完全自發的形成，需要後天的啓迪與教育。

以上所論，就是倡導「孝敬」父母的客觀物質基礎和主觀心理根據。即便如此，人們或許要問，在社會主義現時代，在改革、開放的當今，倡導「孝敬」父母，究竟有什麼必要？

依筆者之見，還是很有必要的。

首先，「孝敬」父母，是當今社會生活所必需。在社會主義初級階段，在社會生產力不夠發達，家庭還是生產或消費單位的情況下，養親、敬老，依然是子女在家庭生活中應盡的法律和道德的義務。即使有朝一日生產力高展發展，養親的問題可以由社會來解決，但敬老依然是需要的。隨著我國老齡人口日益增多，養親、敬老，顯得特別突出。所以倡導「孝敬」父母，養親、敬老十分必要。

其次，倡導「孝敬」父母，是培養人道意識的起點。孔子說，仁者「愛

人」，主張愛有差等，厚薄、遠近之分。首先從愛自己的雙親做起，然後推己及人，逐步做到愛天下的父母，愛天下的人。孔子的人道思想比較實際，符合人的認識與情感發展的客觀規律，容易被人接受和踐履。墨子講「兼愛」，主張遠施周遍，愛無差等，即無差別的愛一切人。墨子的人道思想十分理想，但有悖於人之常情，很難做到。

孔子仁者「愛人」的思想及其實踐方法，「能近取譬，可謂仁之方也已」（《論語·雍也》），給我們以莫大的啓迪。我們要弘揚孔子仁者「愛人」的人道思想，發揚光大中華民族「尊老愛幼」的優良道德傳統，即孟子所謂：「老吾老以及人之老，幼吾幼以及人之幼」，就應當教導人們從孝敬父母，敬愛雙親做起。一個人連自己的父母都不愛，怎麼可能愛天下的父母呢！

遺憾的是，若干年來，我們在道德教育上，只教導人們愛黨、愛人民、愛領袖、愛祖國等等，卻很少或根本不教導人們愛父母，這不能不說是道德教育上的偏頗。愛黨、愛人民等是對的，但不從愛父母講起，這種愛的教導顯得空泛無力，而又缺乏根基。

再次，倡導「孝敬」父母，有助於培養人們的感恩意識。儒家「孝」的觀念和秦漢之後的「孝道」，均含有感恩的意識。孔子說，事父母能竭其力，父母死後「服三年之喪」，這裡表達了兒女對父母的感恩意識。

現代英國直覺主義倫理學大師威廉·大衛·羅斯教授，認爲人的自明道德義務有忠誠、公正、賠償等等，其中重要的一項則是感恩。可以說，東西方古今的偉大聖哲，都非常重視感恩意識。他們爲什麼如此重視感恩呢？因爲感恩是一種善良的道德意識與情感，是支配人實現道德行爲的思想基礎。

當今的日本人，受儒家道德文化的影響，特別注重感恩意識的培養與訓練。他們說，感天地生長萬物，供人以衣、食、住、行之恩；感父母養育之恩；感師長訓導之恩等等。

我們日常的禮貌用語：「謝謝」，這種敬語，就是感恩的表達，不過常常不自覺而已。感恩本是我們中國人的良好道德習慣，但在以往的數十年裏，對感恩即通常所說的「報恩」思想，做過多次的批判。想必人們還記得，當年曾批判爲「報恩」而參軍、入黨。據說，這是小農意識，階級覺悟不高的表現，有了「報恩」思想，不能革命到底，報到一定程度，就不革命了。真是荒唐至極。現在看來，這種胡亂批判的社會後果，致使解放以後成長起來的幾代人，「感恩」意識薄如紙，或者根本不知「感恩」爲何物。這就是

當今社會生活中粗暴無禮，忘恩負義，甚至恩將仇報的種種反常現象的思想根源。

社會生活、家庭生活的負面經驗，使我們認識到培養「感恩」意識，樹立「感恩」義務觀念的重要意義。那麼，從哪裏著手培養人們的「感恩」意識呢？筆者認為，從孝敬父母開始。一個人不能報答父母的養育之恩，連對雙親都不知感恩，還能指望他去對其他人表示感恩嗎？我們應當樹立這樣的觀念，凡是給我以關懷、愛護、幫助、照顧、支持、提攜的一切人，都要對他們表示感恩。「滴水之恩，當以湧泉相報」，應當成為我們生活中的一種價值觀。如果人人都樹立感恩意識，我們的家庭、鄰里、親戚、朋友和社會中的人與人的關係，必然是親善、融洽的。

第三，倡導「孝敬」父母，有利於克服個人主義、利己主義的泛濫。改革、開放以來，大力發展社會主義商品經濟。在這樣的生活環境中，人們的價值觀念發生了顯著的變化。其積極的方面，暫且不論，就其消極方面而言，個人主義和利己主義，為許多人奉為生活信條。自我中心，自私自利，心中只有自我，或放大了的自我，即妻子與兒女。沒有父母，沒有兄弟與姊妹。目前，不少家庭人員的關係不太正常，主要是父母與兒女（或兒媳）關係緊張。「金錢至上」、「實用主義」滲入家庭生活中，那些有權有勢、有海外關係，或有勢力的父母還好些，子女從這裡可以撈點油水，或借點光。那些無錢、無地位、無關係而又無勢力的父母，就很悲慘了。他們常常受到子女的歧視或虐待，過著貧苦、凄涼的生活，實在令人同情。

這種狀況，與我們中華民族「孝敬」父母的傳統美德相悖，與社會主義精神文明建設相對立，應當採取一系列措施從根本上加以改變。其中提倡「孝敬」父母的道德價值觀是重要的一環。提倡「孝敬」父母，有助於克服自私自利的思想，抵制個人主義、利己主義對人們心靈的腐蝕與毒害，有利於穩定家庭，密切家庭成員的關係，有利於弘揚我們中華民族「尊老愛幼」的傳統美德，建設一個富強、民主與文明的社會。

人類家庭的未來

　　人類古至今不斷地變化，從血緣家庭（同輩男女互爲夫妻，禁止父母與子女性行爲）到普那路亞家庭（不同氏族的男女群婚，禁止同輩兄弟姐妹性行爲），再到對偶家庭（男女婚姻較穩定，一男人有主妻，反之亦然）以至於一夫一妻制家庭。一夫一妻制家庭，又從大家庭（三代或三代以上的家庭）到核心家庭，即一對夫妻加一二個子女的家庭。可以說，家庭的性質、組織形式、人員構成、功能與作用、隨著社會經濟、文化、科學、技術的發展而發展變化。那麼，人類未來的家庭，又會是怎樣呢？

一、阿爾溫・拖夫勒對未來家庭的預見

　　據未來學家，美國學者阿爾溫・托夫勒在他的《未來的衝擊》一書說：「家庭一向被稱爲社會的『大減震器』是同世界搏鬥，被打得遍體鱗傷的人的棲息地，是日益動蕩不定的環境中的一個穩定點。隨著超工業革命的發展，這一『減震器』也將經受本身的一些衝擊。」〔註1〕

　　作者在該書中，介紹了關於家庭未來前途的幾種不同的觀點。歸納起來，不過是兩種觀點。一種觀點可稱爲悲觀論，即認爲家庭正在迅速消亡，或者認爲家庭除頭一二年生兒育女外，已經死亡。另外一種觀點可稱爲樂觀論，即認爲家庭會繼續存在下去，甚至認爲家庭行將進入黃金時代，他們有這樣一種理論，由於空閒時間增多，家人聚會的時間也就多了，會從共同生活中得到極大的滿足。

　　然而，阿爾溫・托夫勒的見解與此不同。他說：「很可能，辯論的雙方都

〔註1〕《未來家庭》，中國對外翻譯出版公司，1985出版，第210頁。

錯了。因爲未來所表現出來的更爲不穩定。家庭也許既不會消滅，也不會進入新的黃金時代。它可能（這是極爲可能的）解體、破裂、然後以不可思議的新方式出現。」〔註2〕

阿爾溫・托夫勒認爲：「……隨著第二次浪潮小家庭失去它的優勢地位，某種其它形式將取而代之。一個非常可能的結果是，在第三次浪潮時期，家庭將長期沒有一個統一的形式。相反，我們將看到高度多樣化的家庭結構。」〔註3〕

究竟是怎樣的多樣化的家庭結構呢？

第一種形式：簡化家庭。簡化家庭是後工業化社會的主要家庭結構形式。它是工來化社會「核心「家庭替代物。核心家庭是夫妻與少數孩子組成的，簡化家庭、只有夫妻兩人構成的，也就是說無子女的家庭。他們或者年輕時不要孩子，或者年老退休後，購買胚胎撫養孩子，或者現在把生下的陔子交給撫養孩子的專業戶，即「撫育父母」養育與管理。在許多工業化的國家裏，不願生育陔子的現象有相當普遍。在 1960 年，美國只有 20%的 30 歲以下的已婚婦女，沒有生育過陔子，可以到了 1975 年已上升到 80%也就是說 15 內增長了 60%。〔註4〕

第二種形式：公共家庭。公共家庭建設在成年成員群婚的基礎上。許多成年男女共同生活，共同撫養陔子。據說，他們是謀取某些經濟方面稅收方面的利益而合法地結爲一體。這樣許多家庭集居一地，構成「群居村」。在今天美國的亞特蘭大、波士頓、洛杉磯等城市均可見到。

第三種形式：單親家庭。由未婚或已離婚的人與陔子構成的家庭。也就是說，未婚的男人或女人收養一個或多個嬰兒，養育他們，或離婚後由一方帶著陔子過日子的小家庭。據說，在美國 7 個孩子中就有一個是由父母一方撫養長大的，在城市裏這個數字還要高，即 4 個孩子中就有一個。〔註5〕

第四種形式：合夥家庭。這種家庭多爲離婚之後的男人或女人，各自帶著自己的陔子重新組建的家庭。此種家庭類似兩人「入股」合夥經營的企業。

〔註2〕《未來衝擊》，中國對外翻譯出版公司，1985 年版，第 211 頁。
〔註3〕《第三次浪潮》，生活・讀書・新知三聯書店，1983 年版，第 281 頁。
〔註4〕參見同上書，第 279 頁。
〔註5〕參見《第三次浪潮》，生活・讀書・新知三聯書店，1983 年版，第 277、279 頁。

第五種形式：獨居家庭。這種家庭不言而喻由一個人構成。據阿爾溫·托夫勒說，今天，在美國戶主總數的五分之一，由獨居人構成。〔註6〕此外，還有什麼未婚同居家庭、多配偶家庭，前者很普遍，後者爲數有少。

作者說，大多數社會成員堅守以愛情爲基礎的婚姻。但由這種婚姻形式構成的小家庭（多爲簡化家庭）是極不穩定的。因爲愛情的內涵發生了變化，即不是「白頭偕老」，或「至死方休」。由於愛情被理解爲夫婦雙方「齊頭並進」，或「平衡發展」。然而事實上不可能的，阻礙夫婦共同進步，平衡發展的因素太多了。因此，以愛情爲基礎的男女雙方無限期的結合下去，是不現實的，人們認識到實現恩愛終生是非常困難的，於是接受了短暫的婚姻觀念。阿爾溫·托勒夫寫道：「瑞典有家雜誌《瑞典婦女》就未來男女關係問題採訪了一些有名的社會學家、法律專家之後，對這種觀念作了生動的概括。他把結果用五張照片反映出來。五張照片分別顯示同一漂亮的新娘，由五個不同的新郎抱起跨過門檻。」〔註7〕他的結論是「暫時性」的婚姻將是未來家庭生活的標準特徵。未來的家庭是鬆散的、短暫的、多樣化的，離婚將是很容易的。結婚的年齡不再是一般的同齡人，而是相差很大的結合，男女結合關鍵不在年齡，而是價值觀的一致，共同語言、和發展水平的相當。家庭循環迅速運轉，帶有不規則，無連續性，不可預測，一句話帶有新奇性。

二、關於阿爾溫·托夫勒家庭未來預見的評說

阿爾溫·托夫勒對未來家庭的預見，有些可取的見解。未來家庭不會消亡，也不會從根本上改變它的存在。但是未來家庭人員的構成，家庭人員關係，家庭的功能與作用，家庭的組織形式，肯定會發生變化。

家庭是人類的棲息之地，安身立命之所，也是人類愛的發祥地。科學技術無論怎樣發展，社會無論怎樣進步，都不會否定家庭的存在。家庭的存在，是人類文明的標誌。人類沒有家庭，將是不堪設想的，也是不可能的。動物尚且有個窩，人類怎麼可以沒有家庭。所以家庭將會消亡，或者家庭已經死亡，或即將死亡之說，純屬無稽之談。

家庭的職能，如生產、消費、教育、生育等等肯定會發生變化，但家庭根本的職能即愛的職能，它將永遠不會消失，夫妻間之性愛，親子間之慈愛，

〔註 6〕參見《第三次浪潮》，生活·讀書·新知三聯書店，1983 年版，第 277、279 頁。

〔註 7〕《未來的衝擊》，中國對外翻譯出版公司，1985 年版，第 233 頁。

兄弟姐妹間之友愛，將永遠存在。它是人類一切愛的根。這種愛的職能是維繫家庭存在的根本力量。愛的職能不會消失。

家庭的組織形式、人員構成、人際關係、家庭倫理、道德，將隨著時間的推移而變化，這是毫無疑義的。例如農業社會多半是「三代同堂」的大家庭，工業社會更多的則是「核心家庭」。農業社會家庭以父子關係為主，工業社會則是以夫妻為主。農業社會、父子關係不平等，工業化社會夫妻、父子關係較為平等，這顯然是不同的，這就是變化，這就是發展。

今天就整個世史進程而言，已進入後工業化社會，或稱為信息社會。在這樣的社會環境中，由於多元經濟、多元政治、多元社會制度、多元倫理，總之多元價值觀的存在，家庭的樣式也會是多元了的。但是多元化的家庭樣式中，最基本的，最大量的是「核心家庭」，即父母與子女構成的家庭。至於其它形式的家庭，作為「核心家庭」的衍生物，或補充形式，也有它存在的價值和理由。

例如阿爾溫·托夫載所說的「簡化家庭」，即不要子女的夫妻構成的家庭。這種家庭屬於「核心家庭」範疇之中。目前中國年輕的知識分子階層中，已經出現這種形式的家庭。他們不要子女多屬經濟上的原因，即是養不起；也有心理上的原因，即養育子女太累，太操心；也有思想上的原因，即渴望有更自由自在的生活，以免子女拖累自己。然而隨著經濟的發展，經濟收入的增加，社會文化水準的提高，思想認識的改變，這種不要子女的情況，不會越來越多，而是越來越少。

「單親家庭」在目前的中國，幾乎都是離婚之後，女的一方，或男的一方帶領子女過日子的家庭。這種不健全的家庭，無論對成年男女，或對未成年子女身心健康，生活學習安排都會帶來極大的不便或不利因素。多數人不會自願選擇這種家庭形式。這種家庭的存在多為「核心家庭」解體以後的產物，是不得已而為之，而且具有過渡性，重建新的家庭可能性極大。

「合夥家庭」在中國目前據筆者所知，幾乎可以說沒有。這種建立在群婚，或性自由的基礎上若干男人或女人廝混在一起，帶領不知是誰的子女的若干小孩子構成的家庭，乃是人類婚姻家庭的返祖現象，是倒退，而不是前進，是違反婚姻、家庭進步法則的。美國社會出現的這種家庭形式，有其獨特的原因。美國人陷入物質主義，享樂主義和個人主義的泥坑之中，其中有些人不擇手段追求刺激、新鮮感與個人的絕對自由。這是不可取的。

「同性戀家庭」或同性戀今天的許多地區都有，人們的看法也極不一致。贊成的有之，反對的亦有之。中國公開的同性戀家庭幾乎沒有，但隱秘的同性戀者，自古有之，今天亦有之。

「同性戀」是性心理變態，違反對立統一的客觀事物發展規律，也違背人性、人之常情。美國社會是高度個人自由化的社會，也是一個無奇不有的社會。同性戀在美國一些州立法，准許他們合法存在，甚至准許結婚組織家庭。同性戀者，法庭認為他們的婚姻，性行為均為個人私事，個個的自由，個人的選擇，對他人，對社會無妨礙。然而，就在同一個美國有許多公眾，許多團體，反對同性戀，批評同性戀。認為他們違背上帝意志，違反人性，違反社分婚姻生活常規。

同性戀，或同性戀家庭，這是疇形的婚姻，疇形的家庭，也可以說是人類家庭的怪胎。倘若同性戀家庭盛行起來，不僅改變了人的性心理，性生活的正常秩序，而且會污染社會環境，甚至造成愛滋病的泛濫。他們雖然生不了小孩，如果允許他們領養孩子，那麼可以肯定的說在這樣的家庭中成長起來的一代人，也是性心理、性行為的變態者。同性戀者的所作所為，絕對不是他們個人的私事，他們對人類婚姻文明，性行為文明，乃至整個人類文明褻瀆與威脅。同性戀婚姻，這種怪胎似的婚姻、家庭，必須從法律、宗教、道德、輿論諸方面加以遏止，以保障人類家庭文明的健康文明的健康發展。

生殖生物技術的發展，的確對人類婚姻、家庭的內涵，組織結構與形式帶來某些積極的或消極的影響。其中積極的影響不必贅述，人們肯定抱著歡迎的態度。其中消極的影響頗令人憂慮。如嬰兒性別鑒定、商業性經營胚胎，大批生產優質人種，打亂倫常秩序生兒育女，諸如此類危害人類文明的技術，或構成對人類社會正常發展威脅人的技術，應堅決杜絕。須知科學無禁區，但技術絕不是，也不應該沒有禁區。

我們相信，隨著高科技的發展，人類工作方式會改變。人們可以不必去上班，在家裏利用電腦工作，這樣構成家庭主要成分的夫妻關係將更加密切。正如托夫勒所說：「工作又回到家庭去做，意味著很多現在每天見面有限幾小時的夫妻將有更多的時間親近。……多數人覺得他們的婚姻很有保障，從而使夫妻關係密切，生活將因共同體驗而大大豐富起來。」〔註8〕夫妻關係密切，家庭自然會鞏固起來。

〔註 8〕《第三次浪潮》，生活·讀書·新知三聯書店，1983 年版，第 283 頁。

職業道德建設的若干理論問題

　　職業道德建設是社會主義精神文明建設的重要組成部分。不管人們主觀上是否意識到，職業道德的水平，實際上是一個社會文明程度的客觀尺度之一，也是一個人社會化程度的標誌。加強職業道德建設，不僅關係到個人道德覺悟的提高和精神境界的昇華，也關係到整個社會風氣的好轉和全民道德水準的提升。本文僅就職業道德建設的幾個基本理論問題，作些粗淺的探討，以就教於倫理學界的同仁。

社會主義初級階段，職業道德建設的指導方針

　　中國共產黨第十三次全國代表大會，提出了關於社會主義初級階段的理論。這個理論的提出具仃重大的理論意義和實踐價值。它是現階段社會主義物質文明和精神文明建設的基本前提。

　　「社會主義社會的根本任務是發展生產力。在初級階段，爲了擺脫貧窮和落後，尤其要把發展生產力作爲全部工作的中心。是否有利於發展生產力，應當成爲我們考慮一切問題的出發點和檢驗一切工作的根本標準。」對於社會主義道德和職業道德建設來說，也是如此。

　　我們的道德和職業道德建設是符合初級階段的要求，還是違背初級階段的要求，歸根到底，是以促進生產力的發展，或者阻礙生產力的發展爲準。

　　我們知道，道德建設，包括職業道德建設在內，屬於精神文明建設的範疇。它不同於物質文明建設。因此，是否有利於發展生產力，作爲檢驗道德和職業道德建設的標準，應當有它的特殊性。那種抹煞道德和職業道德建設的生產力尺度的特殊性，則是錯誤的。有人主張，發展生產力作爲職業道德

建設的尺度，就是要著眼於經濟效益，就是要賺錢。賺錢就是道德。講道德，尤其是講職業道德就是爲了賺錢。換一言之，有利可圖，獲得利益，就是經濟行爲道德與否的標準。這種看法，我認爲是對把發展生產力作爲檢驗一切工作根本標準的思想的歪曲。如果這種觀點能夠成立，那麼不擇手段地弄錢，一切坑蒙拐騙的活動，一切投機倒把的勾當，一切貪污受賄的行爲，就是合理的、合道德的了。這樣做的結果，究竟是有利於生產力的發展，還是有礙於生產力的發展，不言自明。

不要說道德和職業道德建設的生產力標準不能只從賺錢的角度出發，即使那種純粹物質生產部門，包括商品流通領域的一切部門，也不能完全不顧職業道德，而把賺錢、贏利作爲抓好生產、辦好企業的唯一標準。誠然，這些部門不能不著重考慮贏利與賺錢，但是絕不可不擇手段地去贏利和賺錢。他們必須充分考慮社會效益問題，必須充分考慮如何爲社會公眾服務的問題。

那麼，究竟什麼是道德和職業道德建設的生產力標準呢？依我之見，這個標準不是別的，而是全面提高人的素質。衡量道德和職業道德建設是非標準，就是能否培養出有理想、有道德、有文化、有紀律的一代新型公民和勞動者，這是生產力標準在道德和職業道德建設上的具體化。

如果我們每個社會主義公民，人人都有把我國建設成高度文明、高度民主的社會主義現代化國家的理想，人人都講究同發展生產力和商品經濟相一致的社會主義道德，人人都掌握一定的現代科學文化知識和生產、服務的技術與技能，人人都有遵守社會主義法制和紀律的觀念和行爲，那麼，何愁生產力上不去呢？所以，在我看來，社會主義初級階段上，職業道德建設的根本指導思想，就是培養、造就一代新型的「四有」公民，全面提高整個民族的科學文化素質和思想道德素質。歸根到底，就是培養一種爲社會公眾服務的思想。有了這種思想，就會把自己的工作做好，就會帶來好的經濟效益和社會效益。

職業道德建設的內在機制

近年來有一種觀點認爲，社會發展的動力是個人的私欲，生產力發展的動因是個人對物質利益的追求。因此，要發展社會生產力就要利用人的私欲，滿足人的物質利益要求。同樣，要人們有良好的職業道德，第一流的工作質

量，最佳的服務態度，就一定要實行更大更多的物質刺激。換言之，講職業道德，個人不能吃虧，一定要有利可圖。職業道德建設的內在機制，就是個人的物質利益。

我認為，這種觀點很值得商榷。西方管理科學理論發展的三個階段，無可辯駁地證明，調動勞動者的積極性，提高勞動效率，使人有良好的工作態度，有最佳的職業道德，依靠對個人物質利益的關心，只是一個方面，而且遠不是最重要的方面。管理科學最初的階段，稱之為古典管理理論即 X 理論階段。以泰勒的科學管理理論為指導，制定嚴格的勞動定額和工時定額，實行計件和獎勵工資制，從物質利益上調動人們的積極性。這種理論，把人看成是「經濟人」，或者把人視作「物」，視作是機器的一部分，完全忽視了人的尊嚴和他的社會價值，忽視了人的主體性；雖然對提高勞動效率、改善工作態度，有一定的積極作用，但人的潛力並沒有具正地發揮出來。繼之而起的，則是現代管理理論又稱作 Y 理論階段。現代管理理論是在批判古典管理理論的基礎上發展起來的。它繼承古典管理理論的優秀成果，主要依據行為科學的理論，從事企業的管理。這種理論，把人看成是「社會的人」，重視社會環境與人際關係以及人際關係對生產效率的影響。

管理科學發展的第三個階段，是本世紀七十年代以來出現的新管理理論即 z 理論階段。這種理論主張，人、物、環境三者統一，它把人看成是「全面自由發展的人」。人是企業的主體，強調人的主體能動作用的意義。

現代管理理論和新管理理論，主要是依據行為科學的理論成果，研究企業的經營與管理，研究如何發揮人的內在潛力，提高勞動生產率和取得最好的經營效果。

行為科學認為，人的行為受動機支配，而動機又是欲望引起的。欲望也就是「需要」。行為科學家馬斯洛（Abraham・H・Maslow）把人的各種需要概括為五類，這就是生理需要，即生存和生活的墓本需要；安全需要，即避免災害和未來保障的需要；社會需要，即歸屬和友愛的需要；自尊的需要，即自尊、自信與受他人尊敬的需要；自我實現的需要，即發揮潛力，取得成就的需要。這五種需要是階梯式的，表現出從低到高的不同層次。人的行動，取決於需要的滿足，但人的需要是從低到高級發展的。一種需要滿足之後，就不再成為行動的動因，其它需要則成為行為的新的動因。

行為科學做的大量實驗事實表明，滿足人的物質利益要求，改善工作條

件，諸如增加工資、福利待遇，改進照明設備，縮短工作日，確實能夠提高勞動效率。但是，影響勞動效率、工作質量的最重要的因素，是職工中人際關係的和諧、管理者和被管理者之間的相互理解與合作。企業管理者給職工以足夠的信任，讓他們參加企業的管理與決策，讓他們擔負最能發揮其潛力以及富有挑戰性的工作，也是調動職工內在積極性、主動精神的重要方面。由此可見，滿足人們的物質利益欲望，絕不是發展社會生產力、提高勞動效率的唯一動力。同樣的道理，職業道德建設，也不可能只靠增加職工的工資、獎金和種種社會福利，就能解決得了的。

誠然，利益是道德的基礎，問題是這裡所謂「利益」，究竟是什麼利益，是個人的利益，抑或集體的利益？我認為這裡所說的「利益」，包含有個人的利益，也包含有集體的利益，但卻不可簡單地歸結為個人利益或集體利益。如果歸結為個人利益，那就是說，道德是從個人利益中引申出來的，人之所以要講道德，就是要捍衛個人利益。這不是別的，而是一種利己主義的道德觀。利己主義，即使是理性利己主義，也絕不是科學的、符合社會主義初級階段要求的道德觀。

利己主義的道德包括理性利己主義在內，在資本主義社會的初級階段和它的鼎盛時期，曾經是一種進步的道德觀，對生產力的發展起過有限的積極作用。但它不是科學的。為什麼不科學？一則是因為，利己主義道德觀割裂了個人利益與社會利益的內在有機聯繫，片面誇大個人利益在社會生活中的決定意義，似乎個人利益可以脫離他人，乃至社會利益而獨立存在。二則是因為，利己主義以個人自我為中心，他人的利益、幸福是實現自己利益和幸福的手段。簡言之，把自己視作目的，把他人視作手段。三則是因為，利己主義的倫理觀，建立在心理利己主義的基礎上，所謂心理利己主義，即人天生是利己的，生來就追求個人的利益和幸福。現代心理學證明，這個論點是不能成立的，人有利己的一面，也有利他的一面。人不單是個生物的人，人更是社會的人。

那麼，道德成立的基礎，不是個人利益，是否可以說是集體利益呢？我認為，也不可以這樣簡單的說。因為這裡所謂的集體，是個模糊概念，其意義是多方面的、不確定的。再說，集體利益同個人利益一樣，也有正當與否的問題。所以，在我看來道德建立的利益基礎，應當是階級的或社會的整體利益。它既包括社會成員的個人利益，也包括反映社會成員共同利益的各種

社會集體（如職業集團、學術團體、階級集團、民族集團、國家整體等）的利益。道德所要調節的是個人利益與他人利益，或個人利益與社會某種集體利益的關係。它所捍衛的是個人或社會集體的正當利益。個人利益與他人利益，個人利益與社會集體利益相互聯繫、相互滲透。離開他人或社會集體的利益，就無所謂個人利益。這種孤立的個人利益，即不與他人或社會發生關係的個人利益是不可能存在的，即使存在，也無所謂道德與不道德。同理，社會中的集體利益，也不能脫離個人利益而存在。個人利益與社會集體利益是相輔相成、相生相長的。

　　道德所捍衛的、所維護的是一定階級或一定社會的集體利益，包括每個社會成員的個人利益在內。但不是個人的一切利益，而是正當的個人利益。所謂正當的個人利益，在不同的社會裏，或同一社會的不同發展階段上，共內容與標準是不相同的。但是，不管怎麼說，正當的個人利益，一定以不損害他人利益，不侵犯社會利益爲限。

　　講道德不是單純地、無條件地捍衛個人利益，那麼是否可以說，講道德就是要或多或少地犧牲個人的利益呢？我認爲，道德包含有自我犧牲的精神，但是絕不是說講道德必然要自我犧牲。對待自我犧牲，要做具體分析。有的自我犧牲是極端自私自利的，不但不值得欣賞，甚至應予以譴責。因此，不可盲目地鼓吹自我犧牲。那種爲階級的解放或民族的獨立，爲國家、社會整體利益，而犧牲個人的利益，甚至犧牲自己寶貴的生命，應當說，這是一種高尚、偉大的行爲。那種把自我犧牲，歸結爲道德的一個本質屬性，是筆者所不贊成的。持有這種觀點的學者，把一個特殊情境中的問題普遍化，個別問題一般化。以上所論是道德與利益的關係問題，對職業道德來說，也是如此。

　　我們講職業道德，主要是爲了協調積業集團內部各種人際關係，從業人員與社會公眾的利益關係，並且正確加以處理。認爲講職業道德，就是要捍衛職工個人或職業集團的利益，質言之，講職業道德，就是爲了有利可圖，或爲了賺錢，這無疑是把職業道德作爲賺錢、獲利的手段，而賺錢、獲利則是目的。顯然，這是不折不扣的資產階級職業道德觀，是我們所不取的。當然，講職業道德，也不是說可以不考慮職工個人利益，更不意味著犧牲職工的個人利益。講職業道德的客觀效果，必然帶來經濟效益和職工個人的物質利益，但這決不應該是講職業道德的出發點和它所要達到的目的。講職業道

德的目的，是為了提高職工的道德情操，培養為人民服務的精神，使人們相互理解，相互合作，建立真正人的關係，使全體社會成員過著和平、幸福和愉快的生活。

職業道德建設中權利和義務的關係

中國傳統的道德是義務論的，不注重功利，自然也就不關心個人的權利。西漢以後，隨著封建專制制度的鞏固與強化，權利越來越集中到少數統治者手裏，廣大勞動人民是沒有什麼權利可言的。經濟上、政治上、法律上是如此，道德上也是如此。這種狀況，影響深遠，以至我們現在所講的馬列主義倫理學，也幾乎不談權利問題。

自黨的十一屆三中全會以來，隨著經濟體制改革的進行，人們開始注意個人的權利問題。

倫理學界也對權利問題，特別是對道德權利問題發生了興趣。這是個人自我意識的新覺醒，也是倫理學發展和進步的表現，是值得歡迎和肯定的。

從職業道德建設上說，權利與義務的關係極其重要。這裡所謂權利與義務，既有政治上、法律上的權利與義務，也有道德上的權利與義務。

那麼，什麼是權利、什麼是義務呢？

所謂「權利」是法律、道德或傳統賦予人們的「持有、使用、并索取事物的名分」。權利具有不可侵犯性、限制性。與權利相對應的則是義務。

所謂「義務」，就是法律、道德或傳統所賦予的人們相互間負有的責任或職責。共目的在保護人們的權利。義務具有命令性與自覺性。

權利與義務，兩者辯證統一，沒有沒有權利的義務，也沒有沒有義務的權利。權利與義務相輔相成、互為表裏，權利是義務的基礎，義務是權利的保障。人們要享有某種權利，必須履行相應的義務；人們要履行某種義務，就意味著應當享有某種權利。這在理論上是毫無疑義的，但在實踐上，在階級社會裏，權利與義務往往是分開的。統治者只享有權利，而被統治者則只負有義務。這是人為的不正常的現象。社會主義制度的建立，為消除權利與義務的分離，實現權利與義務的統一，奠定下良好的基礎。在社會主義社會，由於人們有共同的利益和共同的理想，因此，權利與義務應當是一致的。但由於舊社會封建等級觀念和資本主義金錢拜物教的影響，致使一些人只想得到權利，而不願盡應當盡的義務，或者總認為權利是領導的，義務是

群眾的。顯然，這種觀點是錯誤的。社會主義社會中人與人的關係是平等的，每個公民在經濟上、政治上、法律上、道德上享有平等的權利，也負有平等的義務。

道德上的權利與義務和法律上的權利與義務不能完全等同。法律上的權利與義務是嚴格規定的，具有強制性，道德則否。法律上權利與義務同時並重，道德則偏重於義務，並且認為，履行義務不是以謀取權利為前提的，盡義務包含有對相應的權利的享有，但不必然享有權利，比較強調義務的自覺性與無私性。

在職業道德建設上，正確處理權利與義務的關係，是其重要的方面。如我國經濟體制改革建立的各種責、權、利的關係，就是運用法律手段，以契約形式確定的權利與義務的關係。國家與企業之間，企業所有者與經營者之間，企業經營管理者與廣大職工之間，都有一個權利與義務的關係問題。

我國長期以來，政企職責不分，國家對企業統得過死，企業無自主權。這是企業不活，商品經濟難以發展的原因之一。現在經濟體制改革重點之一，就是擴大企業的自主權。例如，在經營方式、安排產供銷活動、資金使用、工作人員的任免提拔、用工辦法、工資和獎勉方式等方面，均有自主權。企業享有這些權利，無疑的要盡相應的義務。例如，執行國家有關的計劃與法令、上繳利稅、完成生產任務、努力提高產品質量、不斷改進經營管理、提高經濟效益與社會效益等等。任何無視企業的自主權利，或企業不履行對國家、社會的責任與義務均屬不道德行為。

企業經營、管理者與職工之間，也有他們各自的權利與義務。企業經營、管理者有對生產、經營的決定、決策之權，但同時對企業的經濟效益、社會效益，對職工的安全、健康、福利，對企業的命運負有責任與義務。職工有對企業經營管理的參與決策、監督之權，提出合理化建議之權，亦有革新技術、提高勞動效率、保質保量完成與所得報酬相應的工作任務之義務。

企業與消費者之間，即與服務對象之間，亦有各自的權利與義務。例如，企業成員有招徠顧客、推銷產品和勞務的權利，消費者有選用產品和勞務的權利；企業成員有安全生產的權利，消費者有使自己的生命受到保護的權利；企業成員與消費者之間都有要求彼此公平交易和誠實買賣的權利等等。但他們相互之間，亦負有相應的義務。企業成員與顧客或消費者之間都有相互公平對待的義務、誠實守信的義務、履行合同和契約的義務等等。

在職業道德建設中，正確處理各方面的權利與義務的關係，能夠提高人們的主人翁責任感，加強公民義務心，促進勞動效率的增長和生產力的發展。由此看來，忽視人們的權利，或踐踏人們的權利，是違背社會主義法律的，同時也不符合社會主義的道德要求。同樣不履行自己的職業責任與義務也是與社會主義的法律，與道德背道而馳的。對於各行各業的從業人員來說，努力履行自己的義務，並且把法律意義的外在義務，變成自覺、自願、無私的、內在的道德義務，這是思想境界的昇華，也是道德高尚的表現。倘若人人如此，我們的職業道德乃至整個社會的道德就會提高到一個新的水平。

職業道德建設的雙向性

職業道德建設有相關的兩個方向：一個方向是職工道德，另一個方向則是企事業領導者、管理者的道德。兩者相互聯結、相互作用，構成一個完整的職業道德模式。

有人認為，一講職業道德，便是針對廣大職工的思想與行為，似乎各行各業的領導者、管理者不包括在內。領導者、管理人員是對廣大職工教導職業道德的。好像領導者、管理者的道德水平天生就是高的，這實在是一種誤解。其實，職業道德教育的客體與主體是相對的，而不是絕對的。廣大職工需要接受職業道德教育，各行各業的領導者、管理人員亦需接受職業道德教育。可以說，職業道德教育和一般道德教育一樣，人人是教育者，人人是被教育者。道德教育，包括職業道德教育，同文化科學教育一樣是終生的，是不斷反覆進行的。

對於各行各業的廣大職工來說，各有各的道德行為規範，但也有各行各業共同遵守的道德規範，這就是社會主義初級階段占主導地位的道德原則。把這些原則具體化，即結合職業生活的特點，可以概述為如下幾點：

第一、熱愛社會主義的原則。它要求人們把社會主義事業的整體利益置於首位。即正確、處理局部利益與全局利益的關係，全局利益高於局部利益，局部利益要服從全局利益。正確處理眼前利益與長遠利益的關係，長遠利益高於眼前利益，眼前利益服從長遠利益。各行各業，都必須使自己的職業活動，有利於社會主義整體事業的利益，同損害社會主義整體事業利益的現象作鬥爭。

第二、集體主義原則。這條原則要求人們正確處理國家、企事業單位和職工個人利益的關係，使三者統籌兼顧。企事業活動不得侵犯國家，或損害職工群眾的個人利益。反之亦然。當個人利益同企事業利益、國家利益發生矛盾，或企事業單位利益與國家利益發生矛盾時，前者應當服從後者，後者在可能的條件下，亦應盡量照顧前者的利益。

第三、人道主義原則。它要求人們在職業活動中珍惜人的生命價值，尊重人格，以平等的態度待人，用自己的技術或業務專長竭誠地為社會公眾服務。

第四、公正原則。在企事業的職業活動中主要是物質利益分配公正，用人公正，獎懲公正；與共它企事業單位的交往遵守互利互惠的原則；企事業單位與廣大社會公眾的交易或服務應公平合理。

第五、誠實守信原則。誠信無欺，即企事業單位與國家間，企事業單位相互間，或企事業的經營者、管理者與從業人員之間，從業人員與顧客之間，誠實守信地履行協議、契約、合同，在企事業的一切經濟活動和日常的交往中應說實話，講真情，不欺騙，不愚弄。

第六、忠於職守，獻身職業。這就是衷心熱愛本職工作，樹立職業自豪感和榮譽感。對於業務技能、專業知識、技術刻苦鑽研、精益求精，無論在怎樣的艱難危險情況下，都能始終不渝地堅守崗位，勤勤懇懇地工作，認真負責，努力地提高勞動、工作效率。

以上諸點，不但是各行各業廣大職工應當遵守的道德，對各行各業的管理人員、領導幹部來說，尤其應當帶頭執行。但是只做到這些不夠。在整個職業道德建設中，管理幹部的道德具有特別重要的意義。

管理幹部是各行各業的帶頭人，他們對企事業的管理方式，不外是獨裁式或民主式兩種模式。所謂獨裁式的管理，就是憑藉手中的權力，貫徹其領導意圖，以行政命令、獎勵懲罰等手段實行管理。領導與職工群眾間無心理溝通，也無相互信賴，他們只能滿足職工的物質需要，而無視職工的精神與激勵的需要。所謂民主式的管理，就是以自己的德與才的能力實行領導和管理。管理科學研究表明，管理幹部憑德才學識，對企業進行管理，較之獨裁方式會更有成效。這種管理方式，貫徹著平等協商的精神，不僅領導者與職工群眾有相互信賴和心理溝通，不僅努力滿足職工正當的合理的物質需要，而且特別注意人際關係和諧和滿足職工的精神需要。要做到這些，關鍵在於

管理幹部自身的良好的品德素質。

那麼，現代企事業的管理幹部必須具備的良好的道德素質是什麼呢？第一，必須具備整套全新的價值觀念，諸如競爭意識，創新精神，協作觀念，服務思想，效益觀點，戰略眼光等等。第二，高度的事業心和責任感，全心全意為企事業的生存、發展、繁榮、昌盛而不辭辛苦地工作與奮鬥。第三，尊重職工的主人翁地位，友好平等地對待廣大職工，關心職工的生產與生活，善於聽取他們的意見，努力改進企事業的經營管理。第四，作風正派，辦事公道，知人善任，唯才是舉。第五，言行一致，率先垂範，嚴以律己，寬以待下。第六，熟悉業務，精通管理，善於從各方面調動職工的積極性和創造精神。

職業道德建設的重點在於管理幹部的道德。管理幹部職業道德建設好了，各行各業職工群眾的職業道德建設就比較容易解決。

職業道德建設的宗旨

職業道德建設的宗旨是多方面的，但主要有以下幾點：

首先，是糾正帶有行業特點的不正之風，形成良好的社會道德風尚。今日我國社會的不正之風，相當嚴重，各種職業集團，不同程度地存在著不正之風。主要表現是，以權謀私（或以業務專長謀私）、或假公濟私、貪污受賄、走私販私、拉關係、走後門、亂漲價、敲竹槓、弄虛作假、欺騙群眾、坑害國家等等。諸種不正之風，往往是與權力或業務互相結合，帶有行業特點，具有相當普遍性。

不正之風的存在，嚴重地阻礙經濟、政治體制改革，損害黨、政府的形象和社會主義制度的威望，腐蝕了人與人的同志式的關係，敗壞了社會風尚。究其原因，就是職業道德不強，人們忘記了職業道德，或把職業道德置於腦後。故此，職業道德建設的宗旨之一，就是要糾正帶有行業特點的不正之風。採取措施，加強職業道德教育，人們提高了道德覺悟，自己就會對違法亂紀、傷天害理的行為有所不為。即使偶然做了違背職業道德的事情，也會感到慚愧和內疚，對他人的不道德行為，也能夠自覺地起來抵制與糾正。

職業道德建設的宗旨之二，就是提高人們的思想道德素質，把從業人員培養成有理想、有道德、有文化、有紀律的社會主義公民。

　　一個人從孩童時代，到一個成熟的社會公民，他所受的道德教育，不外是家庭、學校和社會。其中社會的道德教育，時間最長，是一個重要環節。而社會道德教育，主要是職業生活中的道德教育。一個人一生中絕大部分時光，是在職業生活中度過的。可以說，職業道德教育，對一個人社會化具有決定性的意義。一個人學會接物待人之理，爲人處世之道，主要是通過職業活動和職業道德教育完成的。職業道德教育，使人們懂得自己從事職業的社會意義，自己在職業生活中的地位、權利與義務，以及如何在職業活動中充分表現自己的才幹，達到自我實現。

　　職業道德教育，還會使人懂得如何正確地對待自己，對待他人和社會。社會主義道德原則、規範，職業道德的種種規定，其精神實質歸根到底，就是培養一種爲人民服務的精神，一即列寧所說的「人人爲我，我爲人人」的思想。這也就是中共中央《關於社會主義精神文明建設指導方針的決議》所說，「在我們社會裏，人人都是服務對象，人人又爲他人服務。」社會主義社會裏，由於社會主義公有制占主導地位，基本上消滅了人對人的剝削與奴役，人與人的關係是平等、互助、合作式的同志關係。當然，這種關係並不排除競爭關係的存在。但畢竟是同志間的競爭，而不是根本利益相互對立的競爭。每個社會主義的公民，都是國家和社會的主人，同時又是國家和社會的勤務員，我們每個人既是自己，又是他人，從一個方面來說，我是我自己，而不是他人，從另一方面說，我是他人，而不是自己。所以，爲他人服務與爲自己服務是一致的。每個人都爲他人服務，那麼，你自己也是他人之一，自然也有人爲你服務，這就是說，我們要樹立一種服務的觀點，人人相互服務，即通常所說的爲人民服務。

　　爲人民服務，從道德上說有不同層次。這就是有償服務和無償服務。就有償服務而言，對服務者，只要收費合情合理，就不能說是不道德的。但這不是社會主義道德的高層次。全心全意爲人民服務，不辭勞苦，不計報酬，或無償爲他人、爲人民服務，這是道德的高層次。全心全意爲人民服務，具有理想的成份，現實生活中許多人不可能完全做到，但是這種崇高的精神，必須大力倡導。現實生活中，那些先進分子是爲人民服務的典範，應當號召全社會認具學習他們的思想和精神。

　　道德是文化的一部分，並且是文化的結晶，道德包括理想與紀律，通過道德和職業道德教育，有助於把職工群眾培養成有理想、有道德、有文化、

有紀律的一代社會主義的公民。

職業道德建設的宗旨之三，就是促進社會生產力的發展。

我們現在所講的道德和職業道德，不是重義輕利的純粹義務論，也不是重利輕義的純粹的功利論。我們講的道德是目的論與義務論相結合的新道德論，即馬克思主義的規範倫理學。我們所講的道德與職業道德同商品經濟的發展，同社會生產力的發展是完全一致的，並且只有這種道德理論才能其正促進社會生產力的發展。

社會主義商品經濟是有計劃的商品經濟，它的發展不是盲目的，無政府的，是受國家的計劃、政策指導、調節和控制的。商品經濟的發展一定要有利於國計民生，兼顧個人、集體與國家的利益。而職業道德的基本原則之一，社會主義的集體主義則要求，正確處理職工個人、企事業單位集體和國家三者之間的利益關係，使三者統籌兼顧，各得其所。

商品經濟的基本規律是等價交換，而職業道德的基本原則之一，就是公正的原則。這一原則與等價的交換的規律相互一致。在經濟活動中，公正的原則從道義上捍衛等價交換的規律。

在發展商品經濟的條件下，企事業單位相互間的往來，企事業單位與顧客或服務對象之間的往來，講求信譽至關重要，而職業道德的基本原則之一，就是誠實守信。兩者是一致的。

由此觀之，講職業道德與發展商品經濟是不矛盾的。商品經濟要發展，就要講職業道德，不講職業道德，商品經濟很難發展。靠邪門歪道，靠坑蒙拐騙，絕對不可能使商品經濟真正發展起來。講求職業道德不僅可以促進商品經濟的發展，還可以促進生產力的發展。在一切生產力中，具有決定意義的是人。通過職業道德教育，人的社會化程度提高了，主人翁責任感增加了，道德覺悟上升了，就會更加充分發揮內在的潛力，以空前未有的主動性、創造性從事生產勞動，從事社會服務，這樣就會提高勞動、工作效率，推動生產力的發展。

總之，職業道德建設事關重大，不可等閒視之。我們必須把它看作是一項系統工程，需要全社會動員起來，從不同的層面上，有計劃、有重點、長期反覆地進行，採取切實可行的措施，既要解決理論指導問題，又要解決具體方法和途徑問題，這樣才能收到良好的效果達到預期的目的。

企業文化與企業道德

　　企業文化是當代資本主義企業管理理論的新發展，是人類社會文化的一部分。企業文化有廣狹之分。所謂廣義的企業文化指企業成員在生產和經營活動中共同創造的物質財富和精神財富的總和。由此看來，企業文化是由企業的物質文化和企業的精神文化兩部分構成的。

　　所謂企業的物質文化指企業的生產要素及其組合、技術設備、物質產品等。所謂企業的精神文化指企業價值觀、企業精神、企業經營哲學、企業道德、企業理想和信念、企業風範等。

　　所謂狹義的企業文化指企業的精神文化。這也就是通常所說的企業文化。

　　道德是企業生產力的構成要素，這應當是毫無疑義的。然而有些企業管理者，甚至是理論家往往把經濟與道德對立起來，認為，在企業裏抓生產，抓效益是唯一的；抓思想、抓道德，沒有用。甚至認為，抓思想、抓道德妨礙生產。他們在工作中只見物，不見人，只講技術和業務培訓，不講思想和道德教育；只講物質刺激，不談精神鼓勵。這實在是一種偏頗。

　　道德作為評價個人利益和社會利益相互關係的形式，作為人們行為的精神調節手段，總是和人們的生產活動密切相關的。在當前，在改革、開放的條件下，經濟與道德相互影響，相互作用尤其明顯而強烈。隨著職工道德覺悟、自我監督、責任感的加強，他們在勞動中的積極性，創造性、業務能力、技術水平也將提高。這樣就會增加勞動生產率。反過來，勞動效益提高了，生產發展，生活富裕，也會對職工的道德心理髮生重大的影響，增進主人翁責任感、加強團結，刺激開拓、進取的精神。由此看來，在一個企業裏，抓

生產與抓道德，應該並行不悖，兩者相互促進，相得益彰。

道德是企業文化的重要組成部分

道德是企業文化的重要組成部分。從企業的物質文化上說，它是生產力的構成要素之一，即精神生產力。從企業的精神文化上說，它是企業文化的核心，即價值觀的一部分。這是因為道德是一種精神價值。

價值觀，是企業從事生產、經營活動的總的指導方針。價值觀為企業的生存和發展提供了基本的方向和行動指南。

例如，國際商用機器公司指出，「IBM 意味著服務」——重視人、重視人的精神。這就是該公司的價值觀；我國近代企業家盧作孚先生創辦的民生公司提出：對外「服務社會、便利人群，開發產業，富強國家」；對內「個人為事業服務，事業為社會服務」。這就是民生公司的價值觀。

長城鋼廠提出「講責任，比貢獻」以振興中華為己任，為國家多做貢獻，盈利只是手段，貢獻才是目的。這就是他們的價值觀。所在這些價值觀中無不包含著道德價值觀的內容。

聯邦德國《世界報》1988 年 9 月 17 日有人發表文章說，美國人認識到，道德哲學是管理的總鑰匙。又說，在德國企業中，道德哲學的重要地位也在增加。文章列舉了麥道公司在其企業指導原則中搞好管理的五把鑰匙：人才管理、開發管理、分散管理、改進質量和道德綱要後指出，「『道德綱要』是把所有的鑰匙串在一起的總鑰匙。」認為「道德綱要」就是價值觀，就是「企業文化」。可見，道德在企業文化中具有舉足輕重的地位，它們起的作用是其它企業文化因素所不能代替的。事實上，道德有保證企業生產、經營活動，始終如一遵循企業價值觀指明的方向運作、保證企業獲得正當的經濟效益和推動整個企業進步與發展的積極作用。

從當前我國各種行業的不正之風看，諸如以業謀私、損公肥私、偷稅漏稅、以假充真、不講信用等等，都同忽視道德，或者否定道德的作用有關。反面的經驗教訓人們，企業如何整個社會一樣，必須重視它的倫理、道德建設。

當代企業管理理論認為「企業即是人」。這就是說，他們特別重視人、人際關係、人的道德素質問題。他們力圖從精神、道德的角度，調動人的內在主動精神和創造性，並求其充分發揮，以便創造更高的勞動生產率，獲取最

大的超額利潤。

我們是社會主義國家，我們的一切企業，包括私營企業在內，不同於資本主義國家的企業，它必須在社會主義軌道內運行，必須服從社會主義社會發展的整體利益要求。我們重視人的因素，從道德上調動人的積極性，目的不是獲得超額利潤，而是提高勞動生產率，爲社會，爲人民，也是爲自己創造更多的社會財富。這應當是我國企業，特別是我們社會主義企業的本質特徵。我們的企業不僅要出最佳的產品，最高的經濟效益，還要出最好的人才。因此，就應當高度重視企業的道德文化建設。

企業道德是社會主義初級階段上整個社會道德的一部分。

所謂企業道德是在企業生產、經營活動中形成的、爲全體職工一致遵循的道德行爲準則。

它的宗旨是，堅持企業的社會主義方向，保證社會主義商品經濟的健康發展，培養有理想、有道德、有文化、有紀律的職工隊伍。

它的功能與作用：一是調節企業職工間、職工與企業、企業與企業、企業與環境、企業與社會之間的關係；二是提高職工的主人翁責任感、調動積極性，爲發展、壯大企業貢獻力量；三是提高勞動生產率，增加經濟效益，促進企業生產力的發展；四是培養職工良好的個人道德素質，提高精神境界，忠誠地爲建設社會主義服務。

企業道德是社會主義社會實際生活中道德的一個方面，與職業道德有密切的關係。它們同受社會主義社會占統治地位的道德規範體系的制約。

社會主義道德的基本原則是企業道德建設的指南

在社會生義初級階段，道德觀點、道德準則是多元化的，或者說是多種多樣的。但是作爲反映社會主義初級階段社會性質的道德規範體系卻只有一種。

根據我國的民族傳統、社會主義現階段經濟、政治狀況的一般特徵，一句話，根據我國的國情，我們的道德規範體系，只能是一個多層次的複雜結構。簡言之，是兩級結構，三個層次。即社會主義道德爲一級，共產主義道德爲另一級。以層次劃分，第一層次，即最低層次，就是社會公共生活中簡單的道德行爲準則，第二個層次，即中間層次是社會主義道德，第三個層次，這就是共產主義道德（狹義）。

第一、二兩個層次，就是我們通常所說的社會主義初級階段上占主導地位的道德。它有五個規範、五個原則。五個規範是：愛祖國、愛人民、愛勞動、愛科學、愛環境，五個原則是：愛社會主義、集體主義、社會主義人道主義、公正、誠實守信。我們要推行社會主義道德，同時倡導共產主義道德。

社會主義道德的基本原則和規範是企業道德建設的指南。

企業道德的共同規範

結合企業生產、經營活動的特點，把社會主義道德基本原則和規範具體化，就是我們所說的企業道德。企業道德規範，因企業的不同而不同，但不論什麼企業，都有它們的共同的道德規範。

第一，堅持為社會主義建設服務的方向

在我國的一切企業，不論是國營的、集體的、個體的、私有的、或中外合資的外國獨資的企業，都必須在社會主義法律允許的範圍內活動。所有企業都必須為社會主義的物質文明與精神文明建設服務，或提供一切可能的支持。特別是國營企業，應自覺地發揮主體性作用，把自己的一切活動納入社會主義建設需要的軌道，堅持社會主義的方向。

一切企業都應該處理好國家利益、企業集體利益和職工個人利益之間的關係，使三者統籌兼顧、協調發展。但是國家利益、社會整體利益都是第一重要的。應當自覺地把國家利益、社會整體利益擺在首位。任何損害國家利益、社會整體利益的行為，或者把企業集團的利益置於國家利益、社會整體利益之上的做法，都是違背社會主義法律和道德的，應當受到制裁或譴責。

第二、產品和服務質量第一

企業要為社會做貢獻，主要是生產出符合一定質量要求的產品和誠摯地為社會公眾服務。換言之，質量與服務均應是第一流的。

在我們社會主義社會裏，人人是服務者，人人又是被服務者，也就是說大家相互服務。社會主義道德原則，不管有多少條，歸根到底就是一條，即「我為人人，人人為我」。對於一個企業來說，它就要以自己的產品，或特有的業務服務於社會。因此，產品和服務質量問題，就不僅僅是個技術問題，而且也是一個道德問題。產品粗製濫造，服務態度惡劣，必然損害社會公眾的情感。毫無疑問，這是一種不道德的行為。

第三，誠信

誠實守信是做人的基本原則，誠信的反面是欺詐與謊言。誠信是企業的生命，只有講究誠信，企業才能贏得公眾的信任，才能有廣闊的發展前景。

誠信原則要求企業與國家、企業與企業、企業與經營者、管理者與企業的從業人員之間、企業人員相互間、從業人員與顧客之間，誠實的履行協議、契約、合同。在企業的一切生產、經營活動中，與社會公眾的日常交往中，如廣告宣傳等，都必須說實話、講真情、不欺騙、不愚弄。否則，就是一種不道德的行為。

第四，公正和公道

企業集團內部，企業集團與國家和社會公眾的交往，均應採取公正或公道的立場。

在利益分配上，就企業職工之間而言，堅持「各盡所能，按勞分配」的原則就是公正，否則就是不公正。

在用人方面，企業主管部門對從業者的提級、晉升按德才兼備的尺度辦事為公正，否則為不公正。

獎懲方面，獎勵，論功行賞為公正，否則為不公正；懲罰，罰當罪為公正，罰不當罪為不公正。

在同其他企業或單位交往方面，遵守互利互惠的原則為公正，否則為不公正。

第五，忠於職守、獻身職業

企業中一切人員，都應熱愛本職工作，樹立職業自豪感、榮譽感。對業務、技術刻苦鑽研，精益求精。

堅守崗位，兢兢業業，盡心盡職，為職業而獻身，是具有高尚職業道德的表現。

第六、誠實勞動、勤儉辦事

勞動創造人類社會和人本身，勞動是人區別於動物的本質特徵。勞動不僅是人類謀生的手段，也是人個性的表現形式。勞動是造福社會的活動，勞動具有道德意義，熱愛勞動與否成為個人道德水平評價的尺度。

在我們的企業中，要推行以主人翁的態度對待勞動。積極的、主動的、創造性的勞動，節約原材料，挖掘潛力，降低成本，努力提高勞動效率，同

時還應倡導共產主義勞動態度，即不計定額，不計報酬，不講條件的勞動。一切懶散、怠工的行為，以酬付勞的行為，均屬不道德的行為。

堅持勤儉辦企業的方針。我國經濟不發達，企業的財力、物力有限，因此，必須精打細算、厲行節約。一切鋪張浪費，大手大腳的行為，一切過度消耗原材料、能源、資金的行為，特別是不必要的非生產性開支的過分增長，都是糟踏社會財富，損害人民群眾根本利益的反道德行為。「歷覽前賢國與家，成由勤儉敗由奢」，應當成為企業領導人行為的座右銘。

第七，保護環境

人類生存環境，遭到工業發展和科技進步造成的空前嚴重的污染和生態破壞。工、礦企業生產排出的廢水、廢氣、廢碴日益增多，使人類生存環境進一步惡化。從道德上說，企業應當增強保護環境的意識，認識污染環境，是對人類生存權利的侵犯，必須努力避免，大力治理「三廢」。目前，我國有些企業，特別是鄉鎮企業，為了賺錢，不惜破壞環境，把大量的未經治理的廢水、廢氣、廢碴，排入江河湖海、農田或大氣中，造成日甚一日的污染。這是違反環境保護法與環境道德的行為，應受到懲處和譴責。

企業對資源的開發與使用，應該避免浪費和對生態平衡的破壞，利用資源與保護環境相結合。這就是環境道德向企業提出的要求。

企業管理工作的道德

企業管理包括決策、計劃、組織、指揮等環節。研究其中的倫理、道德問題，對提高企業管理效能有重大意義。

決策中的道德

企業決策是一種行為選擇，是涉及企業生存與發展的大事。經營方針的改變、價值觀念的更新、新產品的開發，先進設備的引進等等均屬決策範圍內的事，其道德要求首先是謹慎抉擇。企業決策關係全局，影響大，所以必須慎重從事。其次是開拓創新。決策要體現面對現實敢於革新的勇氣。第三意志堅定。決策作出之後，不論遇到怎樣的困難、複雜的情況都必須以百折不撓，勇往直前的精神，貫徹實施。

計劃中的道德

計劃是決策實施的保證。其道德要求，首先是必須忠誠地執行決策目

標，爲決策目標的實施服務；其次計劃要可靠積極、留有餘地；第三，嚴格監督、檢查。計劃執行，必須有來自上級領導和基層群眾的監督和檢查。

組織中的道德

組織是企業管理過程的一個環節，也是它的重要職能。其道德要求，首先是知人善任。企業高層領導，對下屬的能力、性格、愛好要有充分而全面的瞭解，這樣才能恰當地安排他們的工作，這叫「適得其所」。只有「適得其所」、才能「人盡其才」，「才盡其用」。其次大膽放權，信任下屬。高層領導者不可包辦代替，放權給下級、放手讓他們工作。讓下屬有職、有權、有責任。日本系統研究中心總經理片方善治指出：「在管理者掌握的技能中，放權恐怕算是最重要的了，這是一種通過別人來獲得成功的能力」。第三協調與合作。技術改革使生產分工越來越專門化，爲完成生產任務，需要各組織間的協調與合作，即同心同德，融爲一體。同時也需要融洽的人際關係。

指揮中的道德

指揮是企業領導者對其從業人員的指使、調動，推動其從事某種生產或銷售活動，以實現企業目標的行爲過程。其道德要求，首先是勇於負責。指揮要有高度的責任感，本著對企業、對國家、對人民負責的精神、從事指揮。其次善於發揮組織的作用。指揮不是個人獨裁統治，而是要善於調動下級組織和工作人員的積極性、主動性和創造性。爲此信任與指導，關心與幫助不可缺少。第三合理分工，明確職權範圍，這是指揮道德的重要方面。我國企業改革中建立的崗位責任制，既顯示了合理分工又表現了各種崗位上的職責範圍，比較好的體現了指揮中的道德。

儒家文化與中日企業倫理

　　儒家文化，從本質上來說是一種倫理文化，一種道義論的文化，所謂「正其誼不謀其利，明其道不計其功」它與商品經濟要謀取利益是相反的。換言之，商品經濟要求的道德是目的論的倫理，即倫理利己主義和功利主義。但如果由此得出結論儒家倫理對發展商品經濟或對現代商品經濟的承載者即現代化的企業存在與發展，毫無意義，也是不正確的。事實儒家倫理文化中的合理成分，即民主性的精華，經過改造製作之後，亦即給以現代意義的詮釋，對商品經濟的發展，對現代企業的管理是有一定的積極作用的。現代最新管理理論，即企業文化理論認為，道德是管理理論中的價值觀的核心。

儒家倫理對企業文化建設的意義和作用

　　儒家傳統倫理文化中，都有哪些觀念、範疇、或者原理對當今企業文化建設有用呢？

　　首先是「仁」、「仁者愛人」。關心人，愛護人，尊重人的價值。視他人為自己的同類。

　　其次是「義」、「行而宜之謂之義」，即義指某種原則，或社會公眾的共同利益。

　　再次是「誠」，「誠者天之道也，思誠者人之道也。」誠為自然和社會的人共同要遵守的準則。

　　再次是「和」、「和實生物」，和即和諧、和睦之謂。論語說：「禮之用，和為貴，先王之道斯為美」。

　　以「仁」的精神經營企業，就能夠本著為顧客著想，為消費者著想的態

度去做事，這樣爲大眾服務就會實現，企業的財源就不成問題。

以「義」的精神經營企業，就會把企業自身利益、顧客或消費者的利益、社會整體的利益統一起來，企業在滿足公眾需要的過程中取得大眾的回報，從而得到優惠的利潤。否則一心只想賺取高額利潤，卻不思如何更好地爲大眾的生活、福利服務，那麼企業就不可能健康地向前發展。

以「誠」的精神從事生產與經營，就會創造一流產品，一流的服務，一流的業績。否則坑蒙拐騙，以假充眞，以次代好，以劣冒好，就是自毀形象與信譽。須知，「不誠無物」，誠信乃成功之本。

以「和」的精神對待員工，對待大眾，這就是「家和萬事興」、「和氣生財」。和是一種內在的凝聚力，外在的向心力。有了「和」的精神，對內可團結員工「風雨同舟」，「和衷共濟」形成命運共同體；對外吸引大眾，吸引同行，結成合作夥伴，促進企業興旺發達。

傳統的東方倫理文化，特別是儒家倫理文化，由於它重人文，重人倫，重人格，而在當今世界上突顯出昔日的光輝。人所共知現代西方文化，由於過度物質主義和放肆的個人主義以及「絕對的」自由主義的盛行，人文精神日益失落，於是儒家的傳統倫理文化，受到世人的普遍青睞便是可以理解的了。從傳統的倫理文化中尋求合理的因素，加以現代的詮釋，應用於社會的精神文明建設，應用於企業文化建設，便是合乎邏輯的，合乎事物發展的客觀行程的。

中日企業倫理之比較

中國是儒家文化的故鄉，二千餘年儒家倫理文化綿延不絕，影響廣大且深遠。日本是中國的近鄰，中日兩國一衣帶水，交往密切，古代中國倫理文化，對日本的影響有目共睹。我們把中日兩國企業倫理略加比較，彼此揚長避短，以促進企業文化建設再上新臺階，不是無益的。

義與利，企業與社會

儒家倫理文化，有重義輕利的傾向。這對發展商業經濟，確有不利之處，但儒家主張先義而後利，以義取利卻是合理的。日本企業家提出經營理念「企業是社會的公器」，即企業應以它的資金、技術、產品、勞務服務於社會，通過社會服務，獲得利潤是社會對企業優質服務的回報，這種觀點是正確的。中國企業家提出的經營理念是「發展自己、奉獻社會」，這裡所謂「發

展自己，奉獻社會」是說以自己的企業的實力爲社會廣大群眾服務。

共同點是「以義取利」。不同之處則在「義」的理解上，即「義」是目的，還是手段，抑或兩者兼而有之？日本企業往往以獲取利潤、利益爲目的，以服務社會爲手段；中國的企業則不完全如此，這裡首要的是以爲社會服務爲目的。依筆者之見，應兩者兼而有之。不過從企業對社會的責任上說，強調「服務第一」，「利潤第二」爲好。

誠與信，企業與顧客，或用戶

日本許多大公司，把誠信作爲「社訓」。

中國的企業「以誠爲本，以信待人」可以說是有歷史傳統的。中日企業都重視誠信，並把它視爲「企業之本」，用誠信規範產品質量，規範經營管理活動，規範服務態度因而贏得了顧客或用戶的信賴。企業，無論廠家、商家與顧客、用戶的關係，是靠誠信來維繫的，因此企業的形象與聲譽俱佳。

中日企業對誠信傳統倫理的重視可謂相同，都當作「社訓」或「價值觀」。然而中國企業對誠信之德，不僅從企業行爲上要求做到這一點，而且從員工個人品質上，亦要求之。因爲在中國人看來，「人無信不立」，誠實守信是做人的根本。這一點對提高員工的思想道德素質來說，有重要的意義。

然而，當前中國的企業、中國的員工，在誠實守信方面存在嚴重的問題，有的信譽很差，假冒僞劣屢禁不絕，這是一個值得高度重視的問題。

「和為貴」、「命運共同體」與「以廠為家」

日本企業，以家族本位主義的思想從事經營管理，企業類似一個民主、和睦的大家庭。公司主管、總經理等領導幹部以父兄般的情感對待員工，關心職工，提高職工，通過各種方式聯絡感情，建立友誼，溝通思想。員工加入企業或公司，就成爲這個家庭中的一員，終身的福利、命運、前途與公司或企業緊緊地相連在一起，故此員工很少「跳槽」，幾乎終生爲一個公司效勞。這樣公司或企業就成爲一種命運共同體，員工們彼此就有一種「團隊」精神。可以說企業內部上下團結一體，一致對外。

在中國，就公有制的企業或公司而言，職工們以集體主義爲行爲準則。職工們「以廠爲家」、「職工是工廠或企業的主人。」企業領導人尊重職工的主體地位，自覺地接受他們的監督，這樣就形成一種主人翁意識，「廠興我榮，廠衰我辱」，職工把自己的命運與工廠、企業連在一起。

中日企業倫理所謂「和」的道德，就「命運共同體」或「以廠爲家」而言，其實質是員工與員工、員工與領導者的和諧統一，即團結一致。日本企業文化中講「和」，不大講競爭，中國企業倫理講「和」，不是純粹的和，這其中包含有競爭的意思。就一個企業內部來看強調和是對的。但也需講競爭，否則，很難有活力，既使有活力，也難以持久。

近年中國企業深化改革，下崗待業，減員增效，優化組合，就是在和的前提下，引進競爭機制的表現。目前日本企業也注意把競爭機制引進企業內部，逐步改變年功序列工資制、終身雇傭制，以激發企業活力。

「仁」學即以人為本，尊重人的價值與調動人的積極性

儒家傳統倫理文化根本之點在「仁學」，即關於人性、人的關係與行爲的學問。企業講「仁」說到底就是如何看待人、財、物之間的關係問題。現代企業管理理論，認爲「企業就是人」。從重視物到重視人，這是企業管理理論的質的飛躍。世界眾多的管理學家、經濟學家們一致公認，「經過良好培訓和充分調動起來的職工是企業最大的資本」，「人的積極性最決定企業的活力。」

日本的許多公司、企業認爲，企業生產產品之前，首先是造就人才。企業領導人，如果把員工僅僅看作勞動力，那麼他就沒理解自己的工作。

中國的企業、公司也非常重視人，重視如何調動人的積極性問題。就此而言，中日企業文化關於人的價值的倫理學觀點有一致之處。

但日本企業對人的重視，原因在於他們認識到人身上蘊藏著尚待開發的巨大潛力，這是企業財富的源泉。這種見解是對的，但是仍然沒有逃脫人是物的範疇。中國企業文化中講的「人爲本」，是說人不是物，人乃萬物之靈，人與天地並列爲「三才」。這是傳統的倫理觀點，也是現代的倫理觀點，即應把人看作是目的，又是手段，但目的是主要的。由此，就要把員工看作是企業或公司的主人，尊重他們的主人翁地位，自覺地接受他們的監督，請他們參與企業的管理，這樣才能充分調動他們的積極性，辦好企業，從而爲社會，也爲自己，創造財富。

總之，儒家倫理文化，對當今的企業管理來說，有它的積極作用，但眞正辦好企業只靠儒家倫理文化，是遠遠不夠的，還需借助於經濟的、法律的、行政的、心理的等等諸種方法與手段。

日本人的實踐倫理
——訪東京倫理研究所見聞

　　在楓葉一片火紅的季節，我們中國倫理學訪日代表團一行八人，懷著愉快的心情，踏上扶桑之地。我們在東京都與倫理研究所的同仁，舉行第二次中日實踐倫理學術討論會。主要是圍繞職業倫理和家庭倫理進行討論與交流。

　　我們在日本逗留的時間只有短短的七、八天。我們除在東京活動之外，還到靜岡縣境內的富士山腳下的倫理學苑參觀訪問，順便去風景秀麗宜人的箱根地區的熱海遊覽。

　　我們在日本的時間不長，但主人盛情友好的接待，誠摯的學術交流和研討，給我們留下了深刻難忘的印象。

　　我們在日本所到之處，不論是下榻的賓館、就餐的飯店，還是參觀訪問富士倫理培訓中心，NHK 廣播電臺、以及遊覽新宿超高層建築、銀座商店、淺草市場，都使我們產生不可忘懷的感觸。

　　日本人拼命幹工作的精神，實在令人欽佩，戰爭幾乎毀壞了日本，但是他們艱苦奮鬥，起早貪黑地幹了四十年，終於建成了一個繁榮昌盛的經濟大國、科技強國。日本又是一個有組織性、紀律性的民族，生活富裕、安定，秩序井然，人人講禮貌，懂文明，待人接物，彬彬有禮。街道、公共場所、機關大樓乃至家庭臥室，造型美觀，裝飾考究，清潔、明快而又整齊。企事業單位，尤其商業等服務行業，工作人員服務殷勤、熱情、周到、細緻。使人沒有陌生感，就好像在自己家裏一樣親切、自然和方便。

　　日本人的社會公德、職業道德相當好，這是所有到過日本的外國人所公

認的。那麼，日本人爲什麼會有這樣良好的道德水平呢？這同他們一貫重視精神文明建設、重視倫理道德教育有直接的關係。在日本，有專門從事倫理實踐教育的組織和機構，這就是聞名國內外的東京都倫理研究所。

一、倫理研究所的事業和活動

倫理研究所，是一個群眾社會教育團體，隸屬於文部省社會救育局社會教育課管轄。它創建於 1945 年 8 月，作爲「社團法人」，1948 年得到政府的正式認可。如今已有 40 餘年的歷史。在全國除北海道之外，擁有個人會員 50 萬成員，以企業爲單位的團體會員 8000 個。研究人員 60 人，分屬丸山敏雄、心身相關、父母子女問題、夫婦問題四個研究室和早晨集會、班活動、青年、法人、幹部教育等五個應用研究組。

倫理研究所的創始人是已故的丸山敏雄先生（1892～1951），他是一位德高望重的思想家學問家。一生始終不渝地從事倫理的研究和教育工作。生前著有《夫婦道》、《實驗倫理學大系》、《純粹倫理原理》、《青春的倫理》、《萬人幸福的指南》等著作。他在日本被稱爲現代聖人。他一生信奉和實踐的格言是：「吾願做萬人之僕」、「無己之願，惟願人類幸福」。他生前，生活清貧如洗，腳踏實地，孜孜不倦著書立說，並躬行踐履，切實指導人們的倫理實踐，贏得了極高的社會威望。

倫理研究所遵循丸山敏雄先生的遺志，發揚其不朽的躬行實踐的精神，立下五「信條」，積極開展工作。

（一）吾等喜悅地面對苦難，自覺地完成己之本分。

（二）吾等不固執於一宗一派，求高的信仰，以道義之實踐爲生活之兩翼。

（三）吾等首先以建設「和」的家庭爲生活的第一步。

（四）吾等努力求明日本文化之本質，取世界文化之長處，以提高生活水平。

（五）吾等愛人而不相爭，貢獻於世界和平。

以上五條，就是倫理研究所開展工作的「信條」，即爲他們工作的指導思想。

在這五「信條」的指導下，他們的工作與活動，分爲四部分，即研究、普及、教育和出版。

他們的研究工作，分爲基礎理論研究和實踐倫理研究兩部分。前者如對丸山敏雄先生的「德福一致的最高善」的思想研究，日本國古今內外倫理思想及精神文化的研究。後者爲實證倫理研究，即搜集、調查、分析、整理實踐倫理的各種資料。

他們的普及工作，一是辦報紙、雜誌，如現在發行的《新世》月刊雜誌、《工作場所的教養》，日刊報紙《倫理新報》等。二是在全國各地普遍設置「朝晨的集會」，進行倫理精神的陶冶。三是組織各種講習會，如「婦女倫理講演會」，「經營管理講演會」、「親講座」，「青年辯論大會」。四是個別咨詢和輔導，如怎樣使貪玩的孩子認真讀書，怎樣調節父子矛盾等等。

他們的教育工作，爲做好教育工作，設有富士精神教育中心。其中有富士高原研修所，主要是培訓從事倫理教育工作的幹部，以提高他們的理論水平爲宗旨。還設有富士倫理學苑，定期舉辦以經營者、企業領導人員、一般會社員、社會青年、學生等爲對象的各種短訓班，討論會，以進行實踐性的研修。

他們的出版工作，有雜誌、報紙和書籍兩大類。雜誌、報紙除前面提到的以普及爲主的《新世》和面向企業單位的《工作場所的教養》報導倫理運動現狀及成果的日報《倫理新報》之外，還有面向青年的《太陽的力量》、面向倫理研究者的《倫理》等。此外，還有作爲一般文化活動的《新式那美》短歌雜誌、書法雜誌《秋津書道》等。

他們編輯、出版的圖書多是倫理學的學術著作與應用著作。如《萬人幸福的指南》、《純粹倫理學原理》、《純粹倫理學入門》、《倫理與宗教》、《女人的倫理》、《婚姻叢書》、《青春的倫理》等等。

二、倫理研究所倡導的職業倫理

倫理研究所本著理論與實踐相結合的精神側重於對實踐倫理的研究。他們研究的重點課題之一，就是職業倫理，尤其是企業倫理。

他們認爲，建設現代化的企業，使企業充滿活力，就必須把倫理精神貫穿於企業建設中。爲此，他們提出「明朗」、「愛和」、「喜勞」三位一體的思想，即把企業建設成「明朗的集團」、「愛和的集團」、「喜勞的集團」。所謂「明朗的集團」，就是以一顆「明快、開朗」的心，對待周圍的人和事，對待自己的工作。

他們認爲，明朗的心，是身體健康的基礎，是家庭健全的中心，是事業繁榮的根本。企業全體成員，從領導到普通職工，人人明朗，那麼企業一定會發展、昌盛。「明朗」的實踐要求，就是「即行」，也就是立即行動，認識到，感覺到的立刻乾淨利落地去做，這是成功的秘訣。人的心眞正成爲明朗時，個人所具有的能力，就可以充分發揮，全速運轉，無限向上，其生命力變得更加強而有力。

所謂「愛和集團」，就是企業內部各種人際關係的協調以「愛」與「和」爲準則。簡言之，「愛和」就是「和諧」相處。

他們認爲，人際關係處理得好與不好，關係到企業的生存與效益，成功與發展。他們說，「只要人的關係處好了，可以說經營上百分之八十就成功了妙。」

在企業內部，社長與從業人員、上司與部下、前輩與晚輩、同事間、職工間只要和諧統一起來，企業就會有新的東西產生，就會有新的創造和開發。否則，相互指責、爭鬥，就要毀掉企業。

爲了使企業充滿「愛」與「和」，達到心理、情感上的彼此理解，相互溝通，爲此，非常重視語言訓練，並把這種訓練看作是一種實踐。

首先是寒喧，相互問候：「早上好」！「你好」！「身體好嗎」？「晚安」！這種相互問候。在家庭、在學校，在工作場所或公共場合，都是達到感情融洽的橋梁。

其次是應答，即「是」（HAI）當對方和你談話時，注意傾聽，並從心裏發出「是」的聲音。這樣就會給人以和諧一致的感受。

再次是感恩，即「謝謝」（ARIGATOU）。「謝謝」是一句感恩的語言。當別人給予自己以關心和幫助，即使微不足道，打心眼裏發出「謝謝」的感激語言，對方也會有一種喜悅和愉快之感。

所謂「喜勞的集團」，就是把企業建成人人高高興興地、歡歡喜喜地去勞動的集團。他們認爲，認眞工作和勞動是幸福的源泉，不僅會帶來身體的健康、物質恩惠，地位、聲望和榮譽亦會隨之而來，工作、勞動還會帶來精神快樂。人活著就是工作，要勞動。培養「喜勞」精神，即熱愛勞動的觀點，關鍵在於感恩意識的形成。他們認爲，人生活在世界上，受到自然、社會、親人、朋友、同僚、同事、同學等無以計數的恩惠。首先是父母的養育之恩。有了父母才有自己，爲報答父母的養育之恩，應當行孝。行孝是改變自己不

好的感情，樹立眞正人的情感的有效途徑。這是培養感恩意識實踐的第一條。
培養感恩意識實踐的第二條，則是貫徹「對天氣氣候的倫理」，即樹立大自然
共同生活的倫理觀念。他們認爲，天氣氣候與人的生命、健康與事業有密切
的關係。天人相通。人對天氣氣候應抱著「順應」和「畏親」的態度。通過
不討厭、不恐懼、沒有什麼不滿，老老實實地順應天氣氣候這一實踐，對工
作的好惡，不平不滿，就會自行消失，就會對自己的天職，自己承擔的工作，
高高興興地竭盡全力。

「明朗」、「愛和」、「喜勞」三者相輔相成，三位一體。日本人要把企業
建成什麼樣式，以上三點可見一斑。

日本自明治維新以來，雖然接受了西方科學與文化的影響，但他們基本
上保留並發揚了東方文化傳統。與歐美不同，以家族爲本位的思想，貫徹於
企業各方面，特別重視各種關係的和諧。這就是人與自然的和諧、人與社會
的和諧、人與人的和諧。他們尤其重視人際關係，強調感情上的親和。他們
把企業中領導與職工間、職工與職工間，男女職工間的關係，看作是家庭成
員的關係，即比做父母、夫妻、兄弟與朋友的關係，不單單是歐美那種合
同、雇傭、買賣勞動、債權債務的關係。職工以企業爲家的思想紮了根，企
業因此而有較強的凝聚力與向心力。企業對職工的道德要求，忠於企業，爲
企業的發展竭盡全力。正直、勤勞、儉樸、節約這些傳統的道德規範，至今
作爲職工個人的道德品質，依然受到重視，爲人們格守不渝。企業要求職
工，熟悉業務，精通技術，忠誠熱情地爲公眾服務。他們特別注意贏得公眾
的信譽。認爲信譽是無形的資本，它不僅是個人行爲的準則，也是企業活動
的準則。

三、倫理研究所推行的家庭倫理

家庭倫理是倫理研究所又一重點研究和實踐的課題。倫理研究所創始人
丸山敏雄先生的名著《夫婦道》，是他們研究、實踐家庭倫理的指南。他們認
爲，夫婦是家庭的中心。首先有夫婦，然後才有父子、兄弟等。夫婦爲人倫
之始，「夫婦道」是一切道的根本。日本人重視夫婦之道，有其歷史淵源。據
說古代的日本人，極爲重視夫婦的作用。在他們看來陰陽結合，生成萬物，
夫婦結合產生子子孫孫。

家庭的實踐倫理，首先是一夫一妻。他們認爲，一夫一妻制是人類文化

所達到的最高性的規範。唯有一夫一妻才是最自然、最公平的夫婦兩性的倫理。倫理研究所繼承古代日本「性的倫理」，教導人們關切性的純潔，除了婚配之外，不知其他異性，這是完全的夫婦倫理的典型。在夫婦之外，有性的關係，這是性的不純。在他們看來，保持性的純潔和神聖將帶來生命的尊貴與昇華。

其次，夫婦平等。

他們認為，夫婦在家庭中的地位，身份、人格，完全平等，沒有尊卑優劣之分。主張夫婦商量辦事，同心同德。

再次，夫先妻後。

他們認為，日本自古以來，就是夫先妻後，這是嚴格的法則。這只是一個順序問題，與尊卑優劣無關。如同火車機車與車箱一樣，不過是一種職責的不同，分工的區別而已。在他們看來，辦什麼事情，丈夫打頭陣，比妻子打頭陣會更好些，這是從經驗中得來的教訓。

他們認為，夫妻關係如同陰陽一般。丈夫應具有陽剛之氣，勇敢、大膽、積極進取、無憂無慮、果斷行動、盡心盡職、拼命勞動或工作。妻子應具備陰柔之質，和氣、溫柔、端莊。丈夫對妻子大度、寬容、厚情、和氣，感謝妻子的家務勞動，為妻慈於無成。妻子對丈夫的事業、人格應信賴、尊敬，抱有希望，無論何時都不動搖，同丈夫同甘苦共命運。

日本的家庭倫理，從古董今，深受儒家倫理觀的影響。但自明治維新以來，特別是第二次世界大戰以來，由於社會經濟生活的變化和新憲法的實施，注入了個人尊嚴和兩性平等的精神，歷史上那種家長制，男尊女卑的分別，夫妻不平等的狀況，已經發生了很大的改變。

家庭道德基本原則是「和」。這是夫妻平等、男女平等的表現。「和」包括傳統道德「禮」和「義」的合理因素。

四、日本實踐倫理給我們的啓示

日本社會道德水平比較高，但不是在道德上沒有任何問題，可是他們卻能正視現實，大力進行倫理、道德教育，這是可取的，值得我們認真學習。

日本人對倫理學的研究，不限於純理論方面，注意理論與實踐的結合。他們運用倫理理論指導企業經營管理，指導家庭倫理建設，又從企業和其他職業活動中以及家庭生活的倫理實踐中吸取營養，豐富他們的理論。他們很

注意社會調查，搜集佔有的資料非常詳盡，全面。他們的這種治學態度是十分可取的。處於改革、開放時期的我國倫理學，必須走出書齋，面向生活，這樣才會有出路，有遠大的發展前途。純理論的研究是必要的，是不可忽視的，但是直到今天為止，我國倫理學界主要的問題依然是脫離社會生活，脫離改革、開放的實踐。須知，理論研究不是為研究而研究，而是為指導社會生活而研究，否則理論不會有生命力，不會有新的突破。理論聯繫實際本來是馬克思主義的基本觀點，但由於「左」的教條主義影響，竟成為一句空洞的口號。我們從日本同仁這裡，又一次看到理論聯繫實際的重要意義，這是啟示之一。

啟示之二，是我們對中華民族的傳統文化必須持公正、科學的態度，儒家思想，儒家思想，曾經被封建統治者利用，這是事實。但卻不可因此而全面否定它。儒家思想重視人的價值，人際關係和諧，主張「和為貴」，重視家庭倫理倡導積極樂觀的人生，鼓勵人上進，所有這一切，對現代商品經濟的發展，對精神文明建設，有積極作用。日本得益於儒家思想，並使儒家道德、倫理成為他們企業文化的一部分。對此，啟發我們有必要重新認識儒家道德文化，分清積極和消極方面，肯定並吸收其積極的方面，克服其消極方面的影響，以服務於社會主義商品經濟的發展，服務於社會主義精神文明建設。

啟示之三，從日本發達的物質文明中，我們認識到，道德是生產要素之一。要發展經濟就必須重視道德的作用。這一點，我們從前很少體認。我們理論界，有人作文章說，商品經濟與道德二律背反，效率與公平不能並行不悖。意思是說，我們要發展商品經濟，提高效率，就顧不了道德了，講道德幹什麼，發展商品經濟，提高效率就是一切。這種理論，當前的社會生活實踐，證明是荒謬的。目前的道德淪喪，人們為金錢，竟不顧廉恥、不顧社會正義，無數的鐵一般的事實，證明這種理論的破產。

我們在日本的所見所聞，得出這樣一個看法：道德和經濟發展是並行不悖的，是相互促進的。從企業經營者應具備的才能，到從業人員的素質，再到整個企業的經營方針，無不滲透著道德的要素。日本企業家認為，經營三要素：人才、開發和革新技術、籌集和運用資金，其中最重要的是人才。他們特別注意提高職工的知識、技術和思想道德素質。因此，有「企業即人」的說法。對職工的業務培訓，伴隨著道德培訓，可以說，兩者是同時並重的。

日本企業，較普遍的實行「崗位上的朝禮」制度，就說明了這一點。「朝禮」既是職業培訓，也是道德實踐。在朝禮上，相互鞠躬致敬、寒喧問安，齊聲朗頌「社訓」，高唱「社歌」，或背誦「從業員信條」。

道德是生產要素、確切地說，是生產中人的重要的精神要素。這一點，不僅爲日本的企業家所認識，也爲一些哲學家所論證。例如，保加利亞哲學博士互·維切夫在《經濟與道德》（保加利亞《工人事業報》1988 年 7 月 4 日）一文中指出：「勞動成果既取決於工人的業務素質和知識，也取決於他的『道德潛力』，取決於他對自己的義務和責任的認識，取決於有益於社會的動機和需要」。「爲了爲現代化生產過程提供保證，人的道德心理素質的意義，不僅不亞於智力和體力因素，而且往往具有首要意義。高水平的業務能力與高水平的道德素質的統一，是人參加社會生產必不可少的條件」。

啓示之四，愛勞動的教育，必須貫穿於社會生活的各方面。

勞動是人的本質特徵，是幸福的源泉。日本人不僅重視對學生的勞動教育，而且重視廣大職工的勞動教育。所謂把企業建成「喜勞集團」，就是教導人們，努力勞動，拼命幹。這是日本經濟繁榮，職工生活富裕的一個根本性的原因。同日本相比，我國目前的教育從小學到大學普遍地忽視勞動。這是令人擔憂的。我們究竟在培養什麼人？我們有許多工廠的職工，有許多人不認眞勞動。怠工、懶散，相當普遍，甚至沒有紀律約束。機關工作也稀鬆、散漫。究其原因，固然有物資利益、福利待遇方面的問題，但缺少勞動態度教育、勞動道德教育，也是重要原因之一。我們要改變經濟落後的狀況，改善物質生活，就要注意勞動、勞動觀點和勞動態度的教育。辛勤的工作和勞動，艱苦的工作和勞動，這才是幸福的源泉，生活的快樂和意義之所在。

略談社會主義道德
與教育倫理、教師道德

　　教師自古以來，就有很高的社會地位，受人敬重。先秦時代的荀子把教師與天地君親並列，所謂天地君親師。他說：「天地者，生之本也；先祖者，類之本也；君師者，治之本也。無天地惡生？無先祖惡出？無君師惡治？」〔註1〕荀子又進一步指出，一個社會是否尊重教師。是國家興衰的一個標誌「國將興，必貴師而重傅」，「國將衰，必賤師而輕傅」。

　　依筆者一孔之見，教師是聖潔的、高尚的，又是偉大的。說他聖潔，是因為他不計得失、無私奉獻，為社會、為國家培養人才，他嘔心瀝血，在所不辭。說教師是高尚的，是因為他像蠟燭，點燃了自己，照亮了別人，他是園丁，只想為大眾耕耘，不圖個人收穫。說他是偉大的，因為他傳承了人類文化，弘揚了真善美，塑造了人們高尚的靈魂和品格。一切從事教育工作的人，一切教師都應當樹立職業自豪感、職業榮譽感，自重、自尊、自強不息。

　　然而今天的教育行業怎麼樣？不怎麼樣。全國亂收費排行榜，教育第一；師德狀況不佳，形象不好，聲譽低下。原因在哪裏？原因很多，政府政策有偏差，把教育作為產業，這是教育行業諸種亂象的根源，教育資源分配不公，也是一個很大的問題。此外，就是部分教師不能在商品經濟衝擊下正確地把握自己，與醜惡現象同流合污。為重整教育，改變腐敗的教育風氣，有必要加強師德建設。為此，就必須把當今社會道德體系建設好。

〔註1〕《荀子·禮論》。

一、重建社會主義初級階段的社會道德體系

為什麼重建？理由有二：

一是，傳統道德，包括革命傳統道德受到了嚴重的衝擊。如，道德金律，所謂「己所不欲，勿施於人」變成「己所不欲，要施於人」。假冒偽劣屢禁不止就是鐵證，坑蒙拐騙屢打不絕又是一鐵證。又如，誠信，不說蕩然無存，也所剩無幾。撒謊欺騙、毀約、說假話、大話、空話，無所不在，無時不有。在當今之世，什麼是真的？誰是可信的？無從所知。

二是，經濟關係、社會關係、人們生產、生活方式、交往手段、思維形式、價值觀念、道德意識都已經發生了很大的變化。這一切使我們從前講的倫理道德不適應了，與生活脫節了，故此要調整重建我們的道德體系。改革開放多年，社會的道德體系一直在調整、重構。在這個過程中，多數公眾包括多數倫理學界的人需要反思。例如，1986 年 9 月《中共中央關於社會主義精神文明建設指導方針的決議》〔註2〕指出：

社會主義道德建設的基本要求是愛祖國、愛人民，愛勞動，愛科學，愛社會主義、要使「五愛」在社會生活各個方面體現出來。

以至在人民內部的一切關係上，建立和發展平等團結友愛互動的社會主義新型關係，在共同富裕的目標下鼓勵一部分人先富起來在這樣的歷史條件下，全民範圍的道德建設，就應肯定由此而來的人們在分配方面的合理差別，同時鼓勵人們發揚國家利益、集體利益、個人利益相結合的集體主義精神，發揚顧全大局、誠實守信、互助友愛和扶貧濟困的精神，社會主義道德所要反對的是一切損人利己、損公肥私、金錢至上以權謀私欺詐勒索的思想和行為。

社會主義是向共產主義高級階段前進的歷史運動。我們的先進分子，為了人民的利益和幸福，為了共產主義的理想，站在時代潮流的前沿，奮力開拓，公而忘私，勇於獻身，必要時不惜犧牲自己的生命，這種崇高的共產主義道德，應當在全社會認真的提倡。

在道德建設上，一定要從實際出發，鼓勵先進，照顧多數，把先進性的要求，同廣泛性的要求結合起來。

在我們的社會裏，人人是服務對象，人人又都為他人服務。

〔註 2〕《中共中央關於社會主義精神文明建設指導方針的決議》〔R〕，北京：人民出版社，1986 年。

在社會公共生活中，要大力發揚社會主義人道主義精神，尊重人，關心人，特別要注意保護兒童，尊重婦女，尊敬老人，尊重烈軍屬和榮譽軍人，關心幫助鰥寡孤獨和殘疾人。

1996 年 10 月《中共中央關於加強社會主義精神文明建設若干重要問題的決議》〔註3〕中講到：

在改革開放和現代化建設的整個過程中，思想道德建設的基本任務是：堅持愛國主義，集體主義，社會主義教育，加強社會公德，職業道德，家庭美德建設，引導人們樹立建設有中國特色的共同理想和正確的世界觀、人生觀、價值觀。

我們現在建設和發展有中國特色社會主義，最終目的是實現共產主義，應當在全社會認真提倡社會主義，共產主義思想道德。同時要把先進性要求同廣泛性要求結合起來，鼓勵支持一切有利於解放和發展社會主義社會生產力的思想道德，一切有利於國家統一、民族團結、社會進步的思想道德，一切有利於追求真善美、抵制假惡醜、弘揚正氣的思想道德，一切有利於履行公民權利與義務，用誠實勞動爭取美好生活的思想道德。

社會主義道德建設要以為人民服務為核心，以集體主義為原則，以愛祖國、愛人民、愛勞動、愛科學、愛社會主義為基本要求，開展社會公德、職業道德、家庭美德教育，在全社會形成團結互助、平等友愛，共同前進的人際關係。

為人民服務是社會主義道德的集中體現。在發展社會主義市場經濟條件下，更要在全體人民中間提倡為人民服務和集體主義精神，提倡尊重人、關心人、熱愛集體、熱愛公益，扶貧幫困，為人民為社會多做好事，反對和抵制拜金主義、享樂主義和個人主義。

大力倡導文明禮貌、助人為樂，愛護公物、保護環境，尊紀守法的社會公德，大力倡導愛崗敬業，誠實守信，辦事公道，服務群眾，奉獻社會的職業道德，大力倡導尊老愛幼，男女平等，夫妻和睦，勤儉持家，鄰里團結的家庭美德。

2001 年 9 月，中共中央公佈「公民道德建設實施綱要」其中講到：

在全社會大力倡導愛國守法，明禮誠信、團結友善，勤儉自強，敬業奉

〔註 3〕《中共中央關於加強社會主義精神文明建設若干重要問題的決議》〔R〕，1996
年 10 月 10 日。

獻的基本道德規範，努力提高公民道德素質，促進人的全面發展，培養一代又一代有理想，有道德，有文化，有紀律的社會主義公民。

堅持繼承優良傳統與弘揚時代精神相結合，要繼承中華民族幾千年形成的傳統美德，發揚我們黨領導人民在長期革命鬥爭中與建設實踐中形成的優良道德傳統，積極借鑒世界各國道德建設的成功經驗和先進文明成果。

社會主義道德建設要堅持以為人民服務為核心，以集體主義為原則，以愛祖國，愛人民、愛勞動、愛科學、愛社會主義為基本要求，以社會公德，職業道德，家庭美德為著力點。

為人民服務作為公民道德建設的核心，是社會主義道德區別和優越於其他社會形態道德的顯著標誌。它不僅是對共產黨和領導幹部的要求，也是對廣大群眾的要求，每個公民不論社會分工如何、能力大小，都能夠在本職崗位，通過不同形式做到為人民服務。在新的形勢下，必須繼續大張旗鼓地倡導為人民服務的道德觀，把為人民服務的思想貫穿於各種具體道德規範之中。

此外對社會公德、職業道德、家庭美德的建設，重申了過去的觀點。

2002 年 11 月江澤民在中共十六大報告中說：

認真貫徹公民道德建設實施綱要，弘揚愛國主義精神，以為人民服務為核心，以集體主義為原則，以誠實守信為重點，加強社會公德、職業道德和家庭美德教育……

作者一再援引中央有關文件，目的在於提醒人們，關於社會主義道德規範體系，中央有著原則性的意見。

倫理學者有責任將上述四個文件的內容、觀點加以整合，以重構我們的道德體系。為人民服務是我們社會主義道德的總括詞，是黨德、政德、公民道德。為人民服務有高低、層次之分，其本質特徵是權利與義務相一致、目的與手段相統一、利己與利他相整合。從為人民服務中，可以引申出集體主義，人道、公正與誠信四個原則，這是我們的主體道德、道德主旋律。此外，還應允許非主體道德，包括理性利己主義、功利主義、傳統道德、宗教道德的存在。毫無疑問，主體道德體系應當是教育倫理、師德建設的指導方針，講教育倫理。教師道德要從傳統入手。

二、傳統的教育倫理與教師道德

中國的教育倫理思想異常豐富，有精華，亦有糟粕。擇其精華，概述如下：

第一，「有教無類」

孔子倡導「有教無類」，立足於仁者愛人的立場，讓更多的人受教育，從而打破學在官府的局面。「有教無類」〔註4〕意為，只要有求學之真心，不分貧富、貴賤、智愚，同樣施以教誨，施教的對象沒有限制。孔子弟子中富如子貢，貧如顏回，孟懿子等為貴族，子路為卞之野人。以曾參之魯，高柴之愚，顓孫師之辟，皆為高足。

第二，「學而不厭」、「誨人不倦」〔註5〕

求學從不滿足，厭煩，教學生從不懈怠。「學而不厭」這是孔子作為教師對自己的要求，也是對所有教師的要求，教師要不斷地學習，向經典著作學習，向一切有知識的人學習，不斷地更新知識。誨人不倦要求教師施教時不辭辛苦，不知疲倦。

第三，「博學篤行」

《論語·述而》有言：「子以四教：文，行，忠，信」。，文指詩書，禮樂射御書數，文武合一，行，篤行實踐，知行合一，忠與信，指品德德行，即忠誠守信。也就是說，把教書育人統一起來，把知識教育與品德教育結合起來。

第四，「因材施教」（關注個性化教育）

這是儒家一貫的教育思想，唐代的思想家韓愈，繼承了儒家的傳統，主張因人而異，因材施教。他在《進學解》中，以各種木材作比喻，說明人的本能各不相同，如果教師能像工匠一般，因材質不同而培養學生，給社會造就出許多有用的人才。先秦時代的孟子也特別關注因材施教，要求教師因人而教，不要千篇一律。

第五，師生平等，教學相長

韓愈認為「聖人無常師」，誰先懂得「道」與「業」，誰就可以為師，強調能者為師。他說：「弟子不必不如師，師不必賢於弟子，聞道有先後，術業有專攻，如是而已！」顯然這是對孔子所說「三人行，必有我師」思想的發揮、這意味著教師應向自己的教育對象學習，即向學生學習。

〔註4〕《論語·衛靈公》。
〔註5〕《論語·述而》。

第六，循序漸進，熟讀精思

宋代大哲學家朱熹指出教學原則有二條，對後世影響深遠，這就是：「循序漸進」、「熟讀精思」。他的學生把他教學生的讀書法歸納為六條：一曰循序漸進；二曰熟讀精思；三曰虛心涵泳；四曰切己體察；五曰著緊用力；六曰敬居持志。

「白鹿洞書院學規」為師生共同遵守，這就是：五教之目：即父子有親，君臣有義，夫婦有別，長幼有序，朋友有信。為學之序：博學之，審問之，慎思之，明辯之，篤行之。修身之要：言忠信，行篤敬；懲忿窒欲；遷善改過。處事之要：正其誼不謀其利，明其道不計其功。接物之要：己所不欲，勿施於人；行有不得，反求諸己。

第七：「通經致用」

「通經致用」，即學以致用。教師要培養「通經致用」的人才，這種人才能夠為社會、為國家作貢獻，造福社會，造福大眾。明末清初的思想家、教育家顏元，主張培養聖人式的人才。這種聖人，不是「幼而讀書，長而解書，老而著書」的書呆子，而是能夠斡旋乾坤，利濟蒼生，各專一業。即有專長，能幹實事。

第八，德教為先，修身為本

自天子以至於庶人，一是皆以「修身為本」。〔註6〕孔子說：「古之學者為己，今之學者為人」〔註7〕上自國家的君主，下至平民百姓，都要修身進德。古代學者，學習是為了修身，為了涵養自己的德性，今天的學者，學習修身是為了做樣子給別人看。孟子說：「君子之守，修其身而平天下」，〔註8〕齊家、治國、平天下之根本在於修身。要修身，就要從娃娃做起，中國歷史上非常注意蒙童教育、養成教育，編了許多通俗易懂、朗朗上口的通俗讀物。諸如《弟子規》、《神童詩》、《明賢集》、《三字經》、《幼學瓊林》等。

第九，以身作則，率先垂範

教師要做學生的榜樣。要求學生不做的，教師首先不做，要求學生做到的，教師必先做到。教師為人師表，楊雄說：「師者，人之模範也」。教師的

〔註6〕《禮記‧大學》。
〔註7〕《論語‧憲問》。
〔註8〕《孟子‧盡心下》。

責任有如父母，教師的影響力遠遠超過了父母。教師的身教重於言教，孔子說：「其身正不令而行，其身不正雖令不從」。〔註9〕

優良的古代師德具體表現為：

第一，「仁」，以仁愛之心對待學生，關心學生，呵護學生，培養成才。

第二，「恕」，對學生講恕道，即推己及人，設身處地為學生著想，對學生的過失，本著仁愛的精神，批評教育。

第三，「敬」，盡心盡力，認真教書育人。

第四，「勤」，勤奮學習，勤奮教書，勤奮育人。

第五，「正」，正己又正人。正人者，正也，子率以正，孰敢不正。「欲正人先正己」，教師首先應立德。

三、社會主義中國的教育倫理與教師道德

社會主義新中國，在馬克思主義、毛澤東思想的指導下，批判地繼承了中國歷史上優良的教育倫理和師德傳統，根據社會主義初級階段的社會經濟、政治、文化、科技等制度，提出了自己的教育倫理與教師道德。我們的教育倫理有以下幾點：

首先，教育和生產勞動相結合。勞動是馬克思主義的倫理觀，勞動創造了人類和人類社會，勞動創造了科學，文化與藝術，所以教育必須與勞動相結合，才能培養出社會主義的建設者和接班人。教育是否與勞動相結合，這是新舊教育相區別的分水嶺。

其次，教育者必先受教育。教育者不是天生的，教育者不經過教育，不會成為教育者。教育者與被教育者是平等的。他們一律都要在不同時間、不同場合，接受新知識的教育與再教育。現代社會處於信息化社會、知識經濟的時代，知識爆炸性增長，知識迅速更新，因此，教師要不落後於時代，必須接受先知者的教育，這就是「不當學生，焉能當先生」。

第三，師生平等。無論在人格上，政治地位上，權利與義務的關係上，都是平等的。徹底打破了師徒如父子的關係，新型師生關係是同志、朋友的關係。

第四，培養德、智、體、美、勞全面發展的社會主義勞動者和建設者。

第五，注重德育教育，塑造優良品質、所謂教書育人，管理育人，服務

〔註9〕《論語・子路》。

育人，環境育人。

因此，教師道德（教師道德行業準則）需要包含以下內容：

第一、熱愛教育，獻身職業。全身心投入教育事業，克盡職責，奉獻一切心血，不斷提高教學水平與教育質量。

第二，學而不厭，誨人不倦。知識是浩瀚無際的海洋，必須終生學習，用新的知識，新的理論，新的技術，新的方法教導學生。教師要從仁愛立場出發，對先進、後進，賢者、愚者一視同仁，給予不同形式的關愛、促進他們健康成長。誨人不倦，循循善誘，諄諄教導，以誠相見，以理服人。

第三，教書育人不可偏頗。教師為人師表，是經師，又是人師，不但教學生以科學、技術，文化諸方面的知識，還要教學生如何做人，如何做一名有道德且有高尚道德的人。

第四，嚴以律己，為學生樹立榜樣。教師要有高度的自律精神，言行舉止、待人接物、為人處世都應當是學生的表率。

第五，遵紀守法，尊重同事，尊重領導，互相支持，精誠合作。教育事業是集體性的事業，一個優秀人才的成長，是全體教師共同努力的結果。因此教師們必須同心協力，教好學生。要互相學習，取長補短，共同提高。

以上所言，就是筆者所主張的今日要倡導的教育倫理與教師道德。

關於校園文化建設的若干問題

　　校園文化建設是一個事關重大的問題。大家都知道，黨中央提出把我國建設成一個創新型國家，並制定了未來 15 年科學技術發展綱要。這個綱要對教育的要求，不言而喻，就是要培養創新型的人才。依我一孔之見，創新型人才是具有創新型的頭腦、創新型的思維、創新型智慧的人。而這與校園文化建設密切相關。

　　大家都知道，激光照排技術的發明人、「當代畢昇」王選是北京大學教授。王選為什麼會出自北大？因為北大有培養這種人才的氣候、土壤和文化氛圍。由此觀之，建設校園文化，形成自由、民主地探討學術的環境和氣氛，對於培養創新型人才至關重要。

一、校園文化的界定其及功能

（一）校園文化界定

　　文化，有廣義的概念，亦有狹義的概念。廣義的文化概念就是人類社會所創造的一切，包括物質的、精神的、制度的、理論的、觀念的東西，等等。狹義的文化概念即為語言、文學和藝術，等等。與此相應，校園文化亦有廣、狹之分。廣義的校園文化，包括校舍建設、教學設施、課程設置、制度管理、教學傳統、校風校紀，等等。狹義的校園文化，指正規課程之外的一切有利於學生身心健康的活動，諸如學術講座、理論報告、社團活動、文藝表演、體育比賽、校風校紀、優良傳統，等等。

　　從另一個角度看，校園文化也可分為有形的校園文化與無形的校園文化。有形的校園文化，要通過一定的載體表現出來，如校園樓、堂、館、所

等；還有社團，他們是一種自治組織，有章程，有領導，有社員，有活動。無形的校園文化，包括校風、教風、學風，學校的好傳統、思維習慣、學術氛圍等。

（二）校園文化的特徵

學校是文化組織、教育組織，在這裡生活的人們主要是教師、學生與為教師、學生服務的人員（包括學校領導）。校園文化有其獨有的特徵。

第一，互動性。校園文化是學校教師與學生共同創造的。這裡，學校領導是關鍵。領導者的辦學理念、辦學意識和行為對師生員工的影響不可低估，對校園文化建設作用巨大。

第二，滲透性。校園文化像和煦的春風一樣，吹過校園的各個角落，滲透在教師、學生、員工的觀念和言行舉止之中，滲透在他們的教學、科研、讀書、做事的態度和情感中。

第三，傳承性。校風、教風、學風、學術傳統、思維方式的形成，不是一代人而是幾代人或數代人自覺不自覺地代代相傳，相沿成習的，其中似乎有一種遺傳因子。任何一種校園文化，一經形成，必然傳承下去，不因時代、社會制度不同而消失，當然其中會有所損益，然而其精神實質卻是永續的、永生的。例如，蔡元培做北大校長的時代留下的兼容並包、兼收並蓄、思想自由、學術民主的觀念，直到今天，依然活在北大師生的心裏。儘管經過「階級鬥爭為綱」的歲月，教育、科研、文化受到嚴重摧殘，但北大優良的校園文化卻得以傳承下來。

（三）校園文化的功能

校園文化的功能，不是直接可以觸摸得到的，但生活在校園之中的人時時處處可以感受得到。

首先是促進師生、員工科學文化素質和思想道德素質的不斷提升。素質的提升不完全來自課堂，課堂之外的活動，包括必要的社會實踐、社會調查、社會公益活動是提升素質的重要渠道。其次是塑造良好的道德情操。學生自己組織的社團活動，諸如體育競技比賽、登山、游泳，對於訓練體能、增強體質的好處自不待言，而且，對於培養團隊精神、合作意識、堅忍不拔的意志力、拼搏精神也是不可或缺的手段與方式。最後，通過各種各樣的文藝、體育、軍訓、理論探討和學術報告，營造一種生機勃勃、積極向上的文

化氛圍。學子們置身於這種環境之中，受到這種精神薰陶，耳濡目染、潛移默化，久而久之，就會成爲一個有知識、有教養、有進取精神、有良好氣質、天天向上的人。

（四）校園文化的宗旨與任務

簡而言之，校園文化建設的宗旨就是培養德才兼備的人才，即體魄健全、身心健康的社會主義建設者。學校是培養人才的園地，一切教學工作、一切科研工作、一切師生參與的活動，都應以促進學生的健康成長、使學生成爲有用人才爲中心。

校園文化建設的任務，就是貫徹黨的教育方針，培養社會主義建設者，培養學生成爲「四有」公民，即有理想、有道德、有文化、有紀律的一代新人。

所謂「有理想」，指的是有共產主義理想。共產主義社會是我們黨和國家所倡導的古今中外人類所共同嚮往的大同世界，更是一切正直的共產黨人爲之不懈奮鬥的目標。這個理想不是一朝一夕能實現的，需要一個漫長的歷史過程。然而這一崇高的理想，在改革開放以來卻逐漸被淡化、被遺忘，甚至被否定。究其原因，一方面，我們在一段時期所建設的社會主義是不合格的，犯了「急性病」，在生產力落後、產品不豐富、人們覺悟不高的情況下，急於過渡到社會主義，甚至共產主義，大有一步登天之勢，否定了社會主義、共產主義實現的歷史過程性。另一方面，則是蘇聯、東歐共產黨犯了錯誤，社會主義制度在這些國家瓦解了，使人們產生了一種錯覺，似乎社會主義不靈了，共產主義理想是幻想等，加上國外反共勢力的滲透、西方不良政治價值觀的影響，導致共產主義理想被淡化了。我們必須堅持共產主義理想不動搖。所謂「有道德」，這個「道德」的核心就是爲人民服務。爲人民服務，本質上是服務的道德：即「我爲人人，人人爲我」，我爲人民服務，人人也爲我服務；我與人、人與我是平等互助、相互服務的。這個總的道德價值觀包含有集體主義、人道、公正、誠信四個原則。這四個原則的內容，在《公民道德建設實施綱要》、中共十六大政治報告以及本人的著作《當代中國倫理與道德》中均有闡述，這裡不再贅言。所謂「有文化」，是指有文學、歷史、藝術、道德、倫理的基本知識和修養，簡言之就是人文素質。所謂「有紀律」，即是有法律意識，遵紀守法，有秩序觀念，做事講究程序與規範。

（五）校園文化建設的意義

學校是培養人才的地方，校園是人才成長的環境與場所。我們的學生身心狀況如何，體質、知識、專業、智慧、能力如何，不僅關係到個人，而且關係到國家、民族的未來。

校園文化建設，涉及到學校的整體品位和在社會上的聲望，涉及到全體學生的素質、精神風貌等諸種問題，涉及培養創新型人才、建設創新型國家的大問題，所以必須重視校園的文化建設，用心建設校園文化。

二、校園文化建設的指導原則或根本理念

「凡事豫則立，不豫則廢。」凡事都要思想先行，都要有個明確的指導思想，這個「豫」就是預見，即指導原則與大致的設想。那麼，校園文化建設的根本理念是什麼呢　我認為至少有下面幾點。

（一）以馬克思主義世界觀、人生觀、價值觀（主要是道德觀）為指導

校園文化百花齊放，爭奇鬥豔。這裡有香花，亦有雜草；有精華，亦有糟粕。各種哲學流派，各種學術觀點，各種理論思想，各種學說，各種藝術派別，都在爭取「顧客」，影響「觀眾」。我們的學生，就成為他們奪取的對象。

美國資本主義的價值觀、生活方式已經滲透到中國，被許多人特別是一些年輕人所接受。對此，我們必須有清醒的認識，有明確、堅定的對策，千方百計地抵制、消除其惡劣影響。為此，我們應努力做到，從理論上破除「無立場的哲學」與「中立的價值」的錯誤觀念，從方法上把「破與立」、「封堵與疏導」結合起來。破與立對立統一，又破又立，不破不立，以立為主。關於「封堵與疏導」，封堵不是解決問題的根本辦法，但不能完全否定封堵的價值，在某種條件下，就是要封和堵。「疏與導」應當說是個好方法，但也不是萬能的。「封堵與疏導」也是對立的統一，應以疏導為主。從認識上，提高判斷是非、善惡、美醜的能力。當今社會，一些人在許多場合下是非不辨，善惡不明，美醜不分。是非、善惡、美醜界限不清，甚至顛倒，這就需要提高判斷力、鑒別力。那麼判斷的標準是什麼？做判斷可以依據政治的標準，如黨的「三個代表」、「三個有利於」。此外，還有日常生活中判斷是非的標準，即法、理、情。凡是合法、合理、合情的就是正確的；否則，就是不正確

的。在提高判斷力的基礎上還要提高理性的選擇能力，選擇眞、善、美，遠離假、惡、丑。從行爲上，培養自制力和自律精神。自己做自己的主人，掌控自己的思想與行爲發展的軌道，把握分寸。自律精神的昇華則爲「愼獨」。「愼獨」是一種修養的方法，更是一種修養的高境界，即在無人監督、無人知曉且有種種誘惑的情況下，恪守法與道德的準則，不做壞事。自律也好，愼獨也好，都需要頑強不屈、百折不撓的意志力和眞實的情感。所謂「知之者不如好之者，好之者不如樂之者。」只有情感認同、心裏接納，才能堅持到底。對假、惡、丑，「如惡惡臭」，對眞善美「如好好色」。

（二）堅持「四育人」的要求

教育部曾經提出「教育育人」、「管理育人」、「服務育人」。後來又補充「環境育人」。「三育人」抑或「四育人」，說到底就是要求教師、幹部和後勤服務人員，做到「以身作則」、「率先垂範」八個大字。所謂「以身作則」，就是要求師長、幹部、服務者用自己的言行舉止爲學生做出榜樣，明示學生，「向我學」，「照我這樣做」就對了。所謂「率先垂範」就是要求學生做的，自己首先做到；要求學生不要做的，自己首先不做。教師、管理者、服務者的言行舉止是學生的模範或範本。

（三）校園文化建設者必須突出重點，抓住要害

各校的校園文化建設有許多相同的內容或形式，諸如，科學或文學講座，文化、體育活動，如藝術節、文化節、音樂會、歌舞晚會等等，但要突出重點，抓住要害。這個重點與要害是什麼？應當是反映學校傳統、特色的優良校風（包括教風、學風），即一個學校獨特的精神氣質。校風一旦成爲傳統，就會歷久彌新，代代相傳，影響深遠。

（四）校園文化建設與創造良好的環境相結合

這裡的良好環境一指自然環境，二指人文環境。學校的「自然環境」很少是天然的，多半是人造的。這裡首先應考慮的是如何建造，才能更有利於學生的身心健康成長。設計、布局、裝飾應合乎科學、美學、倫理學的要求。水泥球場、塑膠風雨操場，都給人冰冷、僵硬、虛假的感覺。校門採用單臂式，一根立柱上面長出一邊倒的手臂式形狀，給人以不穩當的印象。校園小路、花壇，單面性的現象不少，對稱美、平衡美、比例美、和諧美忽視。當然，美不見得都得對稱、平衡、和諧，但那種以丑、怪、奇爲美的觀點是受

了西方後現代主義藝術觀的不良影響，是完全錯誤的，對學生身心健康不利，甚至有害。就學校的人文環境而言，現在從家庭到學校、從學校到社會，處處講競爭、事事講競爭。除了競爭之外就沒有別的嗎？實際上，合作作為競爭的對立面，它的價值不亞於競爭。沒有競爭，人不會進步，社會也不會發展；可是沒有合作，人要倒退，社會不會穩定，也不會發展。所以，講競爭的同時，要講合作。合作、互助、友好、團結的師生關係、同學關係才是教育發展、人才成長不可或缺的因素，也是建設和諧校園的關鍵所在。校風、教風、學風的建設至關重要，學校師生員工應共同努力，創造學習、讀書、研討的學術氛圍。現在不容迴避的一個問題是教育產業化日甚一日，學校商業氛圍太濃了，如濫辦班、亂收費、商業性的體育俱樂部和小賣部進入了教學樓，這些現象應從根本上加以改變。

三、校園文化建設的途徑和方法

（一）以學生為本，調動廣大學生的主動性，讓課外生活豐富多彩、生動活潑

努力改變課外課的現象。以賺錢為目的的各種形式的補課應清出校園。必要的補課不可少，但絕對不可補課成災，變相加重學生的學習負擔和家長的經濟負擔，這樣勢必擠佔課外活動的時間與空間，引起學生和家長的不滿。

（二）校園文化建設要注重實踐性與操作性

我們培養出來的人才應當是實幹家，而不是坐而論道的空談者，所以要注重學生能力的培養。知識的培養不用說，人人重視，但動手能力、操作能力、解決問題的本事，往往被忽略了。我們必須通過校園文化建設，把我們的學生培養成特別是實際地鍛鍊成為會學習、會生活、會工作、會合作的人。諸如：參加禮儀培訓、做志願者、做義工、學雷鋒做好事等，這對能力的培養大有裨益。

（三）網絡建設與管理不可忽視

網絡、電腦是人們獲取知識、信息新的手段與方式，也是交流思想、談心交友的無拘無束的場合和自由的天地。這裡是各種思想、觀點、見解的交匯處。暴力、色情內容很多，偽新聞、假信息不少，詐騙事件屢屢發生。

青少年缺乏辨別力，又缺少意志力和自控力，極容易上網成癮，以致不讀書、不上課，甚至不睡覺、不運動，整天上網打遊戲，久而久之，造成生理與心理疾患。對此，應研究對策，完全封堵不行，要多疏導，有所限制，有所不限制，但絕對不可放任自流。除立法管理之外，還要加強教育，從小培養學生的自控力與自律精神。從他律到自律，從習俗到自覺，從自覺再到自由，這是道德意識形成的過程，也是任何一種正確觀念、正確思想形成的過程。自發論是錯誤的，它以為不要教育、不要引導、不要管理，就會自然形成好的思想、好的行為。事實證明，這是不可能的。灌輸論是正確的，問題在於如何灌輸得科學而又藝術，讓人容易入耳、入心、入腦，又能見之於行動。

校園文化建設大有可為，我們應當切實努力，做出成績，這樣才不辜負時代的要求。

試論道德行爲與道德品質

　　人們的道德生活豐富多彩，涵蓋人生活的方方面面，而且貫穿人的一生。就此而言，道德是人的本質特徵之一。紛繁複雜的倫理學體系討論的問題，歸根到底不外是道德原則或規範、道德行爲和道德品質，以及對行爲與品質的評價。道德原則或規範，屬於道德知識或理論範疇，道德行爲、品質及評價屬於道德實踐範疇。道德存在的目的就是要塑造人的優良的德性，建立和諧的人際關係，建立和諧的社會。所以德性倫理，是道德知識的核心內容。中國古代，孔孟之道講的就是德性倫理，而古希臘，亞里士多德的倫理學，也是德性倫理。現代西方倫理的大師們，如麥金太爾等，力主倫理學回歸亞里士多德傳統，即規範倫理學傳統，尤其是德性倫理學傳統。

　　從現實生活看，加強德性教育十分必要，當前的中國同世界一樣在教育生活領域中重智輕德、近利遠義的現象十分嚴重。我們的教育，全國各級各類學校基本上是應試教育。智、德、體、美、勞「五育」並存，才是全面的健康的教育，現在的情況是智育第一，特別重視智育，德、體、美、勞被忽視，或者被淡化。思想品德教育常常是「說起來重要，做起來次要，忙起來就不要了」。

　　爲糾正應試教育的偏差，中央提出加強素質教育，在素質教育中、思想道德教育最重要。而思想道德教育中的核心問題是德性問題，即品德或品行問題。歷代教育家、政治家、思想家沒有不重視思想品德教育的。品性決定行爲，品性不好，就絕不會有道德的行爲。胡錦濤總書記在黨的十七大報告中明確提出「個人品德」建設問題。「大力弘揚愛國主義、集體主義、社會主義思想，以增強誠信意識爲重點，加強社會公德、職業道德、家庭美德、個

人品德建設，發揮道德模範榜樣作用，引導人們自覺履行法定義務、社會責任、家庭責任。」

一、道德行爲（德行）與道德品質（德性）

何謂道德行爲？道德行爲是人類諸種行爲之一種，是主觀能動性的表現。道德行爲的特徵表現在：第一，自知性，知道自己行爲的性質，意義和價值。第二，自主性，即自覺自願的行爲，是行爲主體自擇的行動，也可以說是意志自由的行爲，不是強迫的行爲，不是勉強的行爲，也不是誰人命令的行爲。第三，關聯性，與他人、社會有關聯的行爲，可以進行道德評價的行爲。簡言之，道德行爲是意志自由的行爲，是有利或有害於他人、社會和自己的行爲。何謂道德品質？所謂道德品質，乃指人的一種內在的心理素質，即品格、或者說是氣質、習慣或品性，道德行爲的積累即爲道德品質。道德品質的特徵表現在：第一，道德品質是道德原則的普遍性和特殊性的統一。道德品質是社會普遍性的道德要求，或一定階級普遍化的道德要求在個體身上的體現，由於個體人不同的性格、秉性、心理、習慣，在接受反映社會或階級道德原則時，又是有差別的，彼此不同的。所以道德品質，具有普遍性的同時，又具有特殊性，是普遍性與特殊性的統一。第二，道德品質是穩定性與可變性的統一。道德品質是個人在其道德生活中所表現出來的穩定性特徵，深深地根植於思想感情之中，化作自動化的行爲方式。它使主體在不同場合、不同環境，表現出對事務或人的一貫態度或一貫傾向，因而具有很大的穩定性。但這種穩定性也不是絕對的，是相對的，由於客觀環境、條件的變化、新的行爲反覆出現，也可以使人原先的品質蛻變，所以說道德品質是穩定性和可變性的統一。第三，道德品質的相關性與連貫性。道德品質與其他品質密切相關，如心理品質中，人的情感、意志等。優良道德品質的養成，與人的情感認同關係十分密切，對某種行爲愛好，不斷自覺地去做，就會形成好的品質。反過來，對某種品質特別欣賞，那麼就比較容易把這種品質外化爲相應的行爲。道德品質除相關性外，還有貫通性，每種道德品質，都不可能單獨存在，而是與其他品質相聯繫，相滲透，相貫通。如公正與平等相聯繫，誠實與信義相滲透，忠與孝相貫通等。

二、道德行爲、道德品質與道德原則之間的關係

道德品質與道德行爲，即「德行」與「德性」，同道德原則或規範之間有

極爲密切地關係。道德品質與道德行爲一體兩面，也可以說是同一的，兩者互相作用，互相影響，構成個體道德的全貌。道德品質是一系列道德行爲的總和，某一道德行爲是構成某種道德品質的一個因素。道德行爲的積累就是道德品質。道德品質在道德行爲的基礎上形成。人們的道德品質不是生來就有的，也不是上天賦予的，而是在日常生活中，在社會實踐中逐步培養和訓練出來的。人們若是希望具有某種道德品質，那麼，他不僅僅需要對一定的道德原則或規範有所認識和理解，而且必須在此基礎上，踐履篤行，付諸行動；在不斷重複的行動中，養成一種道德習慣，形成穩定的行爲方式，就是所謂道德品質。道德行爲與道德原則相互通達，相互體現。道德行爲，不論是目的論的倫理行爲還是道義論的倫理行爲，都要貫穿一定的道德原則或規範。沒有道德準則的行爲是不可思議的。行爲總要體現準則的。境遇倫理學標榜他們的理論主張在某種境遇中，根據當時的具體情況，決定行爲的選擇，而沒有什麼固定的原則或規範要遵守。實則不然，根據具體情況決定行爲，這本身就是一種原則。還說他們主張愛，認爲有了愛就有了一切，這愛不是原則嗎！道德品質與道德原則互相貫通，互相依存。品質與原則是互相對應的，有什麼樣的品質就有什麼樣的原則；有什麼樣的原則就有什麼樣的品質。恰如當代美國倫理學家弗蘭克納所說：「對每一條原則來講，都會有常與該原則名稱相同的一種好的道德品質，它包含有按照該原則行動的一種氣質或傾向；而對於每一種好的道德品質來講，也都會有一條原則規定著體現該原則自身的那類行爲。」

可見道德品質、道德行爲與道德原則三者密不可分。原則行爲是人的道德的外在表現，而品性，品質則是人的內心的道德素質。

三、中外優秀道德品質概說

注重德性教育，培養人的優良道德品質，古今中外概莫能外。

古希臘時代智慧、勇敢、公正、節制，被視爲全體公民的四大主德。中世紀神學家托馬斯·阿奎那把人的道德品質分爲塵世的德性，即智慧、勇敢、公正和神學的德行，即博愛、信仰和希望。並認爲「理智與實踐的德性只能使人的理智與意欲達到完善」。而神學的德性，則能使人接近上帝，獲得至善和幸福。這就是中世紀所講的主要德性。資本主義上升時期，適應市場經濟的需求，他們便把惜時、守信、節儉、進取、公平作爲社會倡導的道德

品質。

在中國古代往聖先賢，倡導仁、義、禮、智、信「五常德」之外，還有智、仁、勇「三達德」。明清時代，流行禮義廉恥、孝悌忠信的德性說。民國之初，中山先生提倡忠孝仁愛信義和平所謂「八德」。

當代美國哲學家弗蘭克納把德性加以分類。他說：「許多道德家，其中如叔本華也和我一樣，把仁慈和公正看作是基本德性。我認為，所有通常的德性，如愛、勇敢、節制、誠實、感恩和體諒，至少就其作為道德的美德而言，是可以從這兩種德性中引申出來的。」

弗蘭克納把人的德性分作基本的與派生的兩種頗有啟發。他還主張人的德性有等級之分，第一等級與第二等級。第一等級是基本的如仁慈和公正，包括由此派生的誠實、說真話等。第一等級的德性是適用於道德生活的某一方面，第二等級的德性，則是比較抽象的和一般性的，適用於全部道德生活，如憑良心辦事、勇敢、正直、善良意志等。

弗蘭克納是著名的道德哲學家，他的獨到見解令我們歎服。在當今的中國，我們要倡導的，或者說要求人們具有的道德品質是什麼？要回答這個問題，首先要弄明白我們社會的主體道德原則或規範是什麼？依筆者之見，我們的社會主義的道德原則，或規範體系是為人民服務、集體主義、人道、公正、誠信五個原則。

為人民服務是公民道德的總原則，社會主義道德總括詞。為人民服務是平等互助的道德，是我為你服務，你為我服務，人人是服務者，人人又是被服務者，也可以說是「我為人人，人人為我」。我們彼此相互服務，目的就是要為社會大眾謀取最大的利益與幸福。因此這個原則，又可以稱之為「善行」的原則。

集體主義原則，探討的個人與集體的關係，個人利益與集體利益的關係，簡言之，即公私關係。公私關係要統籌兼顧，以公為先，當公私矛盾不可調和時，私要自覺地服從公。所以集體主義原則，又可稱為「公先」的原則。人道的原則，是人類道德的精華。各種倫理文化一致公認的好道德。人道原則主張人把人看作是人，不是物。尊重人的權利和價值，「仁者愛人」。公正的原則即正義的原則，它是一種普世倫理，不論古人、今人、中國人、外國人共同尊崇的美德，其基本意義是平等。平等待人，就是公正。誠信原則，誠與信是中華民族的優秀的道德傳統，也是人類共同承認的優良道德。其含

義是言行一致，恪守諾言。這樣，我們的社會主義社會的道德原則或規範就是五個：爲人民服務，即善行；集體主義，即公先；人道；公正；誠信。講五個原則，有沒有根據？我們的回答是肯定的，有根據。這個根據首先是社會生活的巨大變革，經濟關係多元化，價值觀多元化，文化觀多元化，道德觀自然也是多元化的。在我們社會中占主導地位的社會主義道德規範體系內的原則或規範也必然是多元化的，所以只講集體主義一個原則是遠遠不夠的，必須講多個原則。而且，人道、公正、誠信是當今中國社會呼聲最高，已爲大眾所共識的道德生活原則，怎麼可以不講呢！

其次，講這五個原則，也有中共中央文件的根據。1986 年《中共中央關於社會主義精神文明建設指導方針的決議》說：「……同時鼓勵人們發揚國家利益、集體利益、個人利益相結合的社會主義集體主義精神。發揚顧全大局，誠實守信、互助友愛和扶貧濟困的精神」。「在社會公共生活中，要大力發揚社會主義人道主義精神……」

這兩段話把誠實守信、人道主義與集體主義並提。可見誠信、人道也是社會主義的道德原則，當屬無疑，1996 年《中共中央關於加強社會主義精神文明建設若干重要問題的決議》中寫到：「爲人民服務是社會主義道德的集中體現。在發展社會主義市場經濟的條件下，更要在全體人民中提倡爲人民服務和集體主義精神，提倡尊重人、關心人、熱愛集體、熱心公益、扶貧幫困。爲人民爲社會多做好事，反對和抵制拜金主義、享樂主義和個人主義」。

不言而喻，這裡又一次把爲人民服務、集體主義、人道主義並列在一起。2002 年 1 月中央發布《公民道德建設實施綱要》其中講到：「爲人民服務作爲公民道德建設的核心是社會主義道德區別和優越於其他社會形態道德的顯著標誌。它不僅是對共產黨員和領導幹部的要求，也是對廣大人群眾的要求。……提倡尊重人、理解人、關心人。發揚社會主義人道精神，爲人民爲社會多做好事，反對拜金主義、享樂主義、極端個人主義……」。

這裡再一次講到，「發揚社會主義人道主義」。在中共十六大報告《全面建設小康社會，開創中國特色社會主義事業新局面》中說，「認眞貫徹公民道德實施綱要，弘揚愛國主義精神，以爲人民服務爲核心，以集體主義爲原則，以誠實守信爲重點，加強社會公德、職業道德和家庭美德教育……」

非常明顯，誠實守信在這裡成爲道德建設的重點，是與集體主義原則具

有同等的價值。胡錦濤在中共十七大會議上的報告《高舉中國特色社會主義偉大旗幟爲奪取全面建設小康社會新勝利而奮鬥》中說：「要通過發展增加社會物質財富，不斷改善人民生活，又要通過發展保障社會公平正義，不斷促進社會和諧。

實現社會公平正義是中國共產黨的一貫主張，是發展中國特色社會主義的重大任務」。

這裡胡總書記把公平正義提得非常高，公平正義作爲社會主義道德的一項重要原則，完全是順理成章的。綜合上述，可見將爲人民服務、集體主義、人道、公正、誠信等作爲我們的道德原則是完全正確的。那麼，根據道德原則或規範，與道德品質一致、相對應的原理，我們要倡導或塑造人的道德品質是什麼呢？我們以爲，與爲人民服務即善行原則相對應的品德是「善良」；與集體主義，即「公先」原則相對應的品德是「貴公」；與人道原則相對應的品德是「仁慈」；與正義原則相對應的品德是「公道」；與誠信原則相對應的品德是「誠實」。

善良、貴公、仁慈、公道、誠實這五種品德，應當是與上述五道德原則相一致的基本品德。由這五種品德還可以引申出其他的品德，諸如，從「善良」中可引申出「良心」、「友善」；從「貴公」中可以引申出「無私」、「勇敢」；從「仁慈」中可以引申出「慈愛」、「同情」；從「公道」中可以引申出「平等」、「適中」；從「誠實」中可以引申出「忠誠」、「信義」，等等。

四、如何培養、塑造人的優良品德

培養人的優良品質，是一件長期的、艱苦的、細緻的工作，也是科學性很強的工作。培養和塑造人的優良品德或品質，不是單純的就道德品質而培養人的道德品質，它涉及其他方面的素質與能力的問題。

首先是心理素質、心理品質問題。對道德原則規範的選擇、與人的認知、信念、意志力相關，儒家道德修養論，講「擇善固執」，就是選擇了善，就要確信不疑，堅持到底，不動搖，不半途而廢。還有情感認同，對道德品質的形成至關重要，儒家倫理非常重視對人的道德情感的陶冶，這對我們有莫大的啓發。子曰：「知之者不如好之者，好之者不如樂之者。」（《論語·雍也》）知道道德不如愛好道德，愛好道德不如以實行道德爲快樂。培養良好道德品德，要有愛憎分明的情感，「如惡惡臭，如好好色」（《大學·誠意》）。如果人

們對道德原則或規範、對道德行爲感興趣，有好感，願意以此爲快樂去做，日久天長就會養成某種好的道德品格。否則從感情上就討厭，那是無法形成優良品德的。

其次是知識、智慧素質。若具備良好的道德素質，需要一定的知識素質，不知道德爲何物的人如何進行道德修養？如何培養良好品格？有了一定的知識素質，還要進一步有智慧，能夠瞭解周圍情況，社會生活，能夠判斷是非曲直，否則要養成良好品格也很難。如愼獨是一種道德境界，也是一種智慧，更是一種能力，有了愼獨這種智慧與能力可以把握自己不受誘惑，堅守道德。

第三，具有道德行爲能力。

有沒有道德行爲能力，對培養優良道德品格幾乎具有決定的意義。

道德行爲能力就是「做」道德事情的能力。也即是「踐履」與「篤行」，簡言之，眞抓、實幹。《古文尚書·說命中》記載了一段殷高宗武丁與大臣付說的對話。付說向武丁進言了一套治國方案，武丁深爲讚賞，並表示照辦。這時大臣付說叩頭再拜說：「非知之艱，行之惟艱」。這就是所謂「知易行難」說的起源。知道道德很容易，實行道德很難，爲什麼難？因爲行動受到干擾與誘惑太多，再加上人性的弱點，貪便宜，好聲色等，都說明培養好的德性絕非易事。但只要秉持好的原則或規範，始終不渝堅持做道德上的事，做好事，良好的德性，完全可以培養起來。這裡要特別指出，不要拒絕小事，從小事做起，從身邊的事做起，不要因爲惡小而爲之，也不要因爲善小而不爲，把道德行爲教育、品質鍛鍊生活化，在飲食起居、灑掃庭除、待人接物、進退應對之中、點點滴滴去做，久而久之就會培養起良好的道德品格。

培養、塑造優良道德品格的重要意義不言自明。提高全民族的思想道德文化素質，關鍵在於培養好的道德品格、道德秉性，使之成爲性格的一部分。

中國要崛起，中華民族要騰飛，我們必須有一流的國民，一流的人才。一般國民也好，傑出人才也好，都要具備科學素質與人文素質，尤其是良好的道德品格素質。

參考文獻

1. 胡錦濤：〈高舉中國特色社會主義偉大旗幟，爲奪取全面建設小康社會新勝利而奮鬥〉〔A〕，《十一屆三中全會以來歷次黨代會中央全會報告公

報　決議　決定》〔C〕，北京：中國方正出版社，2008 年。

2. 〔美〕威廉‧K‧弗蘭克納：《善的求索》〔M〕，瀋陽：遼寧人民出版社，1987 年。

3. 魏英敏：《當代中國倫理與道德》〔M〕，北京：崑崙出版社，2001 年。

4. 〈中共中央關於社會主義精神文明建設指導方針的決議〉〔A〕，《十一屆三中全會以來歷次黨代會中央全會報告公報　決議　決定》〔C〕，北京：中國方正出版社，2008 年。

5. 〈中共中央關於加強社會主義精神建設若干重要問題的決議〉〔A〕，《十一屆三中全會以來歷次黨代會中央全會報告公報　決議　決定》〔C〕，北京：中國方正出版社，2008 年。

6. 〈公民道德建設實施綱要〉（學習讀本）〔M〕，北京：人民出版社，2001 年。

7. 江澤民：〈全面建設小康社會，開創中國特色社會主義事業新局面〉〔A〕，《十一屆三中全會以來歷次黨代會中央全會報告公報 決議 決定》〔C〕，北京：中國方正出版社，2008 年。

堅持發揚雷鋒
公而忘私的共產主義風格

十九年前，一個響亮的名字——雷鋒，在中國的土地上廣泛傳頌著，可以說，家喻戶曉，婦孺皆知。

雷鋒作爲一名傑出的解放軍戰士，作爲一名卓越的共產主義者，他是我們時代精神的體現者，他是工人階級道德的光輝典範。他的模範事跡、先進思想、優秀的品德和高尚的情操，曾經激勵著、鼓舞著億萬青少年和全國人民奮發向上，積極進取，對社會主義建設事業，起了巨大的推動作用。

爲了更好地學習和發揚雷鋒精神，把它變成全國人民的寶貴精神財富，當時毛澤東同志題詞：「向雷鋒同志學習」。周恩來同志把雷鋒精神概括爲四句話，即「憎愛分明的階級立場，言行一致的革命精神，公而忘私的共產主義風格，奮不顧身的無產階級鬥志」。

這裡，我僅就繼承和發揚雷鋒同志公而忘私的共產主義風格，發表一點看法。

近年來，有人說，大公無私是沒有的，講公而忘私的共產主義風格就是假、大、空。這種看法是錯誤的。我們過去講公而忘私和大公無私。今天也要講，今後還要講。這是因爲：

首先，發揚公而忘私的共產主義風格和大公無私的精神，是和歷史發展趨勢相符合的。

大家都知道，人類社會歷史發展的客觀規律是否定之否定的過程。從原始的無階級社會，到階級社會，再到新的更高級的無階級社會、即共產主

社會，這是曲折前進的、螺旋式的上升過程。從社會的經濟制度來說，是從公有制到私有制再到更高一級的公有制。與此相適應，人的思想意識，人們的道德觀念，也是從公到私、再到更高一級的公。

在原始社會中，由於生產力極端低下，人們共同勞動，平均分配，生產資料與勞動產品爲公共所有。除了一些簡單的勞動工具，武器和裝飾品之外，沒有任何私人財產，沒有人對人的剝削。氏族酋長，由氏族成員選舉產生，他們是群眾的公僕，無任何特權。原始人的生產勞動和社會生活，均以氏族爲單位進行的，個人離開氏族其他成員是不能存在的，既不能抵抗大自然的壓力，也無力防禦其他氏族的襲擊。因此，個人生命，安全和利益與氏族的整體的生存、安全和利益不可分割地聯繫在一起。基於這樣的生產關係和社會關係，就產生了人類最初的道德觀念和行爲準則。這就是維護氏族的共同利益，個人服從集體。這也就是最原始的樸素的公有觀念。正如俄國無政府主義者、倫理學家克魯泡特金所說：「然而在這種生活狀態中原始人不得不有了他們自己的『我』與社會的『我們』一視同仁之習慣了。他這樣地便建立了道德的最初的根基。他漸漸習慣於把自己視作他的種族的一部分，而且絕不是主要的一部分，因爲他明白，如果他的各個同胞，不再是部族的一部分，則他和那個嚴屬的駭人的自然面對面的時候，他會是何等的無力了，靠此等想法，就養成了拿他人意志限制自己意志之習慣，這就是一切道德之最初源泉」。（《倫理學的起源和發展》，第 97 頁）恩格斯在《家庭、私有制和國家的起源》一書中更加清楚、明白地指出：「部落始終是人們的界限，無論是對別一部落的人來說、或者對他們自己來說都是如此：部落，氏族，及其制度，都是神聖不可侵犯的，都是自然賦予的最高權利，個人在感情、思想和行動上始終是無條件服從的」。（《馬克思恩格斯選集》第四卷，第94頁）

由於社會分工和生產力的發展，而出現了私有制的時候，即當社會從無階級進人階級社會之後，這種樸素的原始的公有觀念遭到了破壞，代之而起的則是私有觀念。

在財產私有的社會裏，人與人之間發生了利害衝突。各個不同的階級集團之間，爲了各自的利益展開了激烈的鬥爭。於是就很自然地產生了私字當頭、我字第一、個人利益高於一切的思想和行爲。剝削階級中一些有遠見卓識的思想家，爲了維護一小撮統治集團的根本利益，尋求解決人們相互間利

害衝突以及個人利益與統治階級整體利益矛盾的原則和方法，於是提出了許多冠冕堂皇的道德原則和行為規範。諸如奴隸社會和封建社會的「中庸」之道，「忠恕」之道，還有資本主義社會倡導的什麼自由、平等、博愛，什麼人道主義、「合理利己主義」、功利主義等等。他們甚至也稱讚公而無私的精神，把為公共利益而獻身的人看作道德品質高尚的人。當然他們所說的「公」，和我們所說的公不完全一樣，從根本上說是不同的。他們所謂的「公」，是統治階級的共同利益。這種共同利益的實質，仍然是個人利益，是放大了的個人私利。而且，人剝削人的社會，那種私有制的經濟關係決定了他們所說的上面那些好聽的道德原則、行為規範是根本行不通的。實際上人們奉行的社會上占統治階級地位的思想和行為準則是個人主義和利己主義。「各人自掃門前雪，休管他人瓦上霜」，或者叫作「天上下雨地下滑，自己跌倒自己爬」，也就是「人不為己，天誅地滅」。

在資本主義自由競爭的條件下，人與人之間的關係，除了冷酷無情的現金交易之外，沒有別的東西。所以個人主義與利己主義就變本加利地發展起來，這就是極端的自私自利主義。在這個社會裏，資產階級和一切剝削者們奉行著「人人為自己，上帝為大家」的生活信條。一切為了金錢、名利和地位。無利不起早，起早必圖利，小利小幹，大利大幹，沒利就不幹。這種思想和行為原則，也嚴重腐蝕了部分工人群眾和其他勞動者。

到此為止，私有制和以私有制為基礎的思想意識和道德原則，發展到了歷史的終點，於是按照辯證法的規律，它就必須要走向自己的反面。

馬克思用科學的理論證明資本主義必然滅亡，社會主義和共產主義一定要勝利，社會主義和共產主義的公有制，必然要代替資本主義的私有制。與此相適應，同私有制相聯繫的私有觀念和道德原則，必將滅亡。新的與公有制相聯繫的公有觀念和它的道德原則，必然取而代之。當然這是一個漫長複雜的歷史過程，不是三天兩早晨能夠完成的。恰如列寧所說：「我們將雙手不停的工作幾年以至幾十年，消滅『人人為自己，上帝為大家』這個可詛咒的常規，我們要努力把『人人為我，我為人人』的原則灌輸到群眾思想中去，變成他們的習慣，變成他們的生活常規。」（《列寧全集》第31卷，第1例頁）列寧在這裡所說的「人人為我，我為人人」，就是我們通常所說的在社會主義社會中通行的共產主義道德的基本原則，即集體主義。這個道德原則，用毛澤東的話說，就是「全心全意地為人民服務，一刻也不能脫離群眾，一切從

人民群眾的利益出發，而不是從個人和小集團的利益出發。」（《毛澤東選集》合訂本，第 995～996 頁）也就是以集體利益為基礎，實行個人利益與集體利益相結合的原則。在個人利益與集體利益發生矛盾的時候，個人利益要無條件地服從集體利益。簡單地說，就是公而忘私和大公無私。當然這個觀念和原則，將來進入到共產主義還會有新的發展。由此可見，發揚公而忘私的風格，提倡大公無私的精神，符合歷史發展的趨勢，同倫理道德的化私為公的發展方向相一致。

其次，發揚公而忘私的共產主義風格，同社會主義現實相一致。生產資料公有制是社會主義的經濟基礎，與這種經濟基礎相適應的思想意識和道德原則，無疑的就應當是公有的觀念和原則，即公而忘私和大公無私。就要用集體主義原則正確處理個人利益、集體利益和國家利益之間的關係。這是因為社會存在決定社會意識，社會意識是社會存在的反映，或者說，經濟基礎決定上層建築，上層建築為經濟基礎服務。

三中全會以來，黨中央為了糾正過去經濟工作中「左」的傾向，在農村實行各種形式的生產責任制，包括包產到戶等。在城市允許個體工商戶存在，並且有一定程度的發展，這是正確的，在活躍市場、發展經濟、解決青年就業問題都起了積極作用。但同時也帶來了一些新的問題，如集體主義思想削弱了，個人主義思想滋長了，甚至發生了損害集體利益的行為。這些問題，是前進中的問題，只要堅持正確的政治方向，加強思想工作，是不難解決的。有的人，對經濟改革不理解，甚至因此錯誤地認為要「倒退」回去。所以就說大公無私不靈了，要講個人主義，「合理為己」，這是錯誤的。須知，我們在城市、農村改革經濟體制，實行一些新的政策，都是在堅持集體經濟、計劃經濟的前提下進行的。它們是作為集體經濟的補充形式存在的。既然我們的經濟制度要堅持社會主義公有制，所以我們在意識形態領域中也必須堅持發揚公而忘私的風格和大公無私的精神。

發揚公而忘私的共產主義風格和大公無私精神，同社會主義的分配原則也是一致的。有人說，實行按勞分配，就要斤斤計較，不能再講共產主義風格。要發揚共產主義風格勢必就要否定按勞分配的政策。這種把發揚共產主義風格與現行的經濟政策對立起來的說法和做法也是錯誤的。

實際上，社會主義的分配原則的正確表述，應當是「各盡所能、按勞分配」，各盡所能是前提，按勞分配是結果。不各盡所能、哪裏來按勞分配呢？

反之，正確貫徹按勞分配，也會促進人們各盡所能、各盡所能其中就包括勞動態度和發揚共產主義的風格。社會主義分配原則，要求勞動者要有起碼的誠實的勞動態度，進而要求勞動者無私的把自己的力量、智慧和技術貢獻給社會，也就是要求勞動者以不計報酬、不講條件的態度去對待勞動。同時要求生產的管理者，要根據勞動者勞動的數量和質量給予應得的報酬。這本來是一件事情的兩個方面。兩者是對立的統一，是相輔相成的。

實踐證明，貫徹社會主義分配政策，只講精神鼓勵，不講物質利益原則，會造成平均主義，破壞生產力的發展。實踐同樣證明，只講物質鼓勵，不講政治思想教育，不發揚共產主義的勞動態度，同樣是錯誤的。它的最嚴重的後果，就是助長人們斤斤計較，甚至兩兩計較，就會產生按酬付勞動的雇傭觀點。同樣會破壞生產力的發展。不可否認在社會主義時期，尚不能要求人們普遍實行共產主義勞動態度。但是共產主義勞動態度，共產主義風格，作爲一種新生事物。我們應當支持它，提倡它，宣傳它。因爲社會主義終究要進人共產主義。

綜合上述，可見，發揚公而忘私的共產主義風格，提倡大公無私的精神，與社會主義的制度和現行的經濟政策是不矛盾、是一致的。

最後，發揚公而忘私的共產主義風格同我國世世代代的勞動人民所追求的社會理想和道德理想是相一致的。

《禮運》「大同篇」中提出了「天下爲公」的思想。反映了我國古代勞動人民對剝削者的統治和壓迫的不滿，從而嚮往一個沒有私有財產、沒有剝削、沒有壓迫，人人勞動、人人平等，大家都能過幸福生活的「大同」世界。這個「大同」世界顯然是一種古代的空想社會主義。但其中不乏其合理因素，這種社會理想，對後世影響極大。以洪秀全爲首的太平天國農民革命運動，十九世紀末中國資產階級啓蒙思想家康有爲，以及偉大的革命民主主義者孫中山先生，都曾經把這種理想看成是人類所追求的最終目標，他們並且企圖實現這一目標。但是由於階級的和歷史條件的局限，他們的理想是不可能實現的。只有用馬列主義武裝起來的中國共產黨，才有能力把我國勞動人民世世代代追求的理想社會的藍圖，加以革命的改造，去掉其空想的成分，吸取其精華並付諸實現了。這就是我們今天的社會主義社會，和未來的共產主義社會。只有在這個社會裏，才有條件實現「天下爲公」。

我國古代勞動人民，對公而忘私的人，是讚歎不已的。並且把這種人的

精神境界和思想品質，當作道德上的理想人格來學習和傚仿。大禹治水、因公忘私、三過家門而不入，成爲千古流傳的佳話，其道理就在於此。

馬克思主義倫理學認爲，共產主義的道德就是要繼承我國勞動人民的優秀道德遺產，包括社會理想和道德理想在內。

現實生活中，人們的精神境界和思想品德是很不相同的。大致可以有四種境界，即自私自利境界，公私兼顧的境界，先公後私的境界，大公無私的境界。

生活在自私自利境界的人，品德低下。生活在公私兼顧的境界，爲私爲公兩者都有，經常左右搖擺。生活在先公後私的境界中的人，品德較好，一般能正確處理個人、集體、國家三者之間的關係。生活在大公無私的境界，這種人品德高尚，是我們應當追求和嚮往的境界和人格。

綜合上述可見，發揚公而忘私的共產主義風格，是完全正確的。只要發揚這種思想和風格，我們的社會風氣就會大變，人們的道德水平就會不斷提高。

馮定論修養給我們的啓迪

今天我們紀念馮定誕辰 90 週年，學習、討論他的倫理觀，特別是關於品德、思想修養方面的思想，是很有意義的。

馮定在《平凡的眞理》一書最後一章裏，著重闡述了修養問題。

他一針見血地指出：「修養首先就是克服個人主義」，「個人主義和集體主義正好完全對立」。又說：「個人主義只從個人的利益出發，正是反映了剝削階級的利益和意願」，而集體主義則是從無產階級和廣大勞動人民的利益出發，「歸根到底，也就是從眞正整個人類最遠大的利益出發」，眞是一語道破了個人主義與集體主義兩種對立的價值觀的實質。馮定還從人是社會動物和生產的社會性兩個方面論證了「集體主義是人類應該有和必定有的東西」，這是頗爲深刻的見解。馮定特別指出，個人主義同私有制直接相聯繫，淵遠流長，對社會影響普遍而又深刻，這就是說，反對個人主義不是一朝一夕的，而是曠日持久的。馮定還把自由主義、平均主義、個人英雄主義、本位主義、民族主義、官僚主義、命令主義同個人主義聯繫起來，指出它們都是個人主義的表現，這是完全正確的。馮定這些論述，對我們有啓發，他抓住了修養的核心問題，今天對我們自覺抵制個人主義、拜金主義依然有現實意義。

馮定論修養，對我們的啓迪之二，是他所指出的修養的關鍵問題是立場問題。他說：「……而立場正確與否，對於個人的修養正是關鍵問題。」立場問題，就是立足點問題，換句話說，立場，就是觀察、處理問題最基本的觀點與方法。立場、觀點與方法三者是統一的。三者比較起來，立場更爲關鍵。一般地說，立場不正確，觀點與方法很難說是正確的。一談到立場問題，現

在有許多人不贊成，覺得有立場，就有局限，因此，不應當要立場。這種看法，顯然是不妥當的。

馮定論修養，對我們的啓迪之三，是他所講修養的方法問題。他強調人們進行修養，要結合實際，把動機與效果、思想與行動結合起來。的確如此，如果一個人的修養只限於動機，或思想，而不注意效果與行爲這與舊倫理學中「閉門思過」的修養，毫無區別。馬克思主義倫理觀中所謂的修養，是在社會實踐中的修養，是與自己的本職工作相結合的修養。因此這種修養，不僅具有理想性的品格，而且具有現實性的特徵。

馮定同志還強調反省、自我批評與群眾的批評相結合的修養方法。眾所周知，批評與自我批評是我們黨的優良的黨風。毛澤東在《論聯合政府》一文中說：「有無認眞的自我批評，也是我們和其它政黨互相區別的顯著的標誌之一」。又說：「實行『知無不言，言無不盡』，『言者無罪，聞者足戒』，『有則改之，無則加勉』，這些中國人民有益的格言，正是抵抗各種政治威脅侵蝕我們同志的思想和我們黨的肌體的唯一有效的方法」。馮定觀點與毛澤東的見解是一致的，都是從世界觀的高度闡釋思想、道德修養問題。對照這些論述，再看今日我們的一些黨員和幹部，我們的一些群眾，對待批評與自我批評的忽視和不正確的態度，可見強調和重視批評與自我批評顯得何等的重要。現在我們在精神生活中，缺少的是什麼呢？我認爲，缺少的正是這種坦誠的批評與自我批評。

以上是我對我們的前輩，中國倫理學會前名譽會長、著名哲學家馮定同志的緬懷和紀念。

四編：中西倫理思想及比較

中西倫理學理論形態、
道德範疇之比較研究

　　倫理學是道德哲學，是關於道德現象的哲學考察。正如蘇聯哲學博士基塔連柯所說：「倫理學是從一定的哲學——歷史的觀點來理解道德，從世界觀上給以解釋。這是一門哲學科學。」（《馬克思主義倫理學》，中國人民大學出版社，1984 年版，第 12 頁）美國當代著名的元倫理學家威廉・克拉斯・弗蘭納也持同樣的觀點，他說：「倫理是哲學的一個分支，它就是道德哲學，或有關道德、道德問題和道德判斷的哲學思考。」（弗蘭克納著《倫理學》，第 6 頁）

　　既然倫理學是哲學的一個分支學科，是道德哲學，因此，研究哲學的方法，也適用於研究倫理學。其中一個重要的方法，叫做比較方法。

　　本文所講的比較倫理學中的問題，只限於倫理學的理論類型及規範倫理學中的道德原則與規範的問題，主要涉及三個問題。

一、元倫理學與規範倫理學的比較

　　當前世界上，許多倫理學家，都認為倫理的類型基本是兩種，即元倫理學和規範倫理學。

（一）元倫理學及其理論形式

　　元倫理學，又稱分析倫理學。這是當代歐美頗為流行的一種倫理學。元倫理學是與規範倫理學相對立的一種倫理學，是分析哲學在道德問題上的應用。

元倫理學不研究人行為的價值，也不討論人行為的標準。總之，是非、善惡、功過均不在討論之列。

元倫理學討論的問題主要是兩個方面。一方面是倫理學基本概念，或價值詞的意義和用法，如善、惡、「正當」、「應該」，給它一個精確的定義，以及由這些價值詞構成的倫理判斷的性質、意義和作用問題。另外一方面，則是討論倫理或價值判斷的根據是什麼？道德與價值推理的邏輯是什麼？例如，「圖財害命是惡的行為」、「贍養扶助年邁父母是兒女的責任」。在這兩個倫理判斷中，元倫理學家認為，倫理學的任務不是判斷「圖財害命」是不是惡的行為，贍養扶助年邁的父母是不是兒女的責任，而是要討論「惡」的意義是什麼？「責任」的意義是什麼？最多還可以討論，這樣的倫理判斷在邏輯上是否能成立。

元倫理學家往往把行為的倫理理由與邏輯的理由分開。他們認為兩者在一個行為上不能相提並論。因為行為的倫理理由是使行為成為道德的理由，有了倫理的理由，行為不致於受到別人的譴責和批評。邏輯的理由，是使行為實現的理由，有了邏輯的理由，行為便不得不成立。在元倫理學家看來，人們所作的倫理判斷是不可靠的。因為當人們作出一個倫理判斷時，他已經受了語句形式的欺騙，例如，「圖財害命是惡的」與自然事實判斷，如「水是透明的」，看起來完全相同，其實不然。因為「水是透明的」這個自然事實的語句裏，它的真實性，無可懷疑。然而「圖財害命是惡的」，這個倫理判斷我們不能直截了當的看到它的真實性，我們必須進行分析、探討、推理，然而，結果如何？仍然難以斷定。這就是說，元倫理學，不研討規範問題，只討論倫理概念、判斷，作語言的、邏輯的分析。

元倫理學有三種理論形式，一種是定義主義的理論，主要是自然主義的定義主義，即從生物學、心理學或社會學的知識上，給倫理概念下定義或給倫理判斷找依據，R‧B‧培里是代表人物。他們認為「應該」可以用「是」來下定義，「價值」可以用事實來說明。此外，還有的主張用神學的事實，或形而上學的事實，說明倫理判斷，這就是所謂神學的定義主義，形而上學的定義主義。

另外一種理論則是直覺主義的理論。其代表人物是英國新實在主義的創始人 G‧E‧摩爾（G. E. Moore 1873～1958）。這種理論與定義主義針鋒相對，他們認為，倫理原則、價值判斷是直覺的、自明的，根本不需要證明。

無論是經驗的、心理的或神學的證明皆無必要。他們說，定義主義犯了「自然主義的謬誤」，因爲定義主義者把倫理判斷與事實判斷等同起來。直覺主義者認爲，基本的倫理概念或價值詞不可分析、不能下定義。在摩爾看來，善是不能下定義的，因爲下定義就是分析，就是把一個復合的客體或事物分成單純的部分。然而「善」是一個單純的概念，沒有部分，不是復合的，因此是不能下定義的。他說：「『善的』是一單純的概念，正像『黃的』是一個單純的概念一樣；正像決不能向一個事先不知道他的人，闡明什麼是黃的一樣，你不能向他闡明什麼是善的。」（《倫理學原理》，商務印書館，1983 年版，第 13 頁）他又說：「如果我們被問到『什麼是善的』？我的回答是善的就是善的，並就此了事。或者，如果我被問到『怎樣給善的下定義』？我的回答是不能給它下定義。並且這就是我所必須說的一切。」（同上書，第 12 頁）

此外，西季威克認爲，「應該」不能下定義，羅斯認爲「善」與「應該」都不能下定義。他們上述這些基本的倫理概念的性質是非自然的、非經驗的，是規範的，但不是事實。

第三種形式元倫理學理論是非認識主義或非敘述主義的理論。這種理論包括無神論實證主義、存在主義、宗教存在主義等。他們認爲，倫理判斷沒有合理的或有效的根據。倫理判斷不過是表示某種情感、某種願望，或者是任意的許諾和決定。例如，新實證主義者 A・J・艾耶爾說：「倫理的詞不僅表達用作情感，這些詞也可以用來喚起情感，並由於喚起情感而激起行動。」（《語言、眞理與邏輯》，第 123 頁）牛津派的哲學家們，把倫理判斷看成是評價、推薦、規定等等。

上述三種理論形式的元倫理學，在西方世界曾被稱爲科學倫理學，名噪一時。

自從英國哲學家、新實在主義創始人 G・E・摩爾於 1903 年發表《倫理學原理》，創立直覺主義倫理學體系以來，到本世紀 60 年代末，一直佔據統治地位。70 年代開始，西方的一些思想家主張「回到規範倫理學上去」，這標明元倫理學已走向沒落，於是出現許多新的規範倫理學理論，如現代功利主義、正義論等等。

元倫理學之所以從興旺到衰落，原因之一，就是無論是直覺主義者、還是新實證主義者，他們都把價值與事實、道德與科學對立起來，把倫理學的

研究，局限於道德概念的語言和道德判斷的邏輯分析上，排斥道德的實際內容和客觀標準，從而倫理學陷入形式主義和相對主義。

元倫理學家們認為，倫理學的首要任務，是使道德語言、道德判斷規範化、精確化，從而使倫理學體系更加嚴密。就此而言，元倫理學的理論，對整個倫理學的發展，還是有一定積極意義的。但是，他們卻把倫理學歸結為只研究道德語言的涵意、道德判斷的邏輯，闡明道德概念彼此聯繫的規則，以及它們在道德判斷上被使用的意義，一句話，他們把道德認識論和邏輯問題提到首位，抹煞了道德調節、規範教育的職能，使倫理學脫離了人的行為、脫離社會實際生活，變成語言、邏輯的推演，從而陷入形式主義的泥坑裏。

元倫理學家們，推崇直覺、個人心理體驗等非理性的心理活動，否認理性認識道德的能力，否定道德的評價的客觀標準，從而使倫理學帶有濃厚的非理性主義的色彩。

（二）規範倫理學及其理論形式

與元倫理學不同，規範倫理學是中國與西方，自古有之的一種傳統的倫理學。規範倫理學教導人們懂得做人的規矩和道理。規範倫理學，不僅讓人們知道什麼是道德，更重要的是培養人們成為一個有道德的人。研究人們必須遵循的道德原則與規範是規範倫理學的基本宗旨。

在中國，自堯、舜、禹、湯、文武、周公由孔子集成一脈相傳的儒家道德哲學，就是典型的規範倫理學。

在西方，自亞里斯多德以來，經過中世紀的基督教倫理學，到近、現代資產階級道德哲學，都屬於規範倫理學。總之，凡主張有道德標準和原則的倫理學，都是規範倫理學。

規範倫理學有不同的理論形式，西方學者多數人認為，有兩種類型。這就是規範義務論和規範價值論。

所謂規範義務論，簡言之，就是義務論倫理學，把義務判斷或原則看作是基本的東西。規範義務論研究的最終目的是指導人們在特殊情況下作出關於行動的決定和判斷。義務論包括三種具體的形式。倫理利己主義是其中的一種。倫理利己主義認為，一個人總應該做給自己帶來最大好處的事，即一個人永遠應當為自己的利益而奮鬥。第二種形式是功利主義，功利主義則主張一個人的行為應給相關者或大多數人帶來最大的利益，即一個行為或行為

準則普遍增進或可能增進福超過禍的最大盈餘。

倫理利己主義和功利主義這兩種形式統稱為目的論。目的論認為，判斷行為是非、善惡的基本的、或終極的標準，乃是行為所實現的非道德價值。這裡所謂非道德價值可能是利益。幸福、快樂、權利、知識、造詣、自我實現等等。

規範義務論的第三種具體形式，是道義學的義務論。道義學的義務論，與目的論的義務論不同。它否定，正確的必須履行的義務和道德上的善，直接、間接全部都是非道德善的涵數，即是說，判定行為或行為依據的規則正確與否，是行為本身或規則本身的特性，而不是它所實現的價值。道義學的義務論還可以細分為二種，一種叫做行為義務論，所謂行為義務論，他們否定任何準則的作用，主張在每一種特殊情況下，憑自己的「直覺」確定什麼是正確的、什麼是應該採取的行動。另外一種叫做規則義務論。所謂規則義務論，就是認為判斷行為是非、善惡有規則，這個規則或準則，可以是一個，也可以是幾個。

規範義務論倫理學，討論「應該」如何？如「我們應該行善」，「我們應該做有益於人民的事」。

規範倫理學的第二種形式，就是規範價值論，即德性倫理學。它把道德品質判斷當作基本的東西。德性倫理學認為，它的基本教誨所給我們的指導，不僅僅是關於是什麼的問題，而且是關於做什麼的問題。

德性倫理學也有三種具體的形式，這就是品質利己主義、品質功利主義和品質義務論。它們共同需要回答的問題是，什麼樣的性情或品質算是德性呢？

品質利己主義回答說，德性乃是最有利於導致一個人自身的利益或福利的品質，具體說，明智是關心自己利益的主要的或基本的品德，其它德性都是由此引申出來的。

品質功利主義則認為德行就是指最能夠增進普遍利益的品質，具體說，仁慈就是基本的或主要的德性。以上品質利己主義、品質功利主義兩者統稱品質目的論。此外還有品質義務論。品質義務論認為，某些品質本身就是道德上的善或美德，並不是因為它們具有非道德價值，或產生非道德價值。具體說，除了明智、仁慈外，還有其它的主要的或基本的德性，如誠實、公正等等。總之，規範價值論，即德性倫理學討論應該具備的秉性、習慣、品質

或品格。

以上講的規範倫理學的兩種基本的理論形式，是西方哲學家、倫理學家的見解。

在前蘇聯，在中國，對規範倫理學，據我所知，沒有作過這樣的劃分。

馬克思主義倫理學是什麼類型的倫理學？它不是元倫理學，是一種嶄新的規範倫理學，但它又和歷史上的規範倫理學，西方學者所說的規範倫理學不同，它是以馬克思主義世界觀爲基礎的科學的規範倫理學。

馬克思主義規範倫理學體系結構，包括三部分。

第一個部分，是對道德生活的現實進行描述和分析。道德行爲選擇的境遇，社會輿論對道德行爲的評價、道德衝突及解決的對策等，都是道德生活的現實，都是倫理學描述、分析的對象，通過描述與分析爲人們指明道德行爲的正確方向。

第二個部分，是倫理學的哲學世界觀和基本理論，在這部分裏要揭示道德現象的結構與功能、道德的本質、道德發生、發展的規律。唯物辯證法是基本的方法論。

第三個部分，則是倫理學的規範體系。

規範體系，包括道德原則、規範，及其在社會生活及個人心理方面的體現。通過道德原則、道德規範的闡述，指導人們樹立良好的品質和行爲，確定科學的人生觀，選擇正確的人生之路，以充分實現人的價值。

如果用西方哲學家、倫理學家關於規範倫理學的論斷來看馬克思主義倫理學，我們可以說，它既是義務論倫理學，又是價值論的倫理學。

我們把元倫理學與規範倫理學相對比，可以看到其共同點，都是道德哲學，都研究道德問題。所不同的是，元倫理學只研究道德概念的含義，對道德概念、道德判斷進行語言的邏輯分析，而不涉及人們道德行爲、道德品質的實際內容。它們對人們的行爲和人際關係的調整，不起指導性作用，因爲它們不討論規範問題。而規範倫理學，主要任務是研究人的行爲的規範問題，並指示道德現象的本質和功能及其在社會生活中的作用。當然這並不是說，規範倫理學與元倫理學毫不相干。對元倫理學家研究的問題不屑一顧。事實上，規範倫理學也要研究道德概念的意義，也要研究倫理判斷的邏輯問題，但這些研究都不能脫離道德生活的實際內容，並且是爲解決道德規範問題，爲人們的道德選擇、道德評價服務的。元倫理學，排除對道德規範的研

究，把道德語言、判斷邏輯結構當作唯一的研究對象，從一個方面說，雖然它拓寬了倫理學研究的領域，豐富人們的知識，然而從另一個方面說，它同時也使倫理學脫離了生活實踐，變成純粹抽象的、空洞的形式主義，因此，喪失了生命力。規範倫理學與社會生活緊密相關，與人們的行為品質不可分離，所以它才是真正的實踐的哲學，它具有強大的生命力。元倫理學對倫理概念判斷的語言邏輯方面的研究，對規範倫理學是一個補充，補充主要使道德語言精確，道德判斷嚴密。兩者有互補作用，雖各有千秋，但規範倫理學似乎更優越一些。

二、古代、近代，中國與西方的道德原則、規範的比較

規範倫理學要研究道德意識、道德關係和道德行為。其中道德原則和規範，是道德意識的集中體現，屬於道德意識的高層次。道德原則與規範又是對道德關係的概括和總結，對人們的行為和品質的形成，對人際關係的調整，起著指導和價值定向作用。

（一）道德原則、規範的關係以及確定道德原則的根據

道德原則、道德規範是科學的道德意識形式，是構成任何一種科學的倫理學體系不可缺少的要素。

道德原則是道德規範體系的核心。它是一定社會或階級對人們行為提出的最基本的要求，是人們立身處世的基本準則，也是判斷行為是非、善惡的尺度。

道德規範，則是比較具體的道德原則，也可以說，它在一定條件下，一定範圍內，人們立身處世的原則和評價行為是非、善惡的標準。

道德原則與道德規範，一般地說沒有本質的區別，兩者是一致的。說有區別，主要是適用範圍不同。道德原則是總規範，道德規範是較為具體的道德原則。道德規範是從道德原則中派生出來的，並受其指導，而道德原則又要通過道德規範體現它的作用。

道德原則具有概括性、相對穩定性和一貫性，只要經濟關係以及為經濟關係決定的人的社會關係不發生根本變化，道德原則就是不變的，當然不是永遠不變。道德規範是道德原則的具體化，它不僅受經濟關係、社會關係，還受其它各種因素的影響，因此，相對於道德原則來說，它具有較大的變動性、相對性和局限性。

確定道德原則的客觀依據，第一，必須反映當時社會經濟關係和階級關係的根本要求。第二，它必須在處理多方面、多層次的人際關係中起指導性作用。第三，它必須在道德規範體系中處於主導地位，貫穿其它規範之中，成爲各種規範的核心。第四，它必須表明與其它道德體系的相區別的本質特徵。同時又能表明與以往道德體系或其它道德體系的一定的關係。

（二）從古代到近代中國和西方道德原則、規範演化的軌跡

中國從西周到民國時代，大致經歷了奴隸社會、封建社會、半封建半殖民地社會。在這幾種社會形態裏，倫理道德原則、規範發生了很大變化。

早在西周時代，倫理、道德概念、規範含義就已經相當明確，據《詩經·大雅·卷阿》記載，其中就把「有孝有德」作爲君子必備的品格提出來了。並要四方之人皆來效法。可見，當時人們的道德觀念，已經超越自發階段，成爲統治階級有意識、有目的推行的行爲規範和準則。其中主要的有：「孝」、「德」、「禮」等。

「孝」的意義是奉養、尊敬、服從。如《尚書·酒誥》篇載：「肇牽車牛，遠服賈，用孝養厥父母。」這話是說，做完了農活，套上牛車，拉上自家的東西，爲了奉養父母到遠地去經商。「孝」的對象一是在世的父母，一是故去的先人。孝的社會作用是維繫宗法制度。「德」的意義，「德者，得也。」德與得相通，即佔有、獲得之意，作爲道德意義的「德」，它在西周有兩方面的含義，一則對民（群眾）實行恩惠，二則對自己要加強品性修養，這就是後來說文解字上所說的「外得於人，內得於己。」使自己與他人關係和諧、社會秩序井然，它的社會作用無疑是維護周天子的統治。

「禮」源出於祭祀。西周所說的禮是一套政治制度。這就是《左傳·隱公十一年》所說：「禮，經國家，定社稷、序民人、利後嗣也。」作爲道德規範的禮，則是辨別善惡的準則，識別尊卑的尺度。《左傳·昭公二十六年》載：「君令臣共，父慈子孝、兄愛弟敬、夫和妻柔、姑慈婦聽，禮也。」它的社會作用，不言而喻是維護等級名分的。

春秋戰國時代是奴隸制向封建過渡的時期，諸子百家，主要是儒、墨、道、法都提出了他們自己的道德原則與規範。這裡我們著重講孔孟的。孔子，提出「仁」、「孝悌」、「忠恕」等道德規範。

「仁」的意義，極爲廣泛，基本的意義，是內心的一種道德情感，是愛人的意識。首先是孝親，然後擴展至社會上一般的人。仁義是一種最高的道

德境界，是一切美德的總和。《論語》中講到「仁」有 58 章，「仁」字出現 109 處。最基本的意義：「克己復禮爲仁」（《論語·顏淵》）還有愛人，如「樊遲問仁，子曰：『愛人』」（《論語·顏淵》）。其次是「孝悌」。孔子認爲行仁的基礎是「孝悌」。把內心的仁，落實到行動上，對父母要孝，對兄弟要悌。這就是「……君子務本，本立而道生，孝悌也者，其爲仁之本與！」（《論語·學而》）

還有就是「忠恕」。「忠恕」是處理人與人關係的行爲準則，是「仁」的總規範的擴展。曾子說：「夫子之道，忠恕而已矣。」（《論語·里仁》）所謂「忠」，盡其在我，所謂「恕」，便是推己及人。「忠恕」有高、低兩方面的意義。低方面的意義，「其恕乎！己所不欲，勿施於人」（《論語》衛靈公）。高層次意義則是「夫仁者，己欲立，而立人，己欲達而達人。能近取譬可謂仁之方也已」（《論語》雍也）。

此外還有忠、禮、勇等等。

戰國時代的孟子，繼承孔子學說，他提出三套道德規範，這就是仁、義、禮、智；孝、悌、忠、信。父子有親，君臣有義，夫婦有別，長幼有序。

孟子說：「惻隱之心，人皆有之；羞惡之心，人皆有之；慕敬之心，人皆有之；是非之心，人皆有之。惻隱之心，仁也；羞惡之心，義也；慕敬之心，禮也；是非之心，智也。仁義禮智，非由外鑠我也，我固有之也，弗思耳已矣。」（《孟子》告子上）這裡講的仁就是愛人，最重要的是要愛自己的親人，「義」就是適宜、得當。「禮」則是調節人與人關係的禮節制度和準則，確定尊卑上下的等級關係。「智」則是對仁、義、禮的認識。孟子自己對仁、義、禮、智，有解釋和說明。他說：「親親仁也；敬兄義也。」（《孟子》盡心上）又說：「仁之實，事親是也；義之實，從兄是也；智之實，知斯兩者弗去是也；禮之實，節文斯兩者是也。」（《孟子》離婁上）這就是說，仁的主要內容是孝親，義的主要內容是敬兄，智是對仁、義的瞭解和認識，禮是對仁、義既能合宜地調節，又能適當地加以修飾。孟子在這裡，對仁義禮智的解釋與說明，同維護、鞏固封建的家長制、等級制聯繫起來。

漢代董仲舒，繼孔孟之後，提出「三綱」、「五常」說。這就是所謂「君爲臣綱，父爲子綱，夫爲妻綱」，仁、義、禮、智、信。「三綱」、「五常」的出現標誌著封建倫理道德原則、規範的系統化、理論化，成爲封建道德的核心。這裡講的三綱，指社會倫理，五常則是個人的道德。綱有服從之意，也

有表率的意義。三綱本質是維護封建等級制度的。三綱既是政治原則，又是倫理原則，強調的是等級服從。這裡同時把個人道德的五常，完全置於三綱之下，從個人的心理、行為上，把君臣、父子、夫婦的尊卑從屬關係鞏固起來，並把它們說成是仁愛的、正義的、合理的。

明清時代，除「三綱」、「五常」之外，還有忠、孝、節、義。

民國時代，孫中山先生倡導自由、平等、博愛之外，又提出「八德」，即忠孝、仁愛、信義、和平。孫中山對自由、平等、博愛的解釋，與他的三民主義結合起來。他說：「法國的自由和我們的民族主義相同……平等和我們的民權主義相同……博愛和我們的民生主義是相通的」（《孫中山選集》下卷，第 690 頁）。

孫中山對自由、平等、博愛的解釋不同於西方的思想家。他說，自由是團體的自由，國家的自由，而不是個人的絕對自由。所謂平等，就是推翻帝制、實行民權，以平人事之平，平等的精義在提倡為人類服務的道德心。所謂博愛，就是為四萬萬人謀幸福。（見《孫中山選集》下卷，第 706～707 頁）中山先生，主張發揚中國固有的好的道德傳統，他說：「中國人至今不能忘記的首先是忠孝，其次是仁愛，其次是信義，其次是和平」（《孫中山選集》下卷，第 649 頁）。

西方社會，從古希臘羅馬時代，經中世紀至近代資本主義社會，他們的道德原則、規範演變的情況是，古希臘羅馬奴隸制社會有所謂四基德，即智慧、勇敢、公正、節制。古希臘羅馬時代許多哲學家們，對四基德都作過解釋。如德謨克利特認為，智慧最高德目，智慧就是按照自然的因果必然性行事。公正就是服從城邦的利益，盡自己的義務，公正就是判斷堅決和無畏。勇敢就是對敵戰爭取得勝利並能控制自己欲望。節制就是滿足於力所能及的事物。

柏拉圖對「四基德」的解釋與此不盡相同，並對後世有深遠影響。他認為，「智慧」，最高的美德，是少數用金子做成的統治者具備的治理國家的知識。他說：「一個建立在自然原則之上的國家，其所以整個說來是有智慧的，乃是由於它的最少一類人和它自己的最小的一部分，乃是由於領導和統治的那一部分人所具有的知識。並且我們還可以看到唯有這種知識才配稱為智慧，而照自然的規定，能夠具有這種知識的人，乃是最少數的人。」（《西方倫理學名著選輯》上卷，商務印書館，1964 年版，第 149 頁）

「勇敢」，拍拉圖認為這是國家中第二個等級是銀子做成的人即統治者的輔助者亦即武士所具備的道德。所謂勇敢就是執行少數統治者的命令，不管執行這種命令給自己帶來的是快樂，還是痛苦。他說：「我以為說到一個個人的時候也一樣，倘若他的這個原素，在快樂和痛苦中都堅持理性關於什麼該畏懼和什麼不該畏懼的命令，那我們便因為他本性中勇敢因素的原故而稱他為勇敢的」（同上書，第 160 頁）。

「公正」，即為「正義」。所謂「公正」就國家中各個階級各做自己的事情，不要企圖改變自己的地位與命運就是公正。「公正就是注意自己的事情而不要干涉別人的事」（同上書，第 155 頁），或者說：「當商人、輔助者和監護者這三個階級在國家裏面各做各的事而互不相擾的時候，便是有了公正，從而也就使一個國家成為公正的國家了。」（同上書，第 156 頁）

「節制」，在柏拉圖看來，由銅和鐵做成的人即那些做工、務農的人，他們的道德就是節制。柏拉圖說：「節制是一種秩序、一種對於快樂和欲望的控制」（同上書，第 151 頁）。

此外，還有其它的道德規範，此不一一贅繁述。

中世紀，從公元 476 年西羅馬帝國滅亡到 1688 年英國資產階級革命為止，長達 1100 多年，是歐洲最黑暗的時期，這是宗教占絕對統治地位的時期。僧侶貴族控制整個社會，基督教是居統治地位的意識形態，哲學、藝術、倫理、道德都受其主宰。

基督教道德宣揚愛上帝，勿抗惡，鼓吹禁欲主義，否定人的價值，壓抑人的個性。他們推行的道德原則與規範，基本的就是所謂「信仰、希望和愛。」這就是通常所說的基督教的三主德。基督教哲學家奧古斯丁（公元 454～430 年）作了代表性的闡述。

「愛」是最高的德性，也是一切美德的源泉。首先是愛上帝，愛上帝就是至善，其次是愛鄰如己，包括愛自己的仇敵。

奧古斯丁說：「我們的根基是在天上，不是在地上。……因為我們的基石是建立在天上，所以基督用他愛的力量，把我們吸上天去。」（《教父及中世紀征道集》，第 100 頁）只有愛神，才能愛一切人。他又說：「誰愛你（指上帝），在你之中愛朋友，為你而愛仇人，這樣的人真是幸福！一個人能在你身上泛愛眾人，既然不會喪失你，也不會喪失所愛的人。」（《懺悔錄》，商務印書館，1982 年版，第 60 頁）

「信」就是相信上帝能夠拯救我們，幫助我們，給我們贖罪，給我們幸福。奧古斯丁說：「只有照著信心而生活，而且，我們只能夠這樣做：以我們的信心與祈禱，盼望那給我們以信心之上帝會幫助我們。」（《西方倫理學名著選集》上卷，第 355 頁）

「望」，由愛上帝，必然產生希望。希望什麼呢？希望來世得救，希望來世幸福。奧古斯丁說：「我們得救了，我們乃是因希望得到幸福。如果我們還沒有得到當前的解救，那只有期乎未來的得救，那將是我們的幸福所在，我們只有忍耐。……那解救，那有待乎來世的解救，其本身將是我們的至福。」（《西方倫理學名著選輯》上卷，第 361 頁）

資本主義時代，自由、平等、博愛是他們的政治原則，也是他們的道德規範。此外還有守時、勤勞、節儉、誠實、大度、公正等。這些人們都很熟悉，不必多解釋。

資本社會的道德原則，基本上是「合理利己主義」倫理觀即個人利益與社會公共利益的結合，即公共利益，是判斷人們行為是非、善惡的標準。法國唯物主義者愛爾維修說：「利益支配著我們對各種行為所下的判斷，使我們根據這些行為對於公眾有利、有害或者無所謂，把它們看成道德的、罪惡的或可以容許的。」（《西方倫理學名著選輯》上卷，第 457 頁）

功利主義也是資本主義社會的道德原則，18 世紀英國功利主義大師邊沁說：「功利原則指的就是：當我們對任何一種行為予以贊成或不贊成的時候，我們是看行為是增多還是減少當事者的幸福；換句話說，就是看該行為是增進或者違反當事者的幸福為準。」（見上書下卷，第 211～212 頁）這就是說，判斷是非善惡的標準是以功利為尺度，這是非常廣泛的通行的道德行為準則。此外，人道主義也是他們社會中公認的道德行為原則。

以上所述，就是從古代奴隸社會到近代資本主義社會，中國與西方的主要的或基本道德原則與規範的演變。

（三）東西方道德有相同之點，亦有相異之處，並有共同的規律性

1、中國西方古代奴隸制社會、封建制社會的道德都是等級道德，基本的宗旨是維護等級特權制度的

中國古代社會的「禮」、「仁」等這些帶有根本性的道德規範、行為準則、基本的內容，規定等級名分，區分尊卑貴賤，並要求人們安分守己，否則就是不道德。「三綱」、「五常」更加明顯。「三綱」即君為臣綱、父為子綱、夫

爲妻綱，講的就是君尊臣卑，父尊子卑，夫尊妻卑；臣要服從君，子要服從父，婦要服從夫。而五常德，即仁、義、禮、智、信又是爲「三綱」所制約的。封建統治者，爲了使維護封建制度的道德深入人心，甚至把它說成是「天定」的，這就是西漢大儒董仲舒所說的：「王道之三綱，可求於天，天不變，道亦不變。」．

西方古希臘羅馬時代的四基德，即智慧、勇敢、公正與節制，這是非常明顯的等級道德。柏拉圖在《理想國》一書中，有非常明確的闡述。「智慧」是統治者、哲學家具有的道德；「勇敢」是武士即統治者的輔助者的道德；「節制」即控制自己的欲望，則是小生產者、自由民的道德；而「公正」就是各階級的人，各不同等級層次的人各就各位，各司其職，不得越過規定的等級名分，否則就是不公正。柏拉圖說：「但是我想如果一個人天生是一個手藝人或者商人，但是由於財富的引誘，或者由於控制了選舉，或者由於力量以及其它類似有利的條件而企圖爬上軍人階級；或者一個軍人企圖爬上他所不配的立法者和監護者階級，或者這幾個人互相交換工具和地位，或者同一個人同時執行這些職務，我想你也會相信這種互相代替互相干涉會把國家帶到毀滅的路上去吧！」「絕對是這樣。可見，這三種階級互相干涉和互相替代對國家來說是有很大害處的，因此可以很正確地把它稱爲最壞的事情。確乎是這樣。而給國家帶來最大損害的事情就應當叫做不公正。」（《西方倫理學名著選輯》上卷，第 155～156 頁）。從柏拉圖在《理想國》中對四基德的論述，特別是從他援引格老康與蘇格拉底的對話中，對公正與不公正的解釋，再明確不過的表明「四基德」就是一種等級道德。這種等級道德只適用奴隸主階級包括自由民在內的各種人，但並不包括奴隸在內。中國古代奴隸社會的道德適用範圍也如此。

中世紀基督教道德，所謂「愛」、「信」、「望」三主德，按照中世紀神學家托馬斯・阿奎那的說話，這是神學的德性，是高於人的神的德性，屬於人的德性則是明智、堅忍、節制和公正。奧古斯丁的看法與之不同，認爲後四種德行是愛的形式，所以他認爲前三種德性是基本的德性。依我之見，不管怎樣說，在宗教神學家看來，神的德性與人的德性是不同等級的。人之所以學習神的德性，踐履神的德性，目的是贖罪，是死後上天堂。維護天上神的利益，歸根到底是維護地主、教會、僧侶特權階級和封建王權的統治者利益。因此，基督教道德的本質，也是一種等級道德，爲鞏固封建等級制度

服務。

2、中國和西方，在經濟發展大體相同的歷史階段上，有某些共同的道德規範或相似的道德要求

中國封建社會儒家的「仁」作爲一種道德規範，它本身雖然有很多含義，但基本的東西卻是「仁者愛人」。儘管「愛人」不是一視同仁的，愛有差等，即有遠近、厚薄、親疏之分，是一種等級道德。但它畢竟包含有人道主義的內涵，即對人的價值與權利的尊重。

西方中世紀基督教道德的所謂「愛」，愛上帝、愛鄰人，甚至愛仇敵，這裡無疑是鼓吹一種奴性道德，但它畢竟有「愛人如己」的味道，即包含有一定的人道主義思想。

西方古希臘哲學家、倫理學這一概念的創始人亞里士多德認爲，「中道」是最好的道德，「中道」即爲「中庸」，亦即爲適度、恰到好處。他說：「凡取得恰當，都是指它是過度與不及之間的中道」（《西方倫理學名著選輯》上卷，第 296 頁）他舉例說，在金錢的取捨問題上，「樂施」是合乎「中道」的，過度的是「揮霍」，而不足的則是「吝嗇」。又如，關於榮譽與恥辱，其適度是適當的自豪，其過度可以叫做虛榮，不及則可叫做卑賤。（《西方倫理學名著選輯》上卷，第 299 頁）

我國生活在春秋末年的孔夫子，總結西周奴隸社會以來的道德，也曾經講過「中庸」，他認爲「中庸」是最高的道德。子曰：「中庸之爲德也，其至矣乎！民鮮久矣！」（《論語》雍也）孔子對「中庸」的解釋與亞里士多德的解釋完全相同，即過猶不及，都不合乎中庸的要求，中庸即爲恰如其分，恰到好處。

可見在經濟發展相同的歷史階段上，東西方之間有一些相同的或相似的道德規範與道德要求。

3、中國與西方的道德規範，道德原則也有許多不同之處

我們中國古代社會講的那些倫理、道德是以家庭爲本位的。我們的五倫即君臣、父子、夫婦、長幼、兄弟，其中父子、夫婦、長幼（兄弟）是屬於家庭或家族，君臣、朋友，雖非家庭成員，但往往把君臣關係看作父子關係的延伸，把國君看作是個大家長，故有君父之稱。把朋友看作是兄弟的擴展，故有「四海之內皆兄弟」之說。正如黃建中在《比較倫理學》一書所說：「中土以農立國，國基於鄉，民多聚族而居，不輕離其家遠其族，故道德以家族

爲本位。所謂『五倫』，屬家者三，君臣視父子，朋友視昆弟，推之則四海同胞，天下一家。」（見《比較倫理學》，臺灣國立編譯館出版，1961 年版，第95頁）因爲中國的倫理是家庭爲本位的，因此特別重視「孝」與「忠」。把「孝」看作是德之大本。而西方的倫理道德則以個人爲本位。他們以工商立國，國成於市；人們多從事商貿，經常往來世界各地，家庭往往比較簡單，以夫妻爲中心，子女結婚離父母而另立門戶。父子、夫婦各有私財，不像中國這樣家庭共有。他們家庭成員之間關係比較淡化，沒有中國這樣緊密。雖然在羅馬時代的初期，中世紀的農田制度和中國古代有類似之處。但希臘時代崇尚自由，耶穌重視平等，個人主義之發達由來以久、影響深遠，特別是資產階級革命之後，由於工商業的高度發達，自由貿易自由競爭給個人更多的活動機會和餘地，因此，個人本位的思想，即個人主義愈益昌明。他們比較重視個人的道德，如智慧、明智、勇敢、大度等等。

我們知道，道德與文化密切相關，道德是文化的結晶。我們中國的倫理道德以家庭爲本位，推崇「忠」、「孝」等道德規範，同我們的文化傳統，大陸民族文化，農業社會的文化，宗法制度的文化有直接的關係。在這種文化傳統的背景下造成的倫理、道德，我們不能全盤肯定，但也不能一概否定。自西漢以後，特別是宋明以來，「三綱」、「五常」、「忠、孝、節、義」這一套綱常名教，愈來愈片面化、愈來愈制度化，所謂長者，老者，尊者享有片面的權利，而所謂少者，卑者、賤者只負有片面的義務，「三綱」、「五常」成爲統治者壓制人的個性，損害個人的自由與獨立的有效工具，無疑起了鞏固封建制度、阻礙社會發展的作用。

但是也不能因此就全盤否定中國的文化傳統，中國的道德傳統。有人寫文章題曰《歷史是創造者創造的》，說什麼「中國的傳統文化——儒家文化是貨眞價實的奴家文化，始終以人的創造性智慧爲禁忌的文化，是敵視、陷害、扼殺創造者的文化」。還有人說：「以儒家傳統文化中的『仁者愛人』，『民本思想』和『孔顏人格』是傳統文化中惰性最大，欺騙性最強，對國人危害最深的東西。我稱前者爲『虛幻性群體意識』，後者爲『自覺的奴役人格』。對傳統文化我全盤否定。我認爲傳統文化本該後繼無人了。」這種理論，完全錯誤。請問中國的文化、中國的道德，倘若一無是處，爲何歷久不衰？印度文化、希臘文化，波斯文化早已中斷，唯中國古代文化，不僅沒有中斷，而且有日漸復興之勢，這該如何解釋呢？所以不能否定我們的民族文化。我們

只能否定那些應該否定的東西，否定那些阻礙社會發展、民族進步的東西，如因循守舊、墨守陳規的觀念，愚忠、愚孝的思想、家長制特權意識等等。但是，我們民族文化中好的傳統，好的思想，凡是對實現四化有用的東西，必須發揚光大。傳統的東西，與封建主義的東西，不是一回事，不可同日而語。我們中華民族傳統文化的基本精神，正如張岱年教授指出的：「作爲中國文化的基本精神的應該是剛健有爲，自強不息的思想態度。」（見《中國文化與中國哲學》，東方出版社，1986年版，第10頁）從孔夫子「發憤忘食、樂以忘憂」（《論語・述而》）積極有爲的生活態度到《易傳》所說的「天行健，君子以自強不息」的精神，在中國歷史上產生了深遠的影響，激勵著一代又一代的中國人奮勇前進。這種精神，就值得發揚。我們實現四化，進行社會主義物質文明、精神文明建設，就要這樣的精神。

從道德上說，我們民族除了具有勤勞、勇敢、質樸、善良的優秀品質之外，還有反強暴、愛和平、重道義、貴信實、講節操、尚禮讓、崇氣節、頌正直、贊團結、求眞理等道德心理素質也值得發揚。不要說，我們民族中有好的道德傳統，就是地主階級的封建道德，其階級性最明顯的「三綱」、「五常」說，也不能說全都是反動的。「五常」與「三綱」不同，其中有許多積極因素，「三綱」應當說是反動的，維護封建專制制度的，是約束人民的，但也不能說三綱之中，沒有任何合理的因素。比如，君爲臣綱、父爲子綱、夫爲妻綱中的統治與服從的東西是不合理的，但這裡也有一層前者爲後者表率的意思，恐怕就不能否定。

西方以個人爲本位的道德，以我們觀點看，不能說都是錯的，其中不乏積極因素，值得吸取，比如說，他們重視個人的自由、平等，把它看作是重要的道德規範，就值得我們借鑒。但有人主張全盤西化，主張爲個人主義正名，認爲個人主義也要引進，顯然不妥當。因爲中國與西方文化背景不同，社會制度不同。個人主義在西方歷史上，有過進步作用，但時至今日，個人主義已經走向歷史的盡頭。個人主義的確不能和自私自利劃等號，其基本的含義是重視個人的權利、利益，自己有權決定自己的命運，人人機會均等等含義。但是今天西方社會的個人主義已不再是歷史的動力，個人主義導致人們只顧自己，不顧他人，不關心社會，造成人與人的猜疑、孤獨、苦悶與自私。西方許多有識之士，大聲疾呼，抵制個人主義，阻止個人主義的惡性膨脹。所以，我們絕對不能爲個人主義正名，更不能盲目引進，應當進行堅決

的抵制和批判。

4、中國古代、近代社會倫理與政治融為一體，而西方古代、近代社會的道德是與宗教結合的

「政治是倫理色彩的政治，倫理是以政治原則為中心的倫理。」如忠、孝、仁、禮、三綱、五常這些道德規範，都體現了這一點。「禮」最早就是政治規範，但包含有道德內容，「仁」是道德規範，但包含有政治的內容，「忠」是政治規範，也是道德規範，「孝」是道德規範，但講「孝」是為了盡「忠」，因此孝道本身就包含有政治意義。「三綱」是政治原則，也是道德原則，「五常」當然是道德規範，但它為「三綱」服務，「三綱」的要求滲透其中。近代孫中山先生倡導的「自由」、「平等」、「博愛」以及對中華民族固有道德的解釋，充滿了資產階級政治內容。

西方古代、近代社會的道德，雖然也受它那個時代的政治影響，但道德與政治不是融合為一的，相反，他們的道德都是與宗教結合的。中世紀基督教道德規範，就甭說了，古代西方社會，反映統治階級利益要求的哲學家們，對社會主要道德規範的解釋，或多或少都有宗教、神秘主義的色彩。近代資本主義社會中，宗教及宗教道德的影響很大，這是有目共睹的事實。然而中國卻不同，從後漢起佛教傳入中國，對當時儒家思想有一定影響，但儒家正統地位沒有動搖，佛教倫理影響不大，始終沒有佔據統治地位。

中國的古代、近代社會倫理、道德規範，特別注重人與人的關係，所講的規範、原則，都是調節人際關係的，對人與自然的關係相當重視，但沒有注意人與神的關係。故此，中國特別注重道德人文價值，不注重宗教價值，對科學的價值亦不夠重視。

西方則不同。他們的道德規範，不限於調節人事關係，還要調節人與神的關係，人與自然的關係。不過他們比較強調人與自然對立的方面、征服自然方面，和諧一致方面被忽略。與此相應，西方人重視科學價值與宗教價值，我們要學習他們對科學價值的尊重，卻不要盲目學習他們對宗教價值的崇拜。

通過以上的比較研究，我們得出結論如下：第一，道德原則、規範，不是亙古不變的。它的變化、發展具有明顯的時代特徵和經濟發展（包括科技）水平的特徵，並深深地打有階級的烙印。第二，道德不僅受社會經濟關係的制約，同時受政治、文化傳統的影響。因此，對道德的研究，必須從經濟、

政治、文化、宗教、科技多方面、多角度上進行綜合性研究。第三，中國與西方的道德各有所長，我們當以唯物辯證的觀點，對自己、對他人的道德取科學態度，以他人之長，補己之短。無論對中國、對西方的倫理、道德全盤肯定，或一概否定，都是錯誤的，都是反科學的。

三、當代美國、臺灣與大陸道德原則、規範的比較

我們這裡採用美國當代著名的元倫理學家威廉・克拉斯・弗蘭克納 1963 年出版、1973 年再版的《倫理學》一書所講的道德規範，和臺灣龔寶善教授的現代倫理學所講的道德規範，我們中國羅國傑教授主編的馬克思主義倫理學所講的原則規範，加以比較研究。

弗蘭克納在《倫理學》一書中，提出了他的混合義務論倫理學兩條基本的道德原則。這就是善行的原則與公正的原則。

關於「善行」原則。弗蘭克納認為，功利主義原則，即我們應該遵循的將是世界上最大限度的善超過惡的盈餘的行為習慣或準則，雖然掌握了真理的重要部分，但在實行這個原則時，是以預先假定另一個更為根本的原則為前提的，這就是，我們應該做有益的事，防止或避免作有害的事。這就是「善行」的原則。作者認為「善行」原則比之功利原則至少有兩點優點。一是善行原則注重善惡的質量，但並不否認善惡的數量。功利原則只注重善惡的數量。二是善行原則純度比較高，功利原則就不然，它評價行為善惡，往往以行為後果的功利為尺度，忽視行為的動機，容易帶來消級影響。「善行」原則內容有四點：人們不應該造成罪惡或傷害（做壞事）；人們應該防止罪惡或傷害；人們應該消除罪惡；人們應該行善或促進善舉。作者認為善行原則是一個帶有根本性的原則，從這個原則中可以推導出許多義務或行為準則，如遵守諾言，如說真話等等。

關於「公正」原則。作者指出，「公正」主要是分配公正，即分配好的東西與壞的東西的公正。那麼，究竟什麼是公正？作者援引功利主義者西季威克的話說，公正是對相同情況的同樣待遇。不公正就是對相同情況的不同對待。作者認為西季威克的公正，提出了公正的必要條件，但不是充分條件。充分條件是什麼呢？弗蘭克納說是「平等」。簡言之，分配公正的首要標準是平等。如以優點為分配基礎，那麼只有承認平等的原則下才是合理的。這就是造就某些優點，使人們享有機會平等，法律面前平等，獲得教育的手段平

等。分配公正的基本標準是待遇的平等。作者還指出，平等待人並非指待人完全一樣，公正也並非千篇一律。

作者最後指出，兩條基本原則可能發生衝突，在此種情況下，公正原則應當優先，但不是絕對的。

我們社會主義中國，馬克思主義倫理學教科書中所闡述的道德原則，以人民大學羅國傑教授等人編寫的《倫理學教程》爲例。作者首先指出概括共產主義道德原則必須符合以下四個要求：必須表達公有制經濟關係的根本要求；必須體現出是以追求和維護社會整體利益爲基礎來調節個人利益和社會利益之間的關係的；必須對人們在一切社會關係中的行爲具有普遍的指導作用和約束力，並對其它一切行爲準則具有支配作用和統帥作用；必須同其它一切道德類型的基本原則劃清界限。

作者們闡述了基本原則的內容：「共產主義道德原則概括爲忠於共產主義事業的集體主義，它包括的基本點是：從實現共產主義事業道德理想出發，堅持社會整體利益高於個人利益；在保障社會整體利益的條件下，實現個人利益和社會利益的結合；在兩者發生矛盾時，自覺地無條件地使個人利益服從於社會整體利益。共產主義道德原則所包含的這些基本要求，不僅有各自確定的社會歷史內容，而且是完整統一，不可割裂的。」忠於共產主義事業，是社會道德和個人道德的中心目標和最高標準；社會整體利益高於個人利益，是共產主義道德原則最根本的直接出發點；在保障社會整體利益的前提下，實現個人利益與社會整體利益的結合，是共產主義道德原則最經常的、最起碼的要求；在個人利益與社會整體利益不一致時，要自覺地服從於社會整體利益，是共產主義道德原則最重要的歸宿。作者還說，在不同的歷史時代應有不同的要求，對同一時代處於不同狀況的社會成員應有不同的需求。

把美國哲學家弗蘭克納講的兩條道德原則，即「善行」原則與「公正」原則，同我國羅國傑教授講的「忠於共產主義事業的集體主義」原則比較一下。我們可以看到，其共同之點，他們都認爲，道德原則是道德體系的核心內容，其它的道德規範，受道德原則的統帥；道德原則具有概括性、普遍性，是人們行爲的總方針；道德原則不僅有現實性，而且有理想性。但他們所講的道德原則也有許多不同之點。首先，弗蘭克納講的那兩條原則，是以超階級觀點講的，講的非常抽象，似乎對一切人、一切時代都適用。其實不然。

他在闡述「公正」原則時，講了三種「公正」的標準。一種是以「德」為標準，即獎賞或懲罰應當以美德或功過為尺度。第二種平等主義的標準即機會均等。第三種則是以馬克思主義的標準，即「各盡所能，按需分配」。作者認為，第二種標準是最好的，即堅持資產階級的平等觀點。對第三種觀點，持批評態度。可見作者表面上不講階級，實質上這種超階級觀點，就是一種階級觀點。羅國傑教授講的集體主義原則，具有鮮明的階級性，說明我們講的集體主義是與共產主義事業、共產主義的理想聯繫在一起的。其次，弗蘭克納講的那二條道德原則，即「善行」原則與「公正」原則，講出了它們的層次性。尤其對「善行」原則的四個層次，講的科學，實事求是。並且提出，「善行」原則與「公正」原則兩者在實際生活，即道德選擇中發生衝突時，一般地說「公正」原則居於優先地位。這也就意味著「公正」原則更根本一些，或者說是「公正」原則居最高層次。這種看法是好的，是可以吸取的。但遺憾的是令人感到不滿足的是作者不講「公正」的層次性。「公正」肯定是有層次的。由於作者思想的局限，他不肯清楚明白，或根本不想講出它的層次性來。「公正」一般地說，只講分配好處、壞處的公正是遠遠不夠的。「公正」的層次，依我之見，是政治上、法律上的公正，是收益分配上即生活資料的分配上的公正，即「各盡所能，按勞分配」，是對生產資料佔有的公正，即生產資料歸社會公有，這是最高層次的公正。羅國傑教授，講忠於共產主義事業的集體主義，儘管說在不同時代或同一時代對不同的人，這一原則有不同的要求，是講了層次性的，但具體論述不夠。

臺灣倫理學，試以臺灣師大教授龔寶善先生所著《現代倫理學》為例，該書 1960 年出版，是一本比較典型的規範倫理學。作者在第 14 章行為潛力的運作中闡述了「誠」、「仁」、「公」、「健」四種行為規範。

所謂「誠」，合乎自然規律為「誠」。作者說：「地球上一切生活照著一定的季節在生長，在變化、在凋謝，完全合乎自然的規律，這是誠」（《現代倫理學》，臺灣中華書局，1960 年版，第 223 頁）。又說：「我們感到一切自然現象的變化無不處處顯示出『誠』，因而誠也就是一切事物變化不息的動力。」（同上書，第 223 頁）同時，作者又認為，不僅自然現象顯示著誠，人類的行為中更需要誠。作者說：「誠是一切道德行為的實質」，又是「推進道德行為的原動力。」（同上書，第 224 頁）作者為論證他的觀點，援引《中庸》二十四章，「誠者，天之道也；誠之者，人之道也。」「唯天下至誠、為能盡其

性」，「爲天下至誠，爲能化育」。作者認爲，人們在相互交往中，在現代生活中，尤其要講究「誠」。

所謂「仁」，作者認爲，「仁」便是人類一切道德行爲生長發源的根基」。作者說：「任何德性都必須從仁心中滋長出來。如果缺乏仁心，人類也許不會講究倫理，更不會產生什麼道德。」（同上書，第 225 頁）作者說，儒家提倡倫理、宏揚「仁德」，確認「仁」是倫理行爲的中心。智、仁、勇一向是我國重視的「三達德」。以「仁」爲中心，智勇爲輔翼，彼此結合爲一體。由識仁而產生智德，由行仁而產生了勇德。作者認爲「仁」是道德的總規範，一切德性之母。他說：「光就『仁』德來說，由於行爲對象不同而產生各種美德。對父母有仁心，便成爲『孝順』，對子女有仁心，便成爲『慈愛』，對兄弟有仁心，便成爲『友愛』，對夫婦有仁心，便成爲『恩愛』，對朋友有仁心，便成爲『愛護』，對事物有仁心，便成爲『愛惜』。」（同上書，第 226 頁）

什麼是「公」？作者說：「公」便是人類從愛好自己，尊重自己的心情中，更進而擴充與發展，推及他人，產生以平等正直對待他人的情感，達到化小我爲大我的境界。」（同上書，第 226 頁）公是開拓道德行爲的平衡力，作者特別推崇我國禮運大同篇：「大道之行也，天下爲公」的思想。盛讚推己及人的思想。對於自我爲中心持批判態度。作者說：「就自己講，人類最大的弱點，便是以自我爲中心，常常以爲自己的意見是最正確的，而否定他人的意見，以爲自己的權益是最正當的，而抹煞他人的利益，以爲自己的生命是最貴重的，而忽視他人的生命。進而至於一切都是自己的好，而將他人放在較低的地位。因而產生專橫、壓制、榨取、鬥爭種種不公正的現象，形成人類一切禍害的根源。」（同上書，第 231 頁）作者說：「由於時代的進步，私的倫理已經逐漸爲公的倫理所代替。」作者提倡發揚大公無私的精神。作者並對忠、孝、節、義作出適應時代潮流的新解釋。作者說：「我國以往所倡導的忠孝節義各項德行，受了新潮流的影響，都漸由對少數人效命而轉向爲大多數人服務。因而談忠則重在報效公眾，談孝則重在順從公意，談節重在講求公德，談義則重在履行公務」（同上書同頁）。

什麼是「健」？作者說：「健」是宇宙萬物循環不息，人類精神維繫的現象，因而自然賴以萬古長存，文化由是綿延期不絕。就人類的道德行爲來講，凡是能夠貫徹始終的行爲，便是品格健全的表現；凡是能夠歷久常新的行爲，便是精神健康的象徵。所以『健』在道德行爲中具有振奮堅毅、綿

延特久的潛力。」（同上書，第 232 頁）「健」在倫理行爲上，是一切事業成功的基礎，一切理想實現的保證；一切道德實踐的前提；一切品質成熟的要素。

龔寶善先生講的誠、仁、公、健四條道德原則與我們講的集體主義，還有愛祖國、愛人民、愛勞動、愛科學、愛社會主義相比較。相同之點：都含有人道主義的精神，即仁民愛物；都在不同程度上表現了中華民族嚮往世界大同的理想；都注意教導人們樹立和發揚大公無私的精神。當然，對世界大同的解釋，對大公無私的解釋，由於我們雙方世界觀不同，也還有很大差別，甚至是根本性的差別。但都認爲「天下爲公」優越於「天下爲私」。龔寶善先生講的道德原則根植於中國文化的土壤裏，對儒家文化、道德有比較好的繼承，並能隨時代發展予以新的解釋。這是值得我們借鑒和學習的。今天看來，我們對儒家的道德文化批判、否定的多，繼承發揚的少。

我們做以上比較，目的是本著開放的精神，構建新的道德理論體系。總而言之，我們應當以科學的世界觀爲指導，結合四化建設的要求，從我國社會主義初級階段的實際狀況出發，吸收本民族和西方優秀的道德文化遺產，構建我們的道德理論、原則、規範體系。這個理論規範體系，應當是科學的、民族的、民主的，我深信這個願望終究會實現。

關於儒家文化的批判與繼承問題

　　我們在進行四個現代化建設的過程中，應該怎樣認識儒家文化對我國現代化建設的影響，對社會主義精神文明建設的影響？這是一個很值得研究、思考和探討的問題。

　　我認爲回答這個問題，首先應明瞭儒家文化的性質與特徵。儒家文化產生於農業文明的時代，簡單地說，它是小農經濟的文化，不是商品經濟的文化。就其階級屬性而論，它是中國封建社會二千多年來一直居統治地位的社會意識形態。儒家文化是爲宗法等級專制制度服務的文化，具體地說是爲封建社會人與人不平等的政治、經濟、文化、人倫關係服務的，一方面，它從政治上、思想上、心理上鞏固了封建社會，另一方面它阻礙了中國社會的進步，阻礙商品經濟的發展，束縛了人的個性與才能的充分發揮。所以，依我之見，從總體上看，儒家文化不適合社會主義現代化建設發展的需要，特別是它缺少現代的自由、平等的精神，缺少法制觀念，缺少公正意識，缺少權利與義務相統一的思想。因此，不可以過分誇大儒家文化的作用，不可以原封不動地照搬過來。但是，儒家文化是否可以拋棄呢？我認爲不可以。儒家文化中有許多合理的東西，必須採取分析的態度加以批判地繼承。

　　如：儒家學者，在中國倫理思想史上，提出過許許多多的德目，即今日的所謂道德範疇，如智、仁、勇、孝、悌、忠、信、禮、義、廉、恥等等，這些範疇有時代的特徵，有階級性，但同時也有全民性，普遍性。我們可以根據時代的需要，把儒家一些道德範疇，加以改造之後賦予新的意義，爲我所用，使之成爲指導我們社會生活的道德規範。

弘揚中華傳統美德的意義

　　當今世界已進入了信息化時代、知識經濟時代，人們的生活水平大大提升。然而，人被物化、人為物役的現象也時有所見。其原因是多方面的，但其中有一點則是共同的，就是社會、團體、學校、家庭很大程度上忽視了道德教育，特別是德性教育。

　　美國克林頓執政時期的眾議院議長金里奇先生說過：美國 12 歲的孩子販毒、14 歲的女孩子生孩子、16 歲的孩子殺人，原因是近 30 年美國從家庭、學校到社會，只重視智育而忽視德育，因此出現了德性危機。他大聲疾呼，要恢復美國人固有的道德，諸如公正、誠實、良知等等。當代世界許多思想家、政治家、科學家們認為要拯救世界性的道德危機，就要學習中國的傳統倫理文化，甚至認為 21 世紀就是中國文化的世紀。英國著名歷史學家湯恩比說：「19 世紀是英國人的世紀，20 世紀是美國人的世紀，21 世紀是中國人的世紀。」這話的意思是說，在 21 世紀，中國文化將成為人類文化發展的主流。1995 年世界諾貝爾和平獎得主們在巴黎集會的宣言曾說：「未來的世界要有和平，必須回到 2000 多年前孔子的學說。」

　　為什麼孔子學說和以孔子思想為代表的中國傳統文化，受到西方著名思想家們如此這般的重視呢？這是因為中國傳統文化源遠流長，博大精深，有取之不竭、用之不盡的人文智慧。其基本的價值觀念，諸如厚德載物，天人合一；和為貴，和而不同；君為輕，民為貴；世界大同，四海之內皆兄弟；德教為先、育人為本等等，對於解決人與人的矛盾，人與社會的矛盾，國家與國家間的糾紛，人與自然的關係，德育與智育的關係等，有巨大的啟迪。

這裡尤其要提到的是「仁」的思想，「仁」是孔子道德的核心，包括有廣泛、豐富、深邃的內涵，諸如忠、孝、悌、恭、寬、信、敏、慧等等。當代社會講人道、公正、誠信，從孔子的「仁愛」道德觀中可以吸取無盡的智慧。

儒家倫理，包括社會國家的內容，強調愛社會成員，以兄弟相待，對國家盡義務，講忠誠，忠孝不能兩全，棄孝盡忠，顧全大局，犧牲小我，成就大我。這對當今人們只講權利，不講義務；只要求國家為自己服務，不思如何報國是個極為有力的回應。

儒家倫理道德特別關注個人的道德修養與良好品德的塑造。尤其講究實踐中磨練，這樣久而久之，就可以成為道德高尚之人。

儒家倫理道德的實施有一套機制與方法。這就是「忠恕」之道，即盡其在我，推己及人。亦即換位思考，站在別人立場上想想該如何行為，或者多替別人著想。

我們這樣看待以儒家為代表的中國傳統倫理文化，並不意味著它完美無缺。對它必須批判地繼承。中國的傳統倫理文化，作為一種文化遺產對我們安身立命、為人處世有重要的指導意義，對於提高全民思想道德素質、精神文化素質有重大的價值。

儒家倫理、道德層次論的啓迪

近年來倫理學界有人寫文章提到「底線倫理」，這個問題的提出是有意義的。

有「底線」自然有非底線，即中線與高線。如果只講「底線」倫理，並以此爲滿足，或以此否定中線，特別是高線倫理的存在，認爲講高線就是假大空，則是錯誤的。因爲倫理、道德的特徵之一，是現實性與理想性的統一，顯然現實性就包含底線的內容，而理想性就包含有向上的要求，即中、高線倫理，這恐怕是不言而喻的事實。人所共知，道德的功能之一，就是把人的道德覺悟和社會整體的道德水準，從一個臺階提高到另一個臺階，再向更高臺階邁進。如果只停留在底線倫理的水平，道德的功能將無法實現。道德將不成其爲道德了。道德大概就變成法了。

須知「法是最低限度的道德，道德則是不成文的法」。法也是調節個人與他人、個人與社會、個人與國家的關係、還有人與自然的關係的行爲準則。不過它是外在於人的，它的許多規定，歸根到底是不該做什麼，並不規定應該做什麼。

而道德與法相比，它是內在於人的，是心中之法，「內在法」，即該做什麼。這個「該」自然包括「不該」在內。所以該做什麼，比之不該做什麼，顯然高了一層。「該」不僅僅立足現實，它包含有行爲者或當事人的願望和事物發展的必然趨向，包含有理想的追求。

以上是就法與道德比較而言。就道德本身而論，有沒有層次？我的回答十分肯定「有」。爲什麼？道理很簡單，萬事萬物都有層次，道德作爲一種「觀念事物」，怎麼可以沒有層次呢？不講層次，要求人們一步登天的不良後果，

就是使得人們對道德望而生畏，於是索性不講道德了，這是多麼可怕的情景。歷史的教訓，不可忘記，不可不反省。

一、道德教育、倫理學理論研究之反省

以往的道德教育為何不能入腦入心，為何不能見諸於行動？有些倫理學教科書不受歡迎，學生不願讀，先生不願講，為什麼？我們以往講的道德太政治化了，受「階級鬥爭為綱」的影響很深，教條主義嚴重。這些可以暫且不論。說與我們題目有關的就是，我們以往講的道德，沒有區分出層次來，用一個統一標準要求所有的人，且要一步到位，令人望而生畏、高不可攀，於是只好棄置一旁。

如要求人人去私為公，人人大公無私。

不論黨員群眾都一律要大公無私。這樣辦得到嗎？辦不到。按理說，應當先講大公有私，從這裡起步，然後才是大公無私，這樣要求人們思考或處理問題自然會「公」字當頭。不講大公有私，只講大公無私，這樣導至許多荒謬的事情發生。如農村取消自留地，不許私人養豬，養雞，一切歸集體，這樣做美其名曰：「割資本主義尾巴」，弄得農民毫無積極性。

在知識分子中著書立說，不署個人名，只署集體名，這樣做的後果，扼殺了知識分子個人的積極性和他的成績，取消了他們的責任心。

理想化的要求，高標準的要求，脫離現階段人們覺悟水平，儘管主觀願望很好，可是客觀效果不好，往往事與願違。

須知，道德是理想性與現實性的統一，既有理想性、又有現實性。現實性是基礎，必須從現實出發，一步一個腳印地向上發展，向著理想化的方向邁進。如果撇開現實性，徑直達到理想化的水平，越過底線倫理，直奔高線倫理，那就是企圖「一口吃個胖子」，是辦不到的，或者要引起消化不良症。

可見講清層次性，很有必要，而且非常重要。

為什麼？

第一，講清層次性，符合人認識事物的客觀必然性，符合道德進步的規律性。

人認識事物從感性到理性，從現象到本質，換言之，從淺入深，從簡單到複雜，從單面到全面。人們認識道德，把握倫理亦應作如是觀。

人總是從不知道德為何物始，到耳濡目染明白道德的 A、B、C，進而知

道道德對人生存，生活和成長發展的意義，再進一步才明白講道德的必然性與必要性。

第二，講清道德層次性，有利於正確作出道德判斷，進行道德選擇，擺脫道德上的困擾。

如我們今年全民抗「非典」，許多醫生、護士不顧個人安危和家庭生活中的困難，義無反顧，走上抗「非典」第一線。也有人臨陣脫逃，辭職不幹了。這不同的表現，就是不同的道德選擇。

從道德義務上分析，面臨瘟疫之災，救死扶傷是醫務人員的首要的社會職業義務。但醫務人員也還有其它義務，諸如家庭中的義務，如照顧病中的妻子，指導子女升學、考試等。兩種義務相互衝突，怎麼辦？醫務人員的職業義務與家庭中的角色義務那個重要？應當優先履行那個義務？在正常的情況下，醫務人員請半天一天假，照顧一下妻子，解決一下孩子升學、考試問題，是正當的，會得到領導及同事的同情和支持。在這種情況下，家庭角色義務顯然處於重要地位，醫生職業義務暫時退居次要地位。但在「抗非典」的非常時期，不言而喻，履行醫生職業義務就成為第一要緊的事情。顯然，道德義務有層次性，且高低層次因情境不同是可變的，人們可以根據道德規範的層次性（等級次序性），選擇行為，擺脫困境。

第三，講清道德層次有利於不同覺悟的人取長補短，相互促進，共同提高。

人們的思想覺悟，有不同層次，有先進、中間、後進的區別，政治覺悟有左、中、右之分。人們的道德覺悟，或倫理覺悟，也有先進、中間、後進的區別。這是無可否認的事實。

如在人們的日常生活中，我們可以看到有人自私，有人不那麼自私，有的人根本不自私。這幾種不同道德覺悟的人，相處在一起，就會發生相互影響、衝撞、感染的作用。久而久之，人們覺得別太自私了，所謂「人奸沒飯吃，狗奸沒屎吃」。還是謙讓，關照別人為好，如果能夠屈己待人，那就更好了。這就是通常人們說的「成人之美」或曰「憑良心做事」。

你看，這不就是講清道德層次的好處嗎？當然，我們絕不能奢望人人、處處講良心。這在現階段是辦不到的，但講良心的人會越來越多就是了。

二、儒家道德層次論概述

儒家倫理博大精深，源遠流長，是我們寶貴的精神財富。儒家倫理文化，

二千多年來一直是中國的主流倫理文化，對中國，並對周邊國家發生了重大影響。如韓國與日本。不僅如此，儒家經典也相當早的傳人了西方社會，對西方倫理文化的發展亦產生了好的影響。

儒家倫理是我們當今道德建設的珍貴資源，對我們有諸多啓示。

啓示之一，便是道德規範的層次論。

儒家大師們認爲，道德規範有它的層次結構。人的思想水平，不是整齊劃一的，有高低不同層次之分。而倫理規範的層次結構，有助於人們逐步提高自己的道德情操與道德境界。換言之，一個臺階一個臺階的上，鼓勵人們積極向上。這種層次之分完全符合客觀事物的內在本質，符合人的認識規律，也符合人性的要求。

例如，孔子道德規範之總括詞「仁」。「仁」的基本含義是愛人，所謂「仁者愛人」。愛人有層次，「孝梯也者，其爲仁之本與」！〔註1〕「仁」的低層次愛敬雙親；中間層次，敬愛兄弟；最高層次則是「泛愛眾而親仁」，敬愛社會大眾。如何「愛人」？這就是「忠恕」之道。盡己之謂「忠」，推己之謂「恕」。忠恕的基礎層次（即低層次）爲「己所不欲，勿施於人」。〔註2〕高層次則爲「己欲立而立人，己欲達而達人」。〔註3〕

又如「義」。「義」基本含義是「行而宜之謂之義」。就是道義、正義、義務，恰當、合適。「義」的低層次是「見利思義」，「見義勇爲」爲中間層次，高層次則爲「舍生取義」。「生亦我所欲也，義亦我所欲也，二者不可得兼，舍生而取義者也」。〔註4〕

又如「孝」。孝的基本含義是養、順、敬。曾子曰：「大孝尊親，其次弗辱，其下能養」。〔註5〕這裡低層次爲能養，中間層次爲不辱，高層次爲敬親。

荀子把「忠」分成三個層次。「以德復君而化之，大忠也；以德調君而輔之，次忠也；以是諫非而怒之，下忠也」。〔註6〕依荀子之意，用道德約束君主有三個高低不同的層次即以德復君、以德輔君、以是諫非。

〔註1〕《論語‧學而》〔M〕。
〔註2〕《論語‧顏淵》〔M〕。
〔註3〕《論語‧雍也仁》〔M〕。
〔註4〕《孟子‧告子上》〔M〕。
〔註5〕《禮記‧祭儀》〔M〕。
〔註6〕《荀子‧臣道》〔M〕。

啓示之二，儒家道德人格，也有層次之分。

這裡所謂道德人格，不同於心理學上講的人格（即個人心理與行爲特徵的總和），而是指某種倫理、道德所設計的理想的個體道德標準。

這裡的道德人格，主要是指小人、君子、賢人、聖人這幾種類型。

小人，是道德水準低下之人。「見利忘義」，「同而不和」，毫無原則，「有奶就是娘」。君子，是道德水準高於一般大眾之人。他們是「仁民愛物」、「見利思義」、「義以爲上」、「和而不同」、「成人之美」等優秀品格的集中體現。

賢人，是指道德水準與君子差不多，或略高一點的人。德才俱佳，能力強，道德水平高。

聖人，道德水準至高無上之人。「聖人，人倫之至也」。「聖人大公無我，眞天地之氣象」。「發憤忘食」是聖人之志，「樂以忘憂」是聖人之道。「聖人重其道而輕其祿，眾人重其祿而輕其道」。

這就爲做人提供了循序漸進的方式，永不停止地去追求高尚的人格。

啓示之三，道德行爲（意指踐履，實踐道德要求）也有層次。

「入孝出悌，人之小行也。上順下篤，人之中行也。從道不從君，從義不從父，人之大行也」。〔註7〕

「入孝出悌」爲什麼是小行？因爲局限於家庭範圍內，走到社會上服從上級，對百姓實實在在的辦事，這是一種廣泛的社會舉動，影響較大，故爲中行。而對上的服從，即對君主、領導者、父親的服從，不是盲從的，是有原則的，這可就是大行了。言外之意，不符合義，就可以不服從。

啓示之四，人的道德境界也有層次。

所謂道德境界，就是道德覺悟水平的高低。馮友蘭先生在其所著《新原人》中，根據人的覺解，把人的道德境界劃分爲自然境界、功利境界、道德境界、天地境界。境界之分，表示一種發展。這四種境界是一種比一種高的臺階式的境界，即層次分明的境界。

處於自然境界的人，行爲特徵是「順才或順習」。一切聽其自然，「日出而做，日入而息，鑿井而飲，耕田而食」，無所欲求，不識不知。

處於功利境界的人，行爲特徵是「爲利」的，私心太重，行爲的動機與目的在追求個人的功名利祿。雖有時也利他，但歸根到底爲利己。

處於道德境界中的人，行爲特徵是「爲義」的，知禮行義，能夠推己及

〔註7〕《荀子‧子道》〔M〕。

人，從社會有所取，目的在於與。「取是為了與」。

處於天地境界的人，其行為特徵是「事天」的，知性知天，瞭解社會的全，也瞭解宇宙的全，他們與日月齊光輝，與宇宙共長存，這種人可與天地參。這是一種崇高的道德境界。

僅此舉凡之一、二、三、四，足以啟示我們反省以往道德教育之不當，即一步到位，用高標準要求人們一步達到高尚的道德境界。人們做不到，索性自行其事，道德教育效果甚微，乃勢所必然。我們以往不講道德規範層次，不講道德人格層次，不講行為與境界層次，反映了我們道德理論的膚淺，不夠科學。我們的理論水平要提高、虛心學習儒家倫理文化的優良傳統與科學方法至關重要。

三、社會主義倫理、道德的層次性

我們當今講「為人民服務」，認為是我們社會道德建設的核心。

這個核心同樣有他的層次結構。就其作為社會主義道德的總括詞而言，至少有三個層次：「做好本職工作，人人各司其職各盡其責或憑誠實勞動取得報酬。這是為人民服務的最基本的層次；努力地為人民多辦實事、多做好事，不計個人得失，則是為人民服務的較高層次；不計報酬，不講條件地工作和勞動，即無私奉獻，則是為人民服務的最高層次」。〔註8〕

再如，集體主義原則，其精神實質是個人利益，集體利益，國家利益三者統籌兼顧，相互結合。如兼顧不了，結合不成，則以集體利益或國家利益為先，個人利益自覺地服從集體或國家利益。如果把集體主義簡化為「公私」利益關係，那麼集體主義的原則可劃分如下三個層次：即公私分明，絕不以私犯公，這是底線倫理；中線倫理則為公私兼顧，以公為先；高線倫理則為因公棄私，或公而無私，或大公無私。〔註9〕

從人己關係上說：「為己不損人」，屬第一層次；「為己又為人」，屬第二層次；「屈己待人」或「舍己為人」，為最高層次。為己即利己。受中國傳統道德的影響，君子恥於言利。其實何止君子，普通大眾也是如此。利己，人們「噤若寒蟬」，不肯輕易言利己，認為利己是恥辱。中國有句古話：「人不為己，天誅地滅」。這是一句千百年來的貶義詞，是對為己的批判。今天看

〔註8〕 魏英敏：〈為人民服務倫理意義新探〉〔J〕，《中州學刊》，1997年第3期。
〔註9〕 魏英敏：《當代中國倫理與道德》〔M〕，北京：崑崙出版社，2001年，第154頁。

來這話需要重新解釋，重新認識。這裡我們要問，利己或為己而不損害他人和社會利益，究竟有什麼錯呢？其實沒什麼錯。若是為了一己之私利，傷害他人利益或侵犯社會公共利益，那才是錯誤的，不道德的，應當受到批判或譴責。

正當的利己，合情合理合法的利己，應當肯定，應當允許。利己又利他，主觀利自己客觀利他人，或者主觀利他人客觀利自己，都要肯定，都要承認他們的合理性，合道德性，至少合乎大眾功利主義的要求。

先人後己，或「屈己待人」或「舍己為人」，不但應肯定，表揚，還要歌頌。這是一種很高尚的行為。

從人格層次上說，第一，做知法、守法的人。現代社會是法制社會。一切行為均應合法，因此要樹立法制意識。不做違法之事，犯了法，要坦誠面對，承擔法律責任。

第二，做善良的人，即做有道德的人。格守社會公德和個人的私德，不做缺德的事，不做傷天害理的事，不做虧心事，為他人為社會，多做好事。

第三，做道德高尚的人。如同傳統道德中的理想人格，「君子」、「賢人」或「聖人」。我們這裡所說的做道德高尚的人，是識大體，顧大局，義以為上，善於關懷他人，幫助他人，努力為社會做貢獻，把有限的生命投入到無限的為人民服務中去的人。

從行為層次看，依次為自私自利境界，利己境界（不損人的利己），利己又利人的境界（互利），先利人後利己（成全他人）或不利己（有時有損於己）只利人的境界。（前面已有論說，這裡不再贅述）如果我們真的把道德、倫理層次講清楚了，得到了大眾心理認同，那麼，我們講的倫理道德就會有廣闊的「市場」，無限的生命力。

以上關於社會主義倫理、道德層次的劃分，是作者學習研究儒家倫理、道德層次的心得，作者沒有把握說這種劃分就是唯一正確的。然而，在作者看來，把社會公德、職業道德、家庭道德、「五愛」道德（即愛祖國、愛人民、愛勞動、愛科學、愛社會主義）等等作為社會主義道德層次的劃分，無論如何都是不科學的，令人難以理解和把握。當然，人們可以有不同的研究視角，但必須合乎邏輯。

論毛澤東同志的倫理思想

　　毛澤東同志是一個偉大的馬克思主義者。他給我們留下了寶貴的精神財富。其中一個重要的方面，就是關於共產主義道道的理論和思想。這些理論和思想大大地豐富和發展了馬克思主義的倫理學說。

　　概括地說毛澤東同志的倫理思想，主要有以下幾個方面的內容：

一、全心全意為人民服務和集體主義原則

　　毛譯東同志在他的許多著作和文章中，從不同的角度，不同的側面，全面深刻地論述了集體主義原則。在《反對自由主義》一文中，毛澤東同志說：「以革命利益為第一生命，以個人利益服從革命利益……關心黨和群眾比關心個人為重，關心他人比關心自己為重。」（《毛澤東選集》第二卷，第 330 頁）。在《論聯合政府》一文裏說：「全心全意地為人民服務，一刻也不脫離群眾；一切從人民的利益出發，而不是從個人或小集團的利益出發；向人民負責和向黨的領導機關負責的一致性，這些就是我們的出發點。」（《毛澤東選集》第三卷，第 1043～1044 頁）。在《〈中國農村的社會主義高潮〉的按語》中他又指出：「反對自私自利的資本主義自發傾向，提倡以集體利益和個人利益相結合的的原則為一切言論行動的標準的社會主義精神，是使分散的小農經濟逐步過渡到大規模合作化經濟的思想和政治的保證」（《毛澤東選集》第五卷，第 244 頁）。在《論十大關係》一文中，毛澤又寫道：「國家和工廠、合作社的關係，工廠、合作社和生產者個人的關係，這兩種關係都要處理好。為此，不能只顧一頭，必須兼顧國家、集體和個人三個方面，也就是我們過去說的『軍民兼顧』，『公私兼顧』」（《毛澤東選集》第 5 卷，第 272

頁）。毛澤東同志關於集體主義原則的論述，概括地說明了這一原則的基本內容，第一，人民群眾的利益高於一切，是集體主義原則的核心，這就是「一切從人民利益出發」。第二，以人民群眾的根本利益為基礎，實行個人利益和集體利益相結合的方針。也就是「公私兼顧」，即正確處理國家、集體和個人三者之間的利益關係。第三，當個人利益與集體利益，集體利益與國家利益，發生矛盾的時候，個人利益要服從集體的利益，集體的利益要服從國家的利益。這就是「以革命利益為第一生命」。

集體主義原則，應用於個人和他人的關係上、個人與群眾的關係上，要求人們認識個人利益與他人利益、集體利益（即群眾集體、國家集體）的一致性，從而樹立全心全意為人民服務的思想。全心全意為人民服務，是共產黨的一貫宗旨。共產黨員必須無條件地做到這一點。毛澤東同志指出：「共產黨員就是要奮鬥，就是要全心全意為人民服務」（《毛澤東選集》第五卷，第420頁）。因此，那些腳踏實地、忠心耿耿、為人民辦事的黨員幹部，和那些吃苦在先得利在後的同志，那些為了人民的利益而犧牲了個人一切的人，就是道德高尚的人，他們不愧為忠誠的共產主義戰士，相反地忘記了全心全意為人民服務的宗旨，不是正確地運用黨和人民給予的職權和工作條件為人民謀幸福，而是千方百計地為自己或自己周圍的一些人謀取私利的人，則喪失了一個共產黨員應有的思想品質。

集體主義原則應用於集體和集體之間、集體與國家之間的關係上，要求人們正確認識局部與全局的關係，樹立全局觀點。毛澤東同志不止一次地告誡我們說：「共產黨員必須懂得以局部需要服從全局需要這個道理。如果某項意見在局部的情形看來是可行的，而在全局的情形看來是不可行的，就應以局部服從全局」（《毛澤東選集》第二卷，第491頁）。毛澤東同志的這一教導對於我國目前正在進行的經濟改革，強調發揮地方積極性、擴大企業自主權、實行利改稅等，有重要的指導意義。

集體主義原則應用於個人思想行為上，要求人們樹立先公後私，因公忘私或大公無私的精神。大公無私的精神，即為「毫不利己，專門利人」的精神。做到這一點不是很容易的，但也不是絕對達不到的。人們只要肯用心改造自己的舊思想，改正意識，努力學習馬列主義，積極進行共產主義道德修養，終究可以成為一個大公無私的人。恰如毛澤東同志在《紀念白求恩》一文中所說：「我們大家要學習他毫無自私自利之心的精神。從這點出發，就可

以變爲大有利於人民的人。一個人能力有大小，但只要有這點精神，就是一個高尙的人，一個純粹的人，一個有道德的人，一個脫離了低級趣味的人，一個有利於人民的人。」（《毛澤東選集》第二卷，第612頁）

二、尊重人的價值和革命的人道主義

毛澤東同志結合中國革命的經驗，對社會主義人道主義作了重要的補充和發展。

首先，毛澤東同志認爲，人具有最高的價值。他說：「世間一切事物中，人是第一可寶貴的。在共產黨領導下，只要有了人，什麼人間奇跡也可以創造出來。」（《毛澤東選集》第四卷，第1449頁）。這裡充分肯定了人是一切價值中最偉大的價值，因爲人世間一切奇跡，即一切絢麗多彩的物質價值，如宇宙飛船、核能發電、摩天大樓等等和一切不朽的精神作品如偉大的詩篇、傑出的科學文獻等，都是人創造的。人民群衆是歷史的創造者。毛澤東同志說：「人民，只有人民才是創造世界歷史的動力。」（《毛澤東選集》第三卷，第980頁）又說：「人民群衆有無限的創造力，他可以組織起來，向一切可以發揮自己的力量的地方和部門進軍，向生產的廣度和深度進軍，替自己創造日益增多的福利事業。」（《中國農村社會主義高潮》中冊，第578頁）毛澤東同志在這裡深刻地闡述了人的價值（個人和群衆）就在於有認識世界、改造世界的能力，並能夠把這種能力充分地發揮出來，爲社會同時也爲自己創造日益增多的物質財富和精神財富。

其次，在人民內部倡導同志式的平等關係。毛澤東同志一貫重視倡導以平等態度待人，尊重他人的人格。就是對於已經放下武器的敵軍的俘虜，也不能侮辱他的人格。並且認爲這是一個根本態度問題。早在井岡山斗爭時期，毛澤東同志就提出在紅軍內部實行民主主義，強調軍民一致、官兵一致。在抗日戰爭時期，又一次明確地指出：「很多人對於官兵關係、軍民關係弄不好，以爲是方法不對，我總告訴他們是根本態度（或根本宗旨）問題，這態度就是尊重士兵、尊重人民」。又說：「軍隊政治工作三大原則：第一是官兵一致，第二是軍民一致，第三是瓦解敵軍。這些原則要實行有效，都必須從尊重士兵，尊重人民，尊重已經放下武器的敵軍俘虜的人格這種根本態度出發。那些認爲不是根本態度問題，而是技術問題的實在是想錯了，應該加以改正才對」（《毛澤東選集》第二卷，第479頁）尊重他人的人格，以平等的態度待

人，這條革命人道主義的準則，在民主革命時期，對團結人民、打擊敵人，奪取革命戰爭的勝利、曾經起過巨大的作用，今天在我們實現四個現代化的過程中。對化解消極因素為積極因素，團結一切可以團結的力量，將起到更大的作用。

第三，愛人民，恨敵人。毛譯東同志認為，革命人道主義與馬克思主義價級鬥爭的學說與人民民主專政的理論是一致的。這一點在他的許多著作中都有體現，毛澤東同志的《將革命進行到底》、《論人民民主專政》中指出只能對人民「施仁政」，不能對敵人「施仁政」。對敵人不能心慈手軟，不能憐惜他們，相反的要以革命的暴力對待他們。保護人民，打擊敵人，同一件事情的兩個方面，是革命人道主義極其重要的內容。保護人民，首先是愛護人民，關心人民群眾的切身利益。毛澤東同志說：「我們廣大群眾的切身利益問題，群眾的生活問題，就一點也不能疏忽，一點也不能看輕。」（《毛澤東選集》第一卷，第 122 頁）他歷來主張，把解決群眾穿衣、吃飯、住房子、生孩子等等問題提到工作的日程上，對不關心群眾疾苦，忽視群眾利益的官僚主義作風多次作過嚴厲的批評。

保護人民還要以高度信賴的態度對待人民群眾。毛澤東同志教導我們要相信群眾，依靠群眾，尊重人民群眾的首創精神，就是對待那些犯有錯誤的同志，也要採取與人為善的態度。「一要看，二要幫」，熱心幫助，耐心教導。對於願意改正錯誤的同志就要信任他們，放手讓他們工作。無產階級對剝削者講專政，不實行肉體消滅，而是把他們成為新生的自食其力的勞動者，這本身就是革命人道主義的表現。

毛澤東同志主張，對解除武裝的敵人，實行革命人道主義待遇，如優待俘虜，寬大釋放，對俘虜中的傷病員一視同仁地予以治療，對待犯人，不准虐待，把他們當人看，對守法的反革命分子實行「給出路」的政策，這些都是革命人道主義原則的體現和運用。

三、擁護共產黨和熱愛社會主義祖國

毛澤東同志指出，愛國主義是有階級性的，要善於區分各種不同的愛國主義，然後規定我們取捨的態度。他說：「愛國主義的具體內容，看在什麼條件下來決定，有日本侵略者和希特勒的『愛國主義』，有我們的愛國主義，對日本侵略者和希特勒的所謂『愛國主義』，共產黨員是必須堅決反對的。」

（《毛澤東選集》第二卷，第 486 頁）今天我們講愛國，就只能愛中華人民共和國，不是愛那個所謂的「中華民國」，「中華民國」，早已被人民革命所推翻了。當然這不是說可以不愛臺灣和臺灣人民。臺灣和臺灣人民我們是熱愛的，但不是把他當作一個獨立存在的實體，而是當作中華人民共和國不可分割的一部分。

毛澤東同志還認為，在社會主義時期愛國主義與擁護共產黨的領導，熱愛社會主義制度是一致的。

近代百年來中國革命從失敗走向成功的歷史證明，沒有中國共產黨的領導，就沒有中國革命的勝利，沒有中國共產黨的領導，也不會有中國的繁榮和富強。所以，熱愛祖國和擁護共產黨領導是分不開的。毛澤東同志在《論人民民主專政》一文中總結中國革命勝利的歷史經驗時，曾經指出，自從鴉片戰爭失敗以來，先進的中國人，從洪秀全，康有為，嚴復到孫中山，向西方國家尋找真理，企圖以資產階級共和國的模式，解決中國的獨立與富強問題，結果都失敗了。事實告訴我們，只有走社會主義道路，才有光明的未來。毛澤東同志說：「十月革命一聲炮響，給我們送來了馬克思列寧主義。十月命革幫助了全世界，也帶助了中國的先進分子，用無產階級的宇宙觀作為觀察國家命運的工具，重新考慮自己的問題。走俄國人的路，這就是結論。(《毛澤東選集》第四卷，第 1408 頁)。歷史經驗證明「只有社會主義能夠救中國」，因此，愛國不是抽象的，愛國與愛社會主義是完全一致的。

毛澤東同志深刻地論述了愛國主義與國際主義的一致性以及國際主義原則的豐富的內容。他指出，我們中國與其它社會主義國家，與世界上一切被壓迫的國家和人民，與一切愛好和平的國家和人民有「共同的利益，共同的理想」，這樣才把我們緊密地聯繫在一起。毛澤東同志說：「我們要和一切資本主義國家的無產階級聯合起來，……才能打倒帝國主義，解放我們的民族和人民，解放世界的民族和人民」(《毛澤東選集》第二卷，第 620 頁)。「已經勝利的人民應該援助正在爭取解放一的人民的鬥爭，這就是我們的國際主義義務」。(《接見非洲朋友的談話》，見 1963 年 8 月 8 日《人民日報》)他還說，社會主義各國人民要聯合起來，全世界各大洲的人民要聯合起來，所有愛好平的國家要聯合起來，結成最廣泛的統一戰線，反對帝國主義、霸權主義的侵略政策與戰爭政策，保衛世界和平。」

四、倫理學的發展和道德遺產的批判繼承

毛澤東同志結合中國的民族特點和歷史特點，科學地闡述了馬克思主義關於文化和道德遺產的批判繼承的理論和方法。

首先，他指出，對提高中華民族的尊嚴和自尊心有益處，對建設我們的新文化、新道德有幫助的文化遺產，不論是中國的、外國的、古代的、現代的，都可以批判地繼承。他說：「我們是馬克思主義的歷史主義者，我們不能割斷歷史。從孔夫子到孫中山，我們應該給以總結，繼承這一份珍貴的遺產」。(《毛澤東選集》第二卷，第 499 頁)，又說：「中國應該大量地吸收外國進步的文化，作爲自己文化食糧的原料，這種工作過去還做得很不夠，這不但是當前的社會主義和新民主主義文化，還有外國的古代文化，例如各資本主義國家啓蒙時代的文化，凡屬我們今天用得著的東西，都應該吸收。」(《毛澤東選集》) 第二卷，第 667 頁) 同時，毛澤東同志還十分明確的指出，就是剝削階級的東西，也不要排斥，也可以批到繼承。毛澤東同志的這種觀點非常可貴，他對待歷史上的一切優秀文化遺產的態度，令人欽佩。這對那些把剝削階級的文化、道德視爲糞土，不屑一顧，甚至一概否定的教條主義態度，是個極好的教育和啓發。

其次，毛澤東同志指出，批判繼承的方法是「一分爲二」，分清精華與糟粕，不可他認爲，對中國古代的文化，不是無批判的兼收並蓄，對西方的文化也不是全盤接收，而是要採取分析的態度，他說：「必須將古代的封建統治階級的一切腐朽的東西和古代的優秀的人民文化即多少帶有民主性和革命性的東西區別開來。」(《毛澤東選集》) 第二卷，第 668 頁)，又說，對一切外國的東西「把它分成精華與糟粕兩部分，然後排泄其糟粕，吸取其精華。」(同一上，第 667 頁)，毛澤東同志尤其強調，既要反對民族虛無主義，又要反對盲目排外主義。毛澤東同志這樣一些觀點是完全正確的，可惜有的同志竟然忘卻了，近幾年來盲目的崇拜西方的哲學理論與文學藝術，不加分析的把那些極端落後的、甚至腐朽的沒落的東西，原封不動的引進到中國來，污染我們的思想意識，敗壞社會風氣，這是非常錯誤的，應當旗幟鮮明地批判和抵制。

此外，毛澤東同志還指出，不但要批判繼承前人的文化和道德，尤其要建立和創造自己民族的、科學的、人民大眾的新文化、新道德。我們學習、借鑒前人的、外國的東西，根本目的在於發展我們自己的文化和道德，建設

我們自己的社會主義的精神文明。

　　毛澤東同志的倫理思想是非常豐富的，除了上述幾個方面以上，還有關於革命的功利主義，道德評價的理論，道德教育、道德修養的理論等。因篇幅所限，不再一一論列。

簡述我們的民族精神

　　中國具有五千年文明的歷史，近年考古發現中華文明，不止五千年，還要更早些。

　　這麼悠久的歷史，爲什麼綿延不絕？古埃及文明、巴比倫文明、印度文明都已終絕，爲什麼獨有中華文明傲然挺立在世界之上，且歷久彌新？

　　這是因爲，我們有一種偉大的民族精神。這種精神鼓舞著我們、鞭策著我們奮勇向前，排除一切艱難險阻，大踏步地前進。

　　江澤民在中國共產黨第十六次全國代表大會上所作的報告中指出：「民族精神是一個民族賴以生存和發展的精神支撐。一個民族沒有振奮的精神和高尚的品格，不可能自立於民族之林。在五千多年的發展中，中華民族形成了以愛國主義爲核心的團結統一、愛好和平、勤勞勇敢、自強不息的偉大民族精神」。

　　本文依據江澤民同志「十六大」講話精神，從學理上就以下幾個方面，談談我們的民族精神。

一、剛健有爲與自強不息

　　《易傳》上有兩句話，最能反映中國傳統文化中的民族精神。這就是「天行健，君子以自強不息」，「地勢坤，君子以厚德載物」，即自強不息，或堅忍自強。

　　先秦儒家的代表人物孔子、孟子、荀子的言行都體現了這種精神。《論語》有一段話講孔子的爲人：「其爲人也，發憤忘食，樂以忘憂，不知老之將至云爾」。孔夫子一生爲實現理想宣傳主張，頑強忘我地奮鬥，常常是「知其不可

爲而爲之」。

這種精神，就是「生命不止，奮鬥不息」的精神，亦即「奮發圖強，積極進取」的精神。中國革命的先行者孫中山先生的一生卓越地體現了這種精神。他爲推翻清王朝，組織、策劃了一次又一次的武裝起義，直至推翻封建王朝，建立民國；當民國政權被袁世凱篡奪時，又發動「討袁護國」戰爭。

以毛澤東爲首的中國共產黨人領導中國人民推翻三座大山，也是這種精神的典範。毛澤東在《論聯合政府》一文的結束語裏有這樣一段話：「同志們，有了三次革命經驗的中國共產黨，我們堅決相信，我們是能夠完成我們的偉大政治任務的。成千成萬的先烈，爲著人民的利益，在我們的前頭英勇地犧牲了，讓我們高舉起他們的旗幟，踏著他們的血跡前進吧！」這就是說，中國共產黨人繼承了中華民族這種積極奮鬥精神，終於贏得了中國革命的偉大勝利。

剛健有爲、自強不息就是我們民族精神的根本，這就是中華文化綿延不絕，永遠屹立於世界東方的原因之所在。

二、「天人合一」與人性、天道同一

「天人合一」即指人與自然的關係，又指人性與天理的關係，認爲人性與天道同一。儒家經典《中庸》以誠爲天之道，又以誠爲人生修養的最高精神境界。「誠者，天之道也。誠之者，人之道也。誠者，不勉而中，不思而得，從容中道，聖人也。誠之者，擇善而固之者也」。這就是說人性與天道不僅同一，而且人「與天地參」。儒家後學者，都堅守「天人合一」的思想，如漢代的董仲舒、宋代的張載、朱熹等。

「天人合一」的思想，不只是儒家的思想，而且是各家共有的思想，滲透到中國文化的方方面面，成爲中國文化最重要的精神。

以儒家觀點看，天與人有區別，又有聯繫，以天人互不相違爲理想，天不違人，人不違天，即人與自然應協調。

「天人合一」的思想不僅認爲人與自然應協調，而且認爲自然規律與人世道德有某種聯繫。

「天人合一」的思想是中國文化之精華，今天看來，依然有重大的深遠意義。在生態危機嚴重威脅人類生存的今天，重溫中國傳統文化中「天人合一」的思想，會有莫大的啓迪。人應該以自然爲友，尊重自然的生存與發展

的權利，在開發自然的同時給自然以休養生息、繁衍發展的機會與條件。這才是保持自然界與人類社會和諧相處之正道。

三、重視人格與道德教化

中國傳統文化，重視人與獸的區別，重視人格的提升與教化，即重視做人、關注人的道德心理與精神的塑造。

孔子講「仁學」就是為指導人倫日用。從個人方面說，講個人自我修養，建立理想人格，做君子、仁人、賢人或聖人。從社會方面說，講道德教化，以德治國，建立理想的社會秩序。理想社會秩序的建立以每個人的人格修養為起點。儒家經典《大學》中說：格物、致知、誠意、正心、修身、齊家、治國、平天下，即是說從個人修養出發，最後達到治國安邦的目的。其可貴之處，在於強調道德修養從端正思想到實際行動，把知與行、說與做統一起來了。

這裡的關鍵在人格修養、人格塑造，即如何做人，如何成為一個人。做人的根本，就在於人應當有道德。荀子對此講得極明確：「水火有氣而無生，草木有生而無知，禽獸有知而無義；人有氣、有生、有知亦且有義，故最為天下貴也」。即人最為可貴就在於人與禽獸不同，人有道德。

那麼，人的道德從哪兒來？從中國傳統道德文化看，不論性善論，性惡論，性不善不惡論，性有善有惡論，都有共同的思想：人要具備善性，成為有德之人，關鍵在個人的道德修養，同時還需要有社會的道德教化。

在道德修養，道德教化上，人人平等。孟子認為「人皆可以為堯舜」。他說：「舜，何人也？予何人也？有為者亦若是」，荀子說：「塗之人可以禹」。

重視做人，重視人的道德修養、道德教化是儒學的基本精神，也是中國傳統文化的一項基本精神，中國人教育子弟，總是以做人為第一要務。可見，中國人德育第一，可以說是古已有之的傳統。

四、「和為貴」與「和而不同」

《論語》中有一段話，「子曰：禮之用，和為貴。先王之道，斯為美」，這裡突出「和為貴」的思想，認為禮的運用以「和諧」為貴。古代君主治國的原則，以此為美，以此為善。

「和為貴」，以「和」為貴。這個「和」，不是折中調和，而是諸如清濁、高低、大小、短長等矛盾的相成相濟。孔子說：「君子和而不同，小人同而不

和」。意思說，君子講和諧，而不是同流合污，小人講同流合污而不講和諧。可見「和」，不是「同」。和是差別與矛盾的同一或統一。

「和」，有萬物生成、發展的規律的意義，《國語‧鄭語》說：「和實生物」。《禮記‧樂記》說：「和，故百物皆化」。

「和」還有「中」的含義，即構成萬物的矛盾諸方面必有一定的度和量，無過無不及，這就是中。《禮記‧中庸》說：「發而皆中節，謂之和」。

「和」還有人與物的重要德性的意義。「和」作爲一種德性，在儒家那裡，講道德要求於人的應有的責任或應盡的義務是對應的。如君禮臣忠，父慈子孝，夫和妻順，兄友弟恭，朋友有信。「和」是中國傳統文化的極其重要的精神，滲透在人與自然、人與社會、人與人、人與自我（主體我與客體我）的關係的各方面。孫中山先生贊許「和」的道德，說中國人最愛好和平，反對戰爭，說中國歷史上不侵略、奴役他國，原因是中國人愛好和平。所以愛好和平也是我們的一種民族精神。

五、家族本位主義和群體意識

中國文化不同於西方文化的重要之點就是中國是家族本位主義，西方則是個人本位主義。家族本位主義，特別注意血緣與親情，中國人向來家庭觀念極深。家庭是生產、消費、生活與教育的單位，也是愛的場所。父子血緣之情，夫婦恩愛之情，兄弟手足之情，朋友兄弟之情，總而言之很講究人情。

家庭觀念擴大或延伸則爲國家觀念與群體意識，把國家、民族看作是家庭或家族的擴大，形成了個人對家庭或家族的依賴關係，對國家、民族的忠誠意識。強調對家庭、對社會、對國家、民族的義務、責任和愛的意識，久而久之就產生一種強烈的愛國主義觀念，這就是以國家民族的利益爲大義，爲了國家、民族利益，赴湯蹈火，在所不辭，「殺身成仁」，「舍生取義」爲當然之理。由此，可知愛國主義是中國文化的優秀的傳統之一，是極重要的民族精神。

六、不尙宗教與人文主義

中國傳統文化是人文主義的，其中宗教因素不是絕對沒有，但從來未曾佔據主導地位。隋唐時期，佛教傳入中國，對中國文化發生了重要影響，但輕鬼神，不迷信的人文主義思想影響深遠。孔子說：「未能事人，焉能事鬼？」

「未知生，焉知死。」「務民之義，敬鬼神而遠之。」孔子又說：「子不語怪、力、亂、神。」這就是說，儒家不迷信，不崇尚宗教。他們教導人們，不要把精神浪費在對彼岸世界的天國的種種幻想上，而要在此岸世界，奮發向上，學做聖賢，經邦濟世，建功立業。以上所論之傳統文化的基本精神就是我所理解的中華民族的民族精神。我們全體國民應當很好地學習、研究、培養和弘揚我們偉大的民族精神，它是我們的民族魂，民族大廈的支撐。

參考文獻

1. 張岱年：《中國倫理思想研究》〔M〕，上海：上海人民出版社，1989 年。
2. 錢遜：《先秦儒學》〔M〕，瀋陽：遼寧教育出版社，1991 年。
3. 宋惠昌：《人的發現與人的解放：近代中國價值觀的嬗變》〔M〕，成都：四川人民出版社，2008 年。
4. 江澤民：《全面建設小康社會開創中國特色社會主義事業新局面》〔R〕，北京：人民出版社，2000 年。
5. 毛澤東：《毛澤東選集》〔M〕，北京：人民出版社，1966 年。

五編：綜述、序言與書評

我國十年來的倫理學

從黨的十一屆三中全會以來，倫理學界和整個學術界一樣，解放思想，開展爭鳴，重新學習和研究馬克思主義，探討社會主義建設和改革中的倫理、道德問題，使學術思想有較大的發展。

一、簡要的回顧

眾所周知，倫理學是哲學的一個分支學科。它是研究道德及其發展規律的科學。倫理學一定意義上說，它是以人爲中心的，教導人們如何做人，怎樣對待他人，怎樣生活才有意義，有價值。所以，我們又可以說，倫理學就是人生活、實踐的哲學。

然而，這樣一門重要的學科，在「左」傾思想起支配作用的年代裏，命運多舛，前途坎坷，遭到了極不公正的待遇。一九五二年院系調整時，同時調整了專業，倫理學和社會學一起被當作僞科學砍掉了。一九六○年前後，根據社會生活發展的需要，中國社會科學院、中國人民大學、北京大學，在中央有關部門的支持下，先後組建了倫理學研究室或教研室。教學和科研工作剛有點眉目，接著又受到一連串的政治運動的衝擊和干擾，不得不中斷剛剛開始的教學和科研工作。從五十年代開始，到一九七八年爲止，近三十年倫理學教學和科研工作，實際上處於「停擺」狀態。倫理學方面的理論文章、學術著作寥若晨星。

可是自黨的十一屆三中全會以來，短短的十年，倫理學卻恢復了生機，得到發展。就學科建設而言，取得了以往三十年所不曾取得的成就。

第一、許多高等學校開設了倫理學課。

一九七八年人民大學首先恢復了倫理學課。繼人大之後，北京大學、上海師大、北京師大等也陸續開設了倫理學課。

在一些重點院校，近年來還開設了中國倫理思想史、西方倫理思想史，當代西方倫理學等課程。

第二、培訓了師資，建立和壯大了教學和科研隊伍。

人大、北大、華東師大等院校，這些年來舉辦了各種形式的倫理學師資培訓班、招收了數十名倫理學碩士生、博士生，培養了數百名倫理學、德育學方面的專業師資和科研工作者。

第三、編寫並出版了若干倫理學教科書、專著和工具書。

自一九七八年以來，先後出版了有關倫理學的教科書、專著，如《馬克思主義倫理學》、《倫理學簡明教程》、《道德與社會生活》、《共產主義道德通論》、《社會主義道德基本原理》、《中國倫理思想史》、《西方倫理思想史》、《二十世紀西方倫理學》、《西方著名倫理學家評傳》等等不下數十本。

還編輯出版了《倫理學名詞解釋》、《簡明倫理學詞典》、《倫理學百科詞典》等。

此外，在應用倫理學方面，也出版了若干著作例如《職業倫理學概論》、《軍人倫理學》、《教師倫理學》、《生命倫理學》、《醫學倫理學概論》等等。

第四、全國和地方倫理學會，召開了各種不同層次的倫理學術討論會，促進了學術思想的交流和發展。

全國倫理學會，自一九八〇年以來，先後召開了四次全國性的學術討論會，地方省市倫理學會也多次組織不同形式，不同內容的研討會、討論會、報告會，有力地推動了倫理學理論和學術思想的研究和發展。

二、面向世界，進行開放式的研究

以前，我們許多倫理學理論工作者，總認為自己的這一套，是科學真理，其它的都不在話下，西方的特別是當代西方的不屑一顧，他們的東西，都是資產階級的貨色。在這樣思維模式的指導下，我們就把自己孤立起來了，甚至走向與世隔絕的道路，使我們的教學和科學研究工作落後了一大截。

黨的十一屆三中全會制定一系列方針政策，從根本上改變了我國「閉關自守」的局面。

我們倫理學也本著面向世界的精神，開始研究蘇聯和西方世界的倫理學，以便吸取新的知識，豐富和發展我們自己的倫理學。

這些年來，我們的學者先後翻譯、出版了蘇聯基塔連科教授主編《馬克思主義倫理學原理》、科恩著《自我論》、科諾瓦珞娃著《道德與認識》，美國學者 G・E 穆爾著《倫理學》、L・J 賓克萊著《理想的衝突》、威廉・K 弗蘭克納著《道德哲學導論》等著作。

此外，我們還引進了臺灣學者的一些倫理學著作，例如龔寶善著《現代倫理學》、王臣瑞著《倫理學》、韋政通著《倫理思想的突破》等等。

這些著作翻譯出版或引進，使我們瞭解了當代蘇聯、西方和亞洲國家或地區倫理學研究的動態和成果，以及他們所達到的水平。這一切啓發了我們對一些問題的認識與思考，從而，充實了我們的教學內容，提高了我們的研究水平。

例如：蘇聯哲學博士、教授基塔連科在他主編《馬克思主義倫理學》一書中，關於道德的定義，作者提出了自己的新見解。作者說：「道德可以說是人的行為一個受社會歷史生活制約的屬性，是那些活生生的具體的個人相互聯繫在一起（或者相反，使他們互相分離）的價值意義」。正如作者自己所說，這是對道德的一種前所未有的新看法。這也就是說，道德不但是統治階級維護社會秩序的工具和手段，也是人自我肯定、自我發展的一種形式。道德不但是外在於人的社會的他律，而且也是內在於人的自律。

蘇聯學者們關於社會主義道德規範體系的研究，也獨具匠心，頗有見地。作者們認為，人道主義是社會主義一條重要道德原則。作者指出，「人道主義，通常被解釋為對人的尊重和愛，被理解為必須使人與人的交往形式具有人性的意識。人道主義是道德發展的最深刻的趨勢之一」。「道德進步本身，就在於人道程度的增長」。無疑的這些診斷是深刻而又正確的。人道主義絕不是資產階級的專利品，它是人類優秀的道德遺產。人道主義不是馬克思主義倫理學之外的東西，人道主義是馬克思主義倫理學一個有機構成部分。可以說，沒有馬克思主義的人道主義，也就沒有馬克思主義倫理學。

蘇聯學者，對人的本質的研究，也有獨到之處。他們說：「人的本質不是由人的生物生理本性決定的，不是以超自然的方式加到人身上去的。它是自我決定的。人是由他自己創造出來的。」「人是有創造力的生物和被創造的生物；他既是變化的原因，又是變化的結果。人及其本質形成的過程，同時是

自然歷史的發展和自覺的有目的活動的發展」。這就是說，要從動態角度把握人的本質。人創造了社會關係，並在社會關係中活動，社會關係和社會活動規定了人的本質，換言之，人的本質是人自由自覺活動的結果。這樣分析、認識人的本質，根本不同於唯心論、形而上學唯物論反科學的見解，也有別於教條主義的馬克思主義的理解。

國外學者們的倫理學著作，其中有許多值得我們學習、借鑒的觀點和思想。例如，蒂洛在他的《倫理學——理論與實踐》一書中，解釋什麼是道德時，他說：「道德基本上是討論人的問題，討論人同其它存在物的關係如何。道德討論如何對待其它存在物，以促進共同的福利、發展和創造性，努力爭取善良戰勝醜惡、正確戰勝錯誤」。這種對道德的界說，既說明道德以人為中心，道德學（即倫理學）是真正的人學。但道德不限於研究人、研究人與人的關係以及如何處理這些關係。道德還要研究人與非人的關係，以及如何對待這些關係。按蒂洛的觀點說，道德包括宗教道德、自然道德、個人道德和社會道德四個方面。作者這樣說明道德符合西方社會的傳統，符合科技革命發展的時代要求。這種見解，對我們是有啓發的。宗教道德討論人與上帝的關係，人與人的關係。其中，人與上帝的關係，從我們唯物論、無神論觀點看是荒謬的，是不可取的。但是宗教道德中不乏調節人際關係許多有積極意義的思想與觀點，卻不可置之不理。至於自然道德，講人與自然的關係，人如何對待自然界，卻是人類道德不可缺少的方面。今日世界，由於工業和科技的發展和廣泛應用給人類帶來了福利，但同時造成嚴重的環境污染和生態危機。其污染和危機日甚一日，並危及到人類的健康和生存，所以，人必須講究自然道德或環境倫理。

美國學者威廉‧K‧弗蘭克納《倫理學導論》（即《善的求索》）一書，是西方世界元倫理學向規範倫理學復歸的奠基性的著作。作者以元倫理學的方法，研究規範倫理學，使規範倫理學的理論更加科學與精確。

弗蘭克納指出，與道德有關的三種思考是：(1)有描述性的經驗研究；(2)有規範的思考，(3)還有「分析的」、「批判的」、或「元倫理學的思考。這三種思考，全面地概括了倫理學的類型。作者還說明它們之間的聯繫和區別。這就啓示我們對倫理學的研究，必須吸取廣博的知識，進行多方面，多角度，多層次的研究。

弗蘭克納對規範倫理學中的目的論、義務論理論作了系統的分析，公正

地評述了它們的「功過」是非，提出了自己的混合義務論。這就是說，目的論倫理學、義務論倫理學都有自己的局限性，人不能處處事事都講功利，但也不能事事處處都講義務，正確的應當是兩者的結合。總之，道德具有功利性，又具有超功利性。這種深邃的見解，使讀者茅塞頓開，歷史上長期對峙的兩種規範倫理學，在混合義務論裏達到統一。

臺灣倫理學者們，對中國傳統的文化、道德進行深刻的反省和批判。指出它們妨礙現代社會進步的癥結之所在，吸取西方資本主義社會倫理觀中的積極因素，改造儒家倫理，使之現代化。他們努力探求因經濟和科技發展而出現的新的倫理、道德問題。這些都是值得稱道的。他們對當代倫理道德問題的研究，有許多值得我們學習的地方。

例如，韋政通教授在他的《倫理思想的突破》一書中寫道：「價值的更新，將是中國完成現代化過程中最後一次決戰，更新速度的快慢，直接影響現代化過程的高低」。這一可謂真知灼見，對臺灣現代社會的建設來說是如此，對大陸社會主義現代化，也必是如此。舊時代的保守的、落後的道德意識，價值觀念，如不徹底改變，必將阻礙四個現代化的實現。

韋政通先生說：「倫理、民主、科學是重建中國文化的三塊基石」。讀後，頗感有理。科學與民主，「五四」以來，為國人所推崇，但至今還沒有形成「權威」。難道我們社會主義倫理、道德建設可以脫離民主與科學的精神嗎？我認為不能。科學與民主是社會主義新倫理建設的前提，也是它的內容。

三、突破禁區，開展自由爭鳴

黨的十一屆三中全會，提出「解放思想，開動筋腦，實事求是，團結一致向前看」的方針，重申「實踐是檢驗真理的標準」。這對理論界、學術界來說，是一次精神和思想大解放。學者們如今不同過去，對倫理學中的理論問題，可以毫無顧忌地、坦率地發表自己的見解。由此開創了學術爭鳴、理論探討的新時期。

十年來，倫理學界就一些基本理論問題，展開了熱烈的討論。諸如：倫理學研究的方法問題；社會主義初級階段道德規範體系問題；人道主義問題；人性和人的本質問題；人的價值問題；道德的本質和道德的主體性問題，道德遺產的批判繼承問題；怎樣看待中國的傳統道德問題；如何評價「合理」利己主義問題；以及究竟什麼是個人主義問題等等。討論的問題涉及面很寬，

而且越來越深化，這是新中國成立以來所沒有的。

現僅就其中若干重要理論問題，把討論、研究的進展、概述如下：

關於倫理學研究的方法問題

學者們認為，倫理學是哲學的分支學科，研究哲學的方法，如歸納與演譯、比較、階級和歷史分析等方法都適用於倫理學。但是倫理學也具有邊緣學科的性質，因此，研究倫理學不能局限於哲學的方法，同倫理學相近的學科，如心理學、社會學的一些方法也可以應用。現代科學的發展、自然科學、社會科學研究方法的界限已被衝破，兩者日益相互滲透，相互借鑒。倫理學要有一個新的發展，就要引進一些自然科學的方法，如系統論、控制論、信息論的方法。有的論者指出，綜合自然科學、人文科學和倫理學自身的研究方法，具體地說，倫理學研究的新方法，有四種：(1)外部研究與內部研究；(2)發生學與非發生學的研究；(3)客觀研究與釋義研究；(4)單一研究與橫斷研究。

關於社會主義初級階段道德規範體系問題

學者們認為，適應社會主義初級階段的經濟關係、政治制度和人們的思想狀況，應當把社會主義道德和共產主義道德作相對區分，不宜籠統地要求人們普遍地實行共產主義道德。對大多數人來說，實行「愛祖國、愛人民、愛勞動、愛科學、愛社會主義」比較現實，能夠為人們所接受。但社會主義道德和共產主義道德（狹義）有內在聯繫，社會主義是向共產主義前進的歷史運動。因此，我們還要在全社會認真提倡共產主義道德。儘管共產主義道德在當前只能為少數先進分子和真正的共產黨人所遵循，但它畢竟是人類道德進步的方向。

實踐證明，那種不區別社會主義道德和共產主義道德，一律要求人們立刻實行高標準的共產主義道德，是脫離實際的「左」的傾向，是根本行不通的。就是實行社會主義道德，也須注意它的層次性。

有學者撰文指出，社會主義初級階段的經濟關係是以公有制為主同時存在多種經濟成份，以按勞分配為主同時存在多種分配形式，與這種經濟關係相適應，我們的道德規範體有 3 個不同的層次。較低的層次是人類公共生活中一般的道德規範，即公共生活中簡單的道德行為準則；中間的層次是社會主義道德，即「五愛」道德；較高的層次，則是共產主義道德。據此可以知

道，社會主義階段的道德規範體系有三個基本特徵，即現實性與理想性的統
一；綜合性與層次性的統一；先進性與群眾性的統一。所謂現實性與理想性
的統一，是指我們的道德規範體系從社會主義初級階段實際情況出發的，人
們能夠做得到，但同時又有理想的成份，必須努力才能達到道德標準的要求；
所謂綜合性與層次性的統一，是指我們的道德規範體系是一個統一的整體，
它繼承了人類優秀的道德遺產，同時又包含不同的層次內容，不同的要求，
適合不同認識水平、不同覺悟水平的人需要。所謂先進性與群眾性的統一，
是指先進的人們可以接受，後進的人們也可以實行，這裡包含有不同的境界。

在社會主義道德規範體系中，有一個重要問題，就是什麼是社會主義道
德的基本原則？

以前，大多數學者都認為是集體主義。近年來，有人提出疑義，認為集
體主義是基本原則之一，但不是唯一的基本原則。因為集體主義只能調節個
人與集體之間的關係，而不能調節個人與個人，或集體與集體之間的關係。
因此，必須有另外的原則。除集體主義原則之外，還有熱愛社會主義的原則
和人道主義原則。隨著經濟改革的深入和商品經濟的發展，學者們認為，講
三條原則也顯得不夠了，應當是五條，即熱愛社會主義、集體主義、人道主
義、公正和誠實守信。

公正原則，古已有之，但是在馬克思主義倫理學體系中，很少談到，即
使談到也只是作為個人道德品質範疇來講的，顯然這是很不夠的。商品經濟
的發展，使等價交換的原則成為人們經濟行為的基本準則。在道德生活領域
中，就必然要求把公正原則，提到基本原則的地位上來。因此，公正原則，
特別受到人們的重視，得到倫理學者的青睞。公正包括多方面，如用人公正、
賞罰公正、升學、晉級機會均等，等等均屬公正範疇。但公正原則的核心內
容，乃是利益分配公正。經濟體制改革，就是人們利益關係的再調整。這裡
面涉及公正原則問題。分配公正的尺度，是「各盡所能，按勞分配」。以此作
參照系，那麼，絕對平均主義，「大鍋飯」、「鐵飯碗」，違背按勞分配的標準，
顯然是一種不公正。因此，應當堅決改革絕對平均主義的分配製度，堅決抵
制和克服絕對平均主義的道德意識。絕對平均主義是一種不公正，工資收入
相差懸殊也是一種不公正，也應予以糾正。

誠實守信，本是我們中華民族的優秀道德傳統。然而以往，由於「左」
傾教條主義的影響，輕視自己的優秀道德遺產，竟在我們的倫理學中，沒有

給它以應有的地位。商品經濟的基本準則，就是誠實。這就是所謂「誠召天下客」。當然，不可否認，商品經濟中，欺騙顧客，弄虛作假的事也是屢見不鮮的。但商品經濟的發展，依靠的是誠實守信的作用，而不是依靠謊言和欺騙的作用。

誠實守信，具有豐富的內涵與外延。表現在多方面，在工作時間上，嚴格守時，準時開店、開車、開會。在商品交易上，明碼實價、秤平尺足、童叟無欺。在相互關係上，履行契約，遵守諾言，在做人的態度上，表裏如一，言行一致。誠實守信的基本精神，就是眞實無欺。

關於人道主義問題

學者們對人道主義的性質，它在馬克思主義倫理學體系中的地位與作用的認識，不斷地深化。

以前不少學者認爲，人道主義是資產階級意識形態，是資本主義社會的道德。在馬克思主義的倫理學中，沒有它的地位。經過這些年來的研討，承認有馬克思主義人道主義的存在，並且認爲它是社會主義道德規範體系中，一個帶有根本性的原則，至少也是一個重要的道德規範。這可以說，是倫理學同仁的共識。這種新的認識比之黨的十一屆三中全會以前，僅僅把馬克思主義人道主義看作是對敵鬥爭的一種策略，或者救死扶傷的人道主義，是何等巨大的進步。

人道主義是社會進步的產物，是人類寶貴的道德遺產。社會主義和共產主義道德，作爲人類道德發展的新階段，作爲最進步、最科學、最有生命力的道德觀，無疑地它要繼承和發揚人類優秀的道德文化遺產，包括人道主義在內。因此，學者們認爲，人道主義是社會主義和共產主義道德本身所固有的，而不是什麼外來的東西。但是馬克思主義人道主義又不同於歷史上一切形式的人道主義。馬克思主義人道主義是唯物主義的人道主義，實踐的人道主義，革命的人道主義。它是以革命的手段，消除不人道的根源，實現人道目標的思想和行動。廣義的馬克思主義人道主義，包括人性、人的價值、人的異化、人的解放和人的全面發展等諸方面的內容。狹義的馬克思主義人道主義，則指作爲倫理原則的人道主義，包括尊重人的價值、以平等的態度待人、關心人，愛護人以及同損害人的尊嚴和利益的反人道的現象作不調和的鬥爭。

關於人性、人的本質問題

人性和人的本質問題，是古今中外，一切哲學、倫理學、文學、藝術研究的中心問題之一。它是一個古老的問題，又是一個常新的問題。

在中國思想史上，研究人性問題，已有近二千五百年的歷史，但新中國成立後，由於「左傾」思想作怪，人性連同人道主義問題，都成了理論界的一個禁區。講人性、人道主義，就是資產階級人性論，就是抽象人道主義，就是反馬克思主義。粉碎「四人幫」後，我國學術界，理論界許多同志勇敢地衝破了禁區，就人性問題、如同人道主義問題一樣，展開了空前熱烈的討論。儘管「左」的思想在不斷干擾，這種討論至今仍在繼續，並且取得了明顯的認識成果。

首先，關於人性和人的本質的關係問題，以前認為，兩者沒什麼區別，人性就是人的本質。近年來，有一種見解引起人們的注意這就是認為人性與人的本質有區別。人性是人區別於神性、動物性的一種共性。人性包含有許多屬性，是個綜合性概念。但人的本質，則不同，它是人的諸種屬性中的本質屬性，決定人之所以是人的東西。如果說，人性是人區別於神或動物的質的規定性，那麼，人的本質，就不止如此，它還是人與人相區別的質的規定性。

其次，什麼是人性？對這個問題的回答，也不是像從前那樣簡單化，即人性就是社會性，社會性就是階級性。如今大多數學者們認為，人性中包含有自然屬性和社會屬性。自然屬性雖表明人與動物的共同性，但已不是原來意義上的自然屬性，而是社會化的自然屬性。人的自然屬性是社會屬性的載體，社會屬性則是在自然屬性的基礎上，經過社會實踐形成的。社會屬性是階級性與超階級性的統一。

至於說人的本質，究竟是什麼？可以說聚訟紛爭，各持己見。對馬克思所說，人的本質在其現實性上是一切社會關係的總和這個觀點，學者們發表了不同的意見。有人說，這不是人的本質的定義，這是掌握人的本質的方法論原則。當然，也有人反對這種看法，依然堅持人的本質，就是社會關係的總和。有人說，人的本質是勞動，有的說，是人的社會實踐性，還有的說，是人的需要。此外，還有人認為，自然屬性是人的本質。總而言之，迄今為止，人的本質到底是什麼？尚無定論，討論還在深入之中。近年來，有人提出，人的主體性是人的本質。這種看法，贊同的人，並不很多。儘管眾說紛

紜，但對這個問題的認識，的確在不斷地前進。

關於人的價值問題

十年浩劫，使人的尊嚴、人的價值遭到嚴重的貶損。人們總結歷史教訓，痛定思痛之後，自然對人的價值問題發生了濃厚的興趣。倫理學者們，積極探求人的價值，直接的動力就源於此。

人的價值是什麼？學者們有不同的見解，但一致認為，人的價值包括自我價值與社會價值兩個方面。所謂社會價值，就是個人作為價值客體，他能夠滿足他人和社會的某種需要，即對他人和社會做出貢獻。所謂自我價值，就是自己對自己，既是主體，又是客體。客體我能夠滿足主體我的需要，即通過實踐活動，開放心智，發揮潛能，滿足自己的需要。社會對個人需要的滿足，是個人自我價值的確證。從這個意義上，可以說，人的價值是權利與義務的統一，貢獻與索取的統一。

衡量人的價值的尺度，是人對社會的貢獻，既包括物質的，也包括精神的。

研究、探討人的價值，有助於提高人的主體意識，重視人的作用。同時也有利於樹立科學的人生觀，正確地對待自己和社會。這是倫理學面向社會生活的一大飛躍。

關於道德的本質和主體性問題

道德的本質是由經濟關係決定的一種特殊的意識形態或上層建築。這種論斷，學者們已感到不滿足，努力探求，道德作為一種意識形態，有別於政治、法律、宗教、藝術的特殊性，究竟是什麼？有多種看法，並各有其道理。如認為，道德是實踐——精神把握世界的特殊方式，或者，把道德歸結為現實性與理想性的統一，他律與自律的統一……等等，都不能令人滿意。近年來，有人提出，道德的特殊性是為經濟關係所規定，以善惡矛盾為特徵的一種特殊的意識形態。善惡範疇是道德最一般，最本質的範疇，是一切倫理、道德範疇的核心。沒有善惡矛盾，就沒有道德，取消善惡矛盾，也就取消了道德。最近有青年倫理學者提出，主體性是道德的本質。這種觀點，能否成立？有待學者們進一步地探討與爭鳴。但這種觀點的提出有重要的理論意義和學術價值。

道德主體性表現為兩個方面，其一是把接受道德的過程，變成主動探索、

認識自己與他人、社會之間應有的關係過程，主動完善自己和社會關係，實現自我肯定和發展的過程。以積極的態度、主動的精神對現行道德規範作獨立思考，並作出相應的選擇。從而把社會的要求變成內在的欲求。其二是依據自己對時代精神的體認，超越現有的道德體系，作先進道德的探索者、創造者和實踐者，以打破陳腐的舊道德傳統，爲新道德發展開闢道路。

提出道德主體性問題，有助於人們對道德的理解。道德、倫理是人發展的工具，而人不是表現倫理、道德的工具。道德不只是維護社會秩序的手段，也是人們相互溝通，完善自我的方法。換言之，道德不是一套清規戒律，而是人自我肯定，自我發展的形式。可見，道德主體性問題的提出，進一步揭示出了道德固有的本質特徵和它的特殊的職能與使命。

四、走出書齋，重視應用研究

倫理學是理論科學，也是實踐科學。生活實踐是倫理學知識的源泉。

倫理學根據改革、開放的需要，這些年來，學者們注意克服教條主義影響，努力結合實際，在進行基本理論研究的同時，特別注意對經濟體制改革、商品經濟的發展和道德變革的關係，職業道德建設和科技革命中的倫理、道德問題的研究。應用倫理學的研究，在我國雖起步較晚，但卻有了一個良好的開端。

關於經濟體制改革與道德的關係問題

經濟體制改革是促進了道德的進步？抑或造成道德的衰敗？這是人們普遍關心的問題，也是倫理學者，必須回答的問題。

經過調查研究和理論分析，學者們得出結論是經濟體制改革的方面與社會主義道德的性質、職能是一致的。我們的經濟體制改革是在馬克思主義思想指導下進行的，其目的是發展社會生產力，不斷提高人民群衆的物質，文化生活水平。經濟關係決定道德，有什麼樣的經濟關係，就有什麼樣的道德。隨著經濟關係的改革與進步，勢必帶來道德意識的革新與變化。其具體表現：(1)加強了人們的勞動觀點，一改「出勤不出工，出工不出力」的現象；(2)由於實行各種經濟承包責任制，明確了企業與個人，企業與國家相互的責、權、利的關係，使個人利益、集體利益，國家利益緊密結合起來，提高了集體主義思想，增強了主人翁責任感，(3)人們從收入增加、市場繁榮、生活改善中認識到改革的好處，體驗到社會主義制度的優越性在一步一步地實

現。從而，加強了對社會主義的熱愛；(4)推動人們學習科學、文化、技術知識的積極性，尊重知識，熱愛科學的意識顯著增強。

不可否認，目前社會上存在許多混亂現象，黨風不正，政風不廉，社會風氣不好，諸如以權謀私、貪污受賄、投機倒把、任意漲價等與改革中政策、制度不夠完善，與一些非社會主義性質的商品經濟的存在，與舊思想影響有關係，但只要加強管理、加強思想教育、健全、完善各種制度與監督措施，問題是不難解決的。

關於商品經濟的發展和道德的關係問題

商品經濟的發展，一方面要求人們樹立新的價值觀念、新的道德意識，另一方面則要求破壞阻礙商品經濟發展的舊的價值觀念，舊的道德意識。

商品經濟，依據等價交換的原則運作。它要求自由貿易和廣闊的市場，要求商品生產者面對市場行情的變化，使自己的產品不斷更新換代，這樣才能獲取更多利潤。受這種商品經濟的制約，人們在思想上必須形成平等、自由、競爭、公正、效益、創新等價值觀念和道德意識。與此同時，商品經濟使基於自然經濟基礎上的舊的價值觀念、道德意識，諸如「士農工商」的等級觀念；「不患寡，患不均」的平均主義觀念；安貧樂道，安分守己的保守的生活觀念以及輕利，特別是輕視個人利益的禁欲主義觀念相形見拙，要求加以破除，否則將成為商品經濟發展的精神障礙。

關於職業道德建設問題

這些年來，在職業道德建設問題上，一方面研討了職業道德建設的一般理論問題，如職業道德建設在社會主義物質文明和精神文明建設中的地位與作用問題；職業道德的性質、職能和作用；職業道德的基本原則與規範；社會主義職業道德的基本特徵；職業道德教育與修養等等。另一方面，分別就具體的職業道德問題，如干部道德、教師道德、軍人道德、商人道德等進行了研究和探討。

學者們認為，職業道德是社會主義道德的有機構成部分，是社會主義精神文明建設的突破口。加強職業道德建設對培養有理想、有道德、有文化、有紀律的社會主義公民具有極其重要的意義。職業道德建設可以促進物質文明建設沿著正確的方向發展；職業道德建設有利於糾正帶行業特點的不正之風；職業道德建設可以保證生產、生活、工作的正常秩序。

學者們認為，職業道德是社會分工的產物，具有行業和職業的特徵。因此，它的性質類似社會公德，雖然在階級社會，受階級利益和統治階級道德的制約與影響。但職業道德畢竟不同於階級道德。它除了有協調各種關係的職能之外，還有促進生產力發展，推進精神文明建設的職能，促進職工個人社會化的職能。

各種不同的職業道德，都有自己的一套規範，那麼，作為各種職業道德的共同規範是否存在？學者們，經過研究認為，共同的職業道德原則、規範是存在的。就社會主義初級階段而言，可以概括為社會公眾服務；團結協作；以主人翁的態度對待勞動；忠於職守；精通業務，掌握技術。

關於技術革命中的倫理、道德問題

技術革命提出的倫理、道德問題，牽涉面很廣，諸如環境道德或生態倫理，企業管理與道德，醫學科學中的倫理學問題等等。

科技革命有利亦有害，主要的害處是環境污染和生態平衡的破壞。大肆砍伐森林，捕殺動物，把天然草地胡亂改為耕田，圍湖造田等等破壞了生態平衡。工業和科技發展，大量使用煤碳、石油、有色金屬，造成了空氣污染、水污染、噪聲污染、食物污染、垃圾污染，因而出現了生態危機、生存環境危機。學者們面對這樣的現實，開始研究環境道德與生態倫理學。有學者指出，倫理學只研究人與人的關係，今天看來已經不夠了，還要研究人與自然的關係。樹立環境意識，正確對待人類自身的生存環境。以人道的態度對待自然界，把改造自然，與養護自然結合起來，把利用自然資源和愛護環境結合起來。

醫學科學的發展，向倫理學提出了挑戰。例如，在遺傳學、優生學方面，精子冷藏、人工受精、體外受精、試管嬰兒、胚胎移植等涉及相當複雜的倫理、道德問題。如人工受精對婚姻關係的影響是建設性的，還是破壞性的；特別異源人工受精（AID）生出的孩子，誰是他的父親？是養育他的那個人，還是給他提供一半遺傳物質的那個人？這不僅涉及誰是父親的問題，還涉及到親代與子代相互間的法律與道德上的權力與義務的問題。我國學者對於此類問題，作了科學的回答，認為即使是生物學、遺傳學上的父親，對撫養自己的子女不盡義務，那麼，他就沒有享受被子女贍養的權利。同樣的道理，社會父親，養育父親（即子女不是自己生的）只要盡了撫養子女的義務，那麼，就享有被子女贍養的權利。

科技革命，其它方面的倫理、道德問題，因篇幅所限，這裡不能展開論述。

五、未來的展望

倫理學十年來的發展令人鼓舞，展望它的未來更加使人振奮。

倫理學本來是古老的學科，隨著社會生產力的發展，科技革命的日新月異，社會經濟關係的變革與調整，大量的現實生活中的倫理、道德問題不斷湧現，迫使倫理學也在日益改變它的內容、理論與方法。

第一、三種類型的倫理學融合不可避免

從倫理學發展的歷史趨勢看，規範倫理學、元倫理學、描述倫理學走向日益融合的道路。也就是說，規範倫理學不能停留在道德問題一般理論研究的水平、教導人們該如何行動，還要吸取元倫理學，對倫理問題的語言分析與倫理判斷的邏輯論證的合理因素。同樣元倫理學，也今非昔比，它已向規範倫理學復歸，即是說，它必須對人的行為提出規範性的要求。同樣，描述倫理學，也不能單獨存在，日益滲透規範倫理學、元倫理學的內容。可以說，三者融合，是倫理學今後發展的必然趨勢。

第二、應用倫理學將會有新的發展

倫理學的發展，離不開生活實踐的發展。生活實踐豐富多彩，變化萬千，這就要求倫理學，跟上時代的腳步，對生活實踐作出指導。因此，倫理學，一方面要適應社會實踐的需要，不斷充實，完善它的理論與方法，另外方面，在注重理論研究的同時，必然向應用方面發展。應用倫理學前程遠大。諸如職業倫理學、環境倫理學、生命倫理學、科技倫理學、會繁榮昌盛起來。同時，將會出現眾多的應用倫理學分支學科，如醫學倫理學、商業倫理學、管理倫理學等等。

第三、比較倫理學將得到發展

倫理學是人類文化的一部分。隨著改革、開放政策的進一步貫徹實施，我國與西方社會的文化交流日益頻繁，東西方文化比較已成為一種時代潮流。因此，倫理學的理論，學術思想，必然進一步突破僵化的思維模式，大量吸收國外研究成果，以促進我們自己倫理學的發展，並將中、西倫理學加以比較，形成嶄新的比較倫理學。

第四、倫理學的研究方法，必有新的突破

倫理學帶有交叉學科的性質。它的內容與方法涉及許多學科。例如，經濟學、法學、人類學、社會學、心理學、社會心理學、行為科學人才學、美學、教育學、民族學、生理學，甚至某些自然科學。上述這些學科的發展及其研究成果，為倫理學的發展提供「養料」。同倫理學相鄰近的學科與倫理學自身的發展息息相關。彼此相互影響，相互滲透。它們的研究方法，如比較方法、系統論方法、控制論方法、社會抽樣調查法、觀察實驗法，倫理學均可以引進或借鑒。這樣有朝一日，倫理學的研究方法，必有新的突破，形成一套新的方法。

倫理學學科建設的外部條件、社會環境是相當好的。但倫理學者還必須大膽的探索，研究新問題，對錯誤的、反科學的倫理觀敢於進行剖析和批判。這樣，我們的倫理學就會不斷地發展，不斷地進步。

親歷改革開放 30 年來
倫理學研究的發展與變化

改革開放 30 年來，社會和國家的面貌發生了翻天覆地的變化，人們的生活狀況、精神面貌，從來沒有像現在這樣煥然一新。我們的倫理學事業，從無到有，從小到大蓬勃地發展起來，並取得了卓越的成就。

撫今追昔，感慨萬千。30 年前，當北大、人大、北京師大、華東師大、中國社會科學院一些中青年教師，踏上倫理學研究之路，偌大的校內圖書館，包括北京圖書館，竟沒有幾本像樣的倫理學教科書，倫理學專著幾乎沒有。共產主義道德教育的書，也是鳳毛麟角。稱得起倫理學教授或道德學家的人，也寥若晨星。除北京大學的馮定、張岱年、周輔成，上海師大的周原冰、中國社會科學院的李奇之外，幾乎找不到其他的人。

如今不同了，倫理學教科書，學術專著多得不可勝數。中外倫理學思想史、倫理學詞典、中國倫理學百科全書、倫理學學術刊物一應俱全。

近年來，應用倫理學著作，如雨後春筍。從英文、法文、日文、德文、俄文、希臘文翻譯的西方倫理學名著，古代、近代、現代的都應有盡有。從港、澳、臺引進來的倫理學著作也不勝枚舉。與韓國、日本、新加坡、英國、美國倫理學界的學術交流也非常的活躍，與臺灣同仁的交流，更是不時地舉行。

更爲引人注目的是倫理學教學與研究隊伍成長起來了，在上個世紀 80 年代初，中國人民大學以羅國傑同志爲首的先進者們，率先舉辦倫理學教師培訓班，培養了一批又一批的人才，並且，羅國傑同志編寫了新中國成立以來

的第一本倫理學教科書，對全國倫理學事業的發展起了積極的推動作用。目前在全國高校、黨校、社會科學院有很多碩士、博士點，這裡有一大群近 30年來成長起來的年輕有為的教授與學者。

令我們感到光榮與自豪的是倫理學理論研究與實際應用，取得了顯著成就。

第一，中共十一屆三中全會以來，結束了以階級鬥爭為綱的路線，取而代之的則是以經濟建設為中心的路線。我們的社會由政治社會、階級鬥爭的社會，轉化為公民社會，即現代工商社會，以人為本的社會。

倫理學是社會意識，受社會存在的制約。因此，我們的倫理學也相應地從階級鬥爭的倫理轉化為公民社會的倫理。從為階級鬥爭服務轉變為為人的全面發展服務，為提高人的思想道德素質服務。這是倫理學理論研究方向性的轉變，廣大倫理學者們熱烈的歡呼這個轉變，並為這個轉變作了大量的工作。

第二，從封閉式的研究走向開放式的研究。改革開放是我們堅定不移的基本國策，在這個基本國策下，我們倫理學理論研究，迎來了生機勃勃的春天。

在以往的幾十年裏，中國傳統的倫理、西方倫理、宗教倫理，一直是我們批判的對象，鬥爭的對象。不承認它們存在的合法性，不承認它們是人類倫理文化的一部分。現在不同了，我們的認識和態度改變了，如今它們是我們學習、借鑒、繼承的對象。承認它們是人類倫理文化的一部分，其中有大量的寶貴財富可以繼承和借鑒，成為社會主義倫理道德建設的資源。

中國傳統倫理學著作，西方倫理學著作，宗教倫理學著作，大量問世，大量翻譯出版，堂而皇之的登上我們的大學講壇，刊載在我們的學術刊物上。

北京大學出版社 1983 年出版的教科書《倫理學簡明教程》力爭擺脫當時蘇聯倫理學的框架，走一條自主研發的道路。採取史論結合的方式特意開闢三個專章，簡明扼要地闡釋中國傳統倫理，西方古代與近代倫理，還有馬克思主義倫理思想史，佔據全書的四分之一。這一切在 30 年前的那個萬馬齊喑的年代裏，是絕無僅有的。這部倫理學教科書，是思想解放之作，具有創新意義。出版不久，即被許多高校作為教材，截至 1993 年 10 年間發行近 13萬冊。

在課程設置方面，上個世紀 80 年代中期，北大碩士生的課程設置中，倫理學原理名著選讀課把臺灣韋政通著《倫理思想的突破》、美國當代道德哲學家弗蘭克納著的《道德哲學導論》作爲必讀書目，這在當時思想是相當開放的，是眞正開放式的教學與研究。

第三，計劃經濟時代大一統的倫理觀轉變爲市場經濟時代多元化的倫理觀。計劃經濟時代，經濟高度集中統一，公有制經濟占絕對統治地位；政治制度高度統一，中央集權統治一切，不允許權力分散，思想文化領域高度集中統一，馬列主義毛澤東思想統領一切。那時的倫理觀，也只有一種，就是馬克思主義的倫理觀，可以說，「只此一家，別無分店」，人們沒有自由選擇的餘地，不管認同與否，在道德生活領域，在理論研究方面都必須照此辦理。

現在不同了，市場經濟的發展，致使人們的人生觀、價值觀、道德觀發生了前所未有的改變。

人們在實際生活各方面展現出的倫理行爲，有的按利己主義，或理性利己主義辦事，有的是按功利主義倫理觀作爲，有的則按集體主義倫理觀行動。

從理論層面上看，有的堅持馬克思主義倫理觀，並以此研究現實生活的倫理道德問題。有的則用西方分析哲學的倫理觀，分析、解釋倫理學的問題。有的運用自由主義價值觀探討現實的道德問題。有的還用中國傳統倫理觀思考、探討當代倫理道德問題。凡此種種不一而足。它們都可以登堂入室，公開宣講或著書立說。眞是進入了「百花齊放，百家爭鳴」的時代。在這個時代，靠政治的力量、階級鬥爭的力量或行政的力量，強制推行一種倫理觀，已經行不通了。只有憑藉理論的眞理性去說服群衆，方可佔有一席之地。

馬克思主義的倫理觀面對嚴峻的挑戰，它有被邊緣化的危險，要維護馬克思主義倫理觀的主導地位，必須「與時俱進，革故鼎新」此外別無它法。

第四，倫理學研究方法的多元化。我們從前倫理學研究的方法比較單一，主要是哲學的方法。因爲倫理學是哲學的分支學科，用哲學的方法研究倫理學理所當然。具體地說，就是唯物史觀的方法，階級分析的方法，歸納、演繹的方法。

現在不同了。自然科學中的系統論方法，社會學中的調查、實證研究方

法，心理學中實驗和測量的方法，都被大量的採用，可謂豐富多彩，視域廣闊。尤其值得一提的是「解放思想，實事求是」本是黨的思想政治路線，毛澤東、鄧小平理論的精髓。然而它也是一種哲學思維方法。

改革開放 30 年，也是我們倫理學解放思想，實事求是的 30 年。解放思想，實事求是在倫理學理論研究中，就是要與教條主義、獨斷主義、絕對主義作鬥爭，從這「三個主義」中解放出來。

首先是把思想從教條主義束縛下解放出來。教條主義把馬克思主義、毛澤東思想，當作包醫百病的靈丹妙藥。把行動指南變成解決實際問題的現成答案。

在倫理學研究中，教條主義者把馬克思主義經典作家某些論斷、觀點當作千古不變的真理到處套用。例如，把哲學基本問題，即社會存在與社會意識的關係問題，套用到倫理學基本問題上，硬說倫理學的基本問題就是物質利益與道德的關係問題。這樣倫理學就不像倫理學，倫理學失去了它的個性。

近年來又出現了新的教條，這就是中國古教條，以儒家是非為是非，還有西方的教條，以洋人的是非為是非，缺少獨立的是非觀。他們思考問題的邏輯，寫文章的語言表達，完全是教條化的，遠離生活，遠離當今的社會。

其次，從絕對主義的枷鎖中解放出來。絕對主義割裂相對與絕對的辯證統一的關係。脫離相對講絕對。絕對主義者往往以「非此即彼」的思維方式看問題，否定事物的相互滲透，從而否定了事物運動變化的內在機制，把事物看作是一成不變的。倫理學研究中的絕對主義是很嚴重的。例如，以往講道德只講階級性，不講或很少講普適性。還有什麼，集體利益至上，不承認集體利益還有非至上性的一面。

再次，從獨斷主義的桎梏中解放出來。獨斷主義就是自詡為正統的馬克思主義。唯我獨尊，唯我獨正確，不准別人發表不同於自己，更不用說不同於馬克思主義的觀點了。好像真理都在他們的手裏，誰若是發表了個人的獨立見解，在他們看來不是離經叛道，就是旁門左道。絕對主義者們的倫理學觀點，給人的印象就是思想有些僵化。如怎樣看待利己他們認為利己是不道德的。有人持不同意見，認為利己不見得不道德，看怎麼利己。損人利己不道德，不損人利己，或合法的利己，也不道德嗎？這種疑義表達的看法，依我之見頗有道理。可是絕對主義者卻認為，主張利己就是宣揚利己主義的道

德觀。其實利己和利己主義不是一回事。前者指人們的一種觀念，後者則是一種倫理學說。

又如怎樣看待自我犧牲。本來在道德中包含有特殊情況下選擇自我犧牲的合理性。自我犧牲指，不能擺脫道德上的困境，那麼選擇自我犧牲就是道德的，但不是說講道德動輒就要求人們作出自我犧牲。可是獨斷主義者們卻不分自我犧牲的具體情境，抓住某經典作家的一句話，一概肯定自我犧牲是道德的，甚至說自我犧牲是構成道德的必要條件，好像講道德就要自我犧牲，這顯然是荒謬的。獨斷主義由於它的獨斷，常常以自己的無知當作別人的過錯。

30 年來倫理學研究獲得今日的成就，實在來之不易。是我們同自己頭腦中「三個主義」作鬥爭的結果，也是同周圍那些習慣於「三個主義」者們堅持鬥爭的結果。

第五，倫理學的研究從書齋走向生活，從課堂走向社會。許多倫理學者，深入到農村、工廠、企業、街道、居民點，作社會調查，進行大量道德實證性研究。這裡涉及婚姻、家庭道德，職場倫理、社會公德、網絡道德、性道德等諸多領域。

這說明在我國描述倫理學有了很大的發展。通過實證性的研究，揭示了我國道德發展的情況和存在的問題，為制定公民道德規範，為倫理學理論研究，提供了有力的支撐。

這裡尤其要提到德育工作者，現在的中國倫理學會德育專業委員會的同仁，即前中央教科所以詹萬生為首的德育研究中心的一班人馬，團結大批中小學德育教師，做了整體構建學校德育研究與實驗課題，前後長達 10 年之久，被納入國家「九五」、「十五」科研規劃中，全國 28 個省市百個實驗區、千個實驗校，數萬名師生以及地方教育部門領導參加的規模宏大的研究與實驗。

這是當代中國教育史上前所未有的研究與實驗。他們有一套又一套的研究報告、學術著作，有從幼兒園到中小學乃至大學的德育活動教材。他們的研究成果為各教育行政部門制定法規、決策，提供有力的理論指導和操作指南。

此外應當指出，應用倫理學著作多如牛毛，這種跨學科式的研究，諸如市場經濟倫理，環境倫理，制度倫理等對倫理學的發展，對相關學科的發展

起到很好的推動作用。

第六，社會主義道德規範體系已初步建立起來。改革開放之初，我們的倫理學研究，照搬前蘇聯的一套，主要是根據施什金、基塔連柯的倫理學著作，講道德規範體系。隨著改革開放政策的實施，隨著市場經濟的建立，我們開始著手建立適合中國國情的社會主義道德規範體系。

這個體系，經過倫理學同仁 30 年的努力，克服「左」的教條主義束縛，頂住壓力，艱難探索終於初步形成。

這個體系是什麼樣子？可從歷次中共中央文件中看到它的原生態，看到它的發展歷程。

1986 年《中共中央關於社會主義精神文明建設指導方針的決議》提到「集體主義」和「發揚人道主義」問題。

1996 年《中共中央關於加強社會主義精神文明建設若干重要問題的決議》中寫到「以爲人民服務爲核心，以集體主義爲原則」，「尊重人、關心人」……這裡講的尊重人，關心人，不是別的，正是人道主義。

2001 年中央發布《公民道德實施綱要》明確指出：「爲人民服務作爲公民道德建設的核心，是社會主義道德區別和優越於其他社會形態道德的顯著標誌。它不僅是對共產黨員和領導幹部的要求，也是對廣大群眾的要求。」「提倡尊重人，理解人，關心人，發揚社會主義人道主義精神，爲人民，爲社會多做好事。」這裡的「爲人民服務」不限於政治道德，它已昇華爲公民道德，所謂「公民道德建設的核心」即是明證，同時又一次談到人道主義。

「綱要」再次重申五愛道德。即「愛祖國，愛人民，愛勞動，愛科學，愛社會主義作爲公民道德建設的基本要求，是每個公民都應當承擔的法律義務和道德責任。」（見《公民道德實施綱要》第 12 條，第 14 條。）

1997 年黨的十五大報告《高舉鄧小平理論偉大旗幟，把建設有中國特色社會主義事業全面推向 21 世紀》，又一次也可以說一再重申「發揚社會主義的人道主義精神」。

2002 年黨的十六大報告《全面建設小康社會，開創中國特色社會主義事業新局面》指出：「弘揚愛國主義精神，以爲人民服務爲核心，以集體主義爲原則，以誠實守信爲重點，加強社會公德，職業道德和家庭美德教育」。這裡把「誠實守信」作爲道德建設的重點是第一次。

2007 年黨的十七大報告《高舉中國特色社會主義偉大旗幟，爲奪取全面

建設小康社會新勝利而奮鬥》中說,「實現社會公平正義是中國共產黨人的一貫主張,是發展中國特色社會主義的重大任務」。又說:「加強公民意識教育,樹立社會主義民主法制,自由平等,公平正義理念」。這裡講樹立「公平正義理念」實現社會公平正義是中共一貫主張,更是前所未有的。

綜合上述,在中央有關文件中,為人民服務,集體主義,「人道主義」多次被提出,近年來「誠實守信」,「公平正義」也都陸續被提出來了。由此不難看出,黨和國家是多麼重視社會主義的道德建設並與時俱進,不斷地充實,調整,完善社會主義社會的道德原則或規範。這與廣大的倫理學者多年來的理論研究工作密切相關。他們寫了大量的文章著作,闡釋社會主義「人道主義」,「誠實守信」,「公平正義」這些優良的道德傳統,為建構社會主義道德規範體系,作出了貢獻。(參見王海明著《倫理學》,3 卷本,第 2 卷對公平,人道,自由有專門論述,商務印書館,2008 年版;程立顯著《倫理學與公平正義》,北大出版社出版,2002 年;人民大學龔群譯著《羅爾斯正義哲學》,商務印書館,2006 年出版;王潤生《社會公平:文化重建的幾點思考》,《中國青年報》,1988 年 3 月 28 日)

經過 30 多年的努力和探索,可以說,社會主義道德規範體系已經初步建立起來。這是以為人民服務為核心,以集體主義,人道,公正,誠信為原則和相關規範的道德體系。簡言之,一個核心,四項原則,也可以說五項基本原則,即為人民服務,集體主義,人道,公正,誠信。還有六項規範,即「愛祖國,愛人民,愛勞動,愛科學,愛社會主義,愛生存環境。」

這五項基本原則和六項規範涵蓋了社會公德,職業道德,家庭美德,個人品德全部內容。它們都可以從這五項原則和六項規範中得到說明和解釋。

這五項原則中「為人民服務」揭示了我們道德的性質是服務性的道德。與往昔時代的道德和當今西方社會的道德根本不同,是社會主義道德的標誌和顯著特徵。為人民服務在社會主義道德體系中居核心地位,是諸種社會主義道德的總括詞,統領一切社會主義道德。

集體主義道德是我們社會主義的本質特徵的反映,社會主義事業是全體國民的共同事業。所以,社會主義集體主義,是我們社會諸種道德原則中極其重要的一項原則,也是我們社會主義社會獨有的道德。

人道,公正,誠信是不論古今中外任何階級,任何時代都信奉的道德。它們有階級性,但更有普適性。總之,這個體系即五項原則和六項規範是貫

通古今，融彙中西的。它不僅是對人類道德文化遺產的批判繼承，又是綜合創新的俱有中國特色，符合中國國情。

第七，在若干重要理論觀點上有突破，有創新。首先是對社會主義道德的核心原則「為人民服務」有新的詮釋。為人民服務，依據毛澤東 1944 年在《紀念張思德》一文中所講的精神，以及在《論聯合政府》，在《堅持艱苦奮鬥，密切聯繫群眾》等文章中所講的為人民服務都是黨的道德，幹部道德，政治倫理與階級道德。鄧小平，江澤民講的為人民服務的含義也是如此。不只如此，「為人民服務」還是黨的宗旨，人民政府的宗旨。改革開放以來，國家，社會的面貌發生了重大的變化，「為人民服務」的內涵與外延都已發生了某種改變，一些學者作了深入的研究與探討。

其中有一種觀點值得注意，就是認為，為人民服務是一種平等，互助的道德。全體國民人人是服務者，人人又是被服務者，即「我為人人」，「人人為我」。這種平等，互助的道德是權利與義務相統一的道德，目的與手段相一致的道德，利己與利他相結合的道德。〔註1〕

毫無疑問，這是對「為人民服務」新的詮釋，表明現在的中央文件所論（詳見《公民道德實施綱要》第 12 條「為人民服務）已由政治倫理，階級道德上升為通識倫理，普適道德，不只是共產黨員幹部的道德，更全體公民的道德。無疑，這是馬克思主義倫理觀的巨大飛躍。

其次，關於集體主義原則，雖然它是社會主義道德體系中的重要原則，但不再認為它是唯一的基本原則。人所共知，改革開放以來，社會生活豐富多彩，人際關係紛繁複雜。人們相互關係不再單純是個人與集體的關係，而是大量的個人與個人的多種多樣的關係，諸如職業關係，經濟交往關係，業務合作關係等。指導，約束人們行為的道德原則，只講一條基本原則，所謂「集體主義」是遠遠不夠了。必須講多項原則，如誠實守信原則，公平正義原則等。這叫做與時俱進，因勢而異。這幾乎是倫理學界同仁的共識。

尤其是集體主義的內容，必須予以更新，不能再講老一套。從前講集體主義有正確的方面，即個人利益與集體利益相一致，集體利益高於個人利益，個人利益必要時服從集體利益。

但是我們有些學者離開了集體主義的精髓，在很長的一段時間裏，以「左」的眼光看待集體主義。在個人利益與集體利益的關係上過分強調服從

〔註 1〕 魏英敏：《當代中國倫理與道德》〔M〕，北京：崑崙出版社，2001 年。

方面，對個人利益有所忽視，什麼個人利益要」「無條件」或絕對的服從集體利益，或「集體利益至上」，諸如此類的解釋，從理論上說使個人與集體在權利與義務上陷入不平等的境地，個人利益沒有地位，被忽視甚至被否定。它的理論前提是假定集體利益永遠正確，絕對正確，然而這是不可能的。中國半個世紀以來的歷史實踐，證明這種論斷是錯誤的。

應當公正地指出，隨著時間的推移，持有這種觀點的人，或受這種觀點影響的人，對以前的說法有所修正，在他們後來的著作中正確地寫道：「有些人看不到個人利益和國家、集體利益的一致性，把集體主義原則簡單地理解為就只是要求『個人服從集體』，這是對社會本位原則的一種曲解，是認識上的一個誤區」。「集體主義原則從根本目的上說，不是個人服從集體，而是個人和集體的和諧發展。集體主義原則的最高理想，就是達到使兩種利益和諧共生，同步實現的目的。」並認為為人民服務包含有「我為人人，人人為我」的思想，這是「與時俱進」的態度，應該肯定。

改革開放 30 年來，由於把公正、權利觀點引入倫理學理論研究中，集體主義概念、集體主義的界定，有些同仁作了新的解釋。

例如，在《當代中國倫理與道德》一書中，作者寫道，集體主義是和個人主義相對立的社會主義道德的一項基本原則。這項基本原則主張國家利益、集體利益、個人利益三者統籌兼顧。基本要點有三：(1)集體、國家和社會有義務關心、保護和幫助人民群眾發展他們正當的個人利益，個人有義務促進集體、國家和社會共同利益的增長，這是社會主義道德的起碼要求，也是社會主義集體主義道德不同於以往一切整體主義道德的根本之點。(2)在集體利益優先的基礎上，實行與個人利益和集體利益相結合，這是社會主義集體主義的本質特徵，在個人利益與集體利益發生矛盾的情況下，只要集體利益是正當的，個人利益就應當自覺地服從集體利益，集體也應適當地照顧個人利益，為了社會集體利益而放棄或犧牲個人利益，則是崇高的道德行為。(3)譴責一切侵犯集體、國家、社會或個人正當利益的非法和反道德的行為。〔註2〕這種闡釋毫無疑問，與以往流行的解釋不同，是馬克思主義倫理學理論研究的新進展、新觀念。

這樣闡釋集體主義，意味著正當的、合法的、合理的個人利益為集體利益的源泉，因此，在實踐上特別重視個人利益，認為群眾利益無小事，恰如

〔註 2〕 魏英敏：《當代中國倫理與道德》〔M〕，北京：崑崙出版社，2001 年。

胡錦濤總書記所說的「實現好、維護好、發展好」人民群眾的個人利益。但集體利益帶有全局性、根本性，集體利益高於個人利益。所以集體主義的眞精神，是「以公爲先，公私兼顧」而不是「以公爲重，以私充公」，如果公私有矛盾兼顧不了，則私服從公，這是集體主義的科學表達。兩者之間的關係是一致的，個人利益是集體利益的源泉，集體利益則是個人利益的保障，兩者相互依存，相互促進。

歷史的教訓不可忘記，以前只講「大河有水，小河滿」從來不講或很少講「小河沒水，大河干」。這顯然是片面的。兩者辯證統一，既要講「大河沒水，小河干」，又要講「小河有水，大河滿」，這才是個人與集體雙方面權利與義務對等，兩者的互動，才是科學的，全面的。

再次，關於人性與人道主義。在階級鬥爭的年代裏，人性、人道主義是禁區，不能講人性、人道主義。人性、人道主義成爲資產階級專利品。一講人性、人道主義就是封資修的黑貨，立即成爲批判鬥爭的對象。改革開放初期在中國學界，展開了一次人性、人道主義和異化問題的大討論，時間長達數年之久。在近 300 種刊物上發表了數百篇上千篇文章。從此，在哲學界、政治學界、文化界、倫理學界等可以敞開思想，談論、研討人性、人道主義問題。

認爲人性、人道主義是馬克思主義題中應有之義。馬克思主義中包含有人性論與人道主義，它與資產階級人性論、人道主義有區別。在馬克思主義哲學中，人性、人道主義只是作爲歷史觀的一個構成部分，即它是一項倫理原則。

承認人性、人道主義有階級性，同時有普適性，資產階級人性論，人道主義有歷史的進步意義，是人類寶貴的文化遺產，我們可以批判繼承。這是人文思想的一大解放，倫理思想的一大解放。

上世紀 80 年代初《倫理學簡明教程》把人道主義作爲社會主義道德體系中的一項基本原則，首先提了出來，開學術研究風氣之先，對高校倫理學的研究，道德體系的建立起了積極的推動作用。

最後，關於道德遺產批判繼承問題。舊道德能否繼承？這是關於道德發展的重大理論問題，1957 年、1962 年到 1965 年，由戲曲界開其端先後開展過兩次全國性討論，結論性的意見是無產階級只能繼承歷史上勞動人民的道德，剝削階級的道德是不能繼承的，換言之，勞動人民只能繼承勞動人民的，

剝削階級只能繼承剝削階級的，這叫「平行繼承法」。北京大學馮友蘭先生說，剝削階級道德，如忠孝有兩重意義，具體意義有階級性不可以繼承，但抽象意義是可以繼承的。這就是所謂「抽象繼承法」，歷史學家吳晗也有類似的看法，他們曾遭受嚴厲的批判。

事實證明這種批判是沒有道理的，因為馮友蘭先生講的道德的抽象意義，實際上指道德範疇中普適性的一面，這一面當然可以繼承，至於「具體意義」即階級性那一面，只變成了單純的批判，繼承被否定了。

改革開放 30 年來，情況發生了根本性的轉變。歷史上的道德文化遺產，無論封建主義的還是資本主義的，只要有民主性、科學性、人民性的東西都可以批判繼承，即分清精華與糟粕，拋棄其糟粕，吸取其精華。毛澤東說過：「我們是馬克思主義的歷史主義者，我們不應當割斷歷史，從孔夫子到孫中山，我們應當給以總結，繼承這一份珍貴的遺產」。「還有外國的古代文化，例如各資本主義國家啟蒙時代的文化，凡屬我們今天用得著的東西，都應該吸收。」〔註 3〕毛澤東還說過：「所以我們絕不可拒絕繼承和借鑒古人和外國人，哪怕是封建階級和資產階級的東西。」〔註 4〕

這就是說對剝削階級的文化遺產，包括道德文化遺產，不論中國的、外國的、古代的、現代的，只要對我們有用都可以批判繼承，這是非常正確的觀點。

可是幾十年過去了，沒有真正落實，改革開放了，我們思想解放了，我們真的實事求是了，在道德遺產批判繼承的問題上終於走上了正路，這是今日倫理學繁榮昌盛的根本的原因之一。

第八，對個人主義的評價問題，這也是倫理學中重大的理論問題。長期以來，我們對「個人主義」是什麼？沒有搞清楚。我們以往所有對個人主義的批判，實質上是對利己主義，主要是對粗陋的利己主義的批判。即使對個人主義批判對了，也沒有真正批到點子上。

改革開放以來，我們對個人主義有了真正的全面的瞭解。普遍的認同《簡明不列顛百科全書》的定義。個人主義是一種政治和社會哲學，包括「人性論」價值觀和對生活的態度，同時也是一種財產制度。個人主義是資本主義社會意識形態，資產階級人生觀的核心。它在反對封建主義鬥爭中起

〔註 3〕 《毛澤東選集》（第 2 卷）〔M〕，北京：人民出版社，1991 年。
〔註 4〕 《毛澤東選集》（第 3 卷）〔M〕，北京：人民出版社，1991 年。

了解放思想。喚醒自我意識的重要作用，也是今日資本主義世界人們奉行的行為準則。然而它已經走到了歷史的盡頭。

我們不贊成個人主義，更不能引進個人主義，它與我們的社會制度相牴牾，與我們的傳統不相容。但也不能簡單的完全否定它，個人主義也有些合理的成分。例如強調個人的獨立自主、自由與尊嚴，重視個人利益。

個人主義將長期存在，因為私有制的經濟基礎，就是它的根源，與個人主義作鬥爭是曠日持久的事情。要否定它，幾乎是不可能的。但要努力把它的消極作用限制在最低程度上，這是可以做得到的。對極端的個人主義，或粗陋的利己主義要堅決反對和抵制，因為它是極其有害的壞的思想與行為。

餘　論

改革開放 30 年來，倫理學由一家獨鳴，一花獨放，變成了「百花齊放，百家爭鳴」，這的確是好事，馬克思主義倫理觀要在諸多倫理觀中，穩住主導地位，起真正的導向作用，還需要學者們用心、用力、用功發展有中國特色的馬克思主義的倫理學，提高它的理論品位。

這裡天地寬闊，空間廣袤，值得研究、探討的問題很多，可是令人不無憂慮的是，有一些人對研究馬克思主義倫理學的理論興趣不大，因為這裡難度大，不像應用倫理那樣較容易出成果。

實際不然，沒有高水平的馬克思主義理論倫理學作基礎，應用倫理學是研究不到家的，是出不了高水平著作的。

因此之故，還是要努力研究馬克思主義的理論倫理學，這裡的確有困難，但也確有光明的前景。

全國倫理學會
第八次學術討論會開幕詞

我們這次會議，得到江蘇省委、南京市委的熱情關懷與支持。得到誠德鋼管集團公司、東南大學、解放軍工程兵工程學院、南京大學、南京師範大學、無錫輕工業學院、淮海工學院、揚州大學、蘇州大學、南京審計學院、南京商廈等單位大力資助，讓我們以熱烈的掌聲，向他們表示深切的謝意！

我們這次大會有兩項任務一是圍繞傳統文化與道德建設問題展開學術理論研討，以期推動倫理學科的發展和社會主義道德建設。二是總結第三屆理事會的工作，選舉產生第四屆理事會。

中國傳統文化中，儒家文化居主導地位。它淵遠流長，影響深遠，不但數千年來影響中國的經濟、政治、科學、技術、藝術、體育、教育等的發展，也對周邊國家如韓國、日本、新加坡等國家的社會發展，產生了相當大的影響。這種影響，今天依然清晰可見。我們的社會生活、家庭生活，乃至個人私生活中不少積極的或消極的東西，都可以找到儒家文化的痕跡。今天，儒家文化影響所及已遠遠超出東亞地區，並將越過二十世紀。作爲炎黃子孫，看到、聽到這些，我們自然感到自豪。可是，我們又必須保持清醒的頭腦，對儒家文化，作出總體性的科學評價。

作爲農業文明時代的產物的儒家文化，是中國封建社會占統治地位的倫理文化，具有爲封建專制制度服務的文化功能，對維護封建社會的秩序起了獨特的作用。它的一些思想對中國人的心理、思想、觀念與行爲方式曾發生

過嚴重的禁錮和束縛的作用。

但是，不可否認，儒家文化的產生、存在與發展有其歷史的必然性。作為人類文化發展的長河中的一段，有它一定的合理性和相當久遠的價值。特別是其中的一些優秀部分，諸如人本主義思想、天人合一的理念，入世的人生態度，以及對個人內在優良品質培養的積極關注等等，都值得我們重視，值得我們很好地批判繼承。

我們認為，對儒家文化，必須有個實事求是的科學分析的態度。完全否定它，認為它是一堆廢物垃圾，是不正確的，反之，認為它完美無缺，或者認為它是解決當今社會問題，挽救「道德危機」的唯一良策，也是不可取的。儒家文化距離我們的社會生活已是相當遙遠，我們不可以不加分析地照搬、照套，而必須加以揚棄，即批判地繼承。這就是說，要把儒家文化徹底地分析一番，吸取其精華，拋棄其糟粕。也就是吸取它合理的東西，加以革命的改造，賦予它新的意義。用現代時髦的語言表達，就是要予以創造性的「轉換」。

儒家文化在歷史上影響深遠的原因之一，就在於歷代儒家學者即孔門後學，能不斷地改造孔子當初的思想，注入新的內容。就連孔子本人也是如此。雖然他說自己「述而不作，信而好古」，實際上他對前人的思想還是有所損益的。如他對「仁」的觀念的創造性的發展，就是一例證。在孔子之前，即在殷周時代，有「愛親為仁」的說法，可是孔子卻說，「泛愛眾而親仁」。「仁」就是「愛人」，這就是新的創造，就是發展。又如對「孝」的觀念，以前只是指奉養父母，到了孔子的時代，他把「敬」的含義，注入「孝」的觀念之中。他說：「今之孝者，是謂能養，至於犬馬，皆能有養，不敬，何以別乎？」這就是發展，這就是創新。

宋明時代的儒學被稱之為新儒學，與先秦時代不同，就是因為程穎、程頤、朱熹、陸象山、王陽明這些儒者，把佛家、道家的思想，創造性地吸收到儒家思想之中，使儒家思想有了新的發展。

第三代新儒家馮友蘭、梁漱溟、唐君毅、车宗三等把西方近現代資本主義哲學思想，民主科學思想溶於他們所闡釋的儒家思想之中，根據他們對時代發展的理解，對孔子儒學作了新的發展和發揮。

今天我們生活在社會主義時代，生活在二十世紀之末，我們對儒家文化，必須站在一個新的高度，根據我們社會主義初級階段的基本國情，根據我們

發展經濟、文化、科學、教育、倫理、道德的需要，用馬克思主義的立場、觀點、方法改造儒家文化，吸取它的合理成份，使之爲建設具有中國特色的社會主義新文化服務。

毫無疑問，離開唯物主義歷史觀的立場來看待儒家文化，是不科學的；企圖以儒家文化取代具有中國特色的社會主義文化，更是錯誤的，也是注定行不通的。現今理論界有一種流行觀念，即所謂「非意識形態化」。據我的理解，所謂「非意識形態化」，就是要求學術中立，反對站在一定的立場上研究學術理論，把話說得透一點，就是反對用馬克思主義的立場、觀點、方法研究學術問題，主要是哲學、經濟學、法學、倫理學、社會學等人文科學與社會科學。我以爲這個態度是不可取的。

不要立場，貌似中立，實際上不可能，問題是要一種什麼立場。作爲社會主義時代的文化戰士，我們今天應堅持馬克思主義的立場、觀點與方法去研究學術問題，包括研究儒家的文化在內。也就是說，以馬克思主義的立場、觀點和方法，研究儒家文化，發展儒家文化，吸取那些於我們有用的東西，用以建設社會主義的倫理文化和精神文明。

當然建設社會主義新文化，不只是向中國的傳統文化吸取營養，我們還要對西方文化中那些合理的、積極的因素，予以批判地繼承，吸收其中一切對我們有用的東西。以爲資本主義的文化都是「毒品」，應該堅決地加以拒絕，這種觀點雖然還有，但是不多了，當今多的是「食洋不化」，盲目崇洋，以爲西方的一切都好，什麼都比我們強。發展商品經濟、建立市場經濟體制，就得崇尚西方的文化，西方的價值觀。這種觀點是不妥當、不正確的。

我們應當以中國式的馬克思主義，即毛澤東、鄧小平的思想、理論爲基礎，吸取中國傳統文化、西方文化中有益的成份，建設我們具有中國特色的社會主義新文化。

我們這次會議討論的總題目是「傳統文化與道德建設」。這個題目涵蓋面廣泛，包括對傳統文化的界定，總體估價，如何批判繼承，以及繼承哪些思想內容等。此外，對當今社會道德狀況的分析，社會公德、職業道德、環境倫理應從傳統倫理文化中吸取、借鑑什麼東西也在討論之列。還有中國特色的社會主義倫理文化的內容是什麼，我們如何去建設等問題，都應該討論。

我們希望與會同志，發揚倫理學界固有的好的學風，即平心靜氣地研討，

本著求同存異的精神，各抒己見，相互學習。

我們除了進行學術、理論的研討之外，還要改選理事會。希望同志們本著老、中、青三結合的原則，認眞負責地把這項工作做好。

《現代青年倫理學》序

　　倫理學的研究，近年長不斷的深化。這種深化的趨勢，表現之一是理論水平、學術思想日益提高。學者們自由地研討問題，提出了許多新觀點、新思想，新結論。例如，關於道德權利的認識，關於道德特殊本質的探討，關於社會主義分配公正問題的研究，關於社會主義初級階段究竟應當實行何種道德等等，都有新的進展。

　　表現之二是倫理學的應用問題，引起了學者們的注意。有的學者，依據馬克思主義倫理學的基本方法原則即理論聯繫實際，踴躍探索現實生活中的倫理道德問題。例如，權力與道德、經濟改革與道德、企業文化與道德等，並且已經發表，或即將出版專門的論文和著作。有的學者，在研究生活實踐中的倫理、道德問題的基礎上，創造性地系統地探討應用倫理學問題。如《生命倫理學》《青年學生倫理學》等等。這是規範倫理學分支學科的新發展。事實說明，在次革、開放的形勢下，倫理學不是沒有用，而是大有作為。

　　青年倫理，係「時年倫理」的一部分。時年倫理是倫理學一個特殊的研究領域。臺灣學者韋政通先生在他的《倫理思想的突破》（臺灣水牛出版社，1986 年）一書的第五章專門討論了人生階段與倫理。分作兒童與倫理，青年與倫理，中年與倫理，老年與倫理，並一一加以論述。

　　為什麼要研究時年倫理呢？因為「人生有不同的發展階段，不同階段裏有不同的目標和需要，因此倫理對不同階段的人生有不同的重點和意義」。為明確不同的重點和意義，從而塑造理想的人格，這就是研究時年倫理的宗旨。

　　中南工業大學曾釗新教授在他的《道德心理論》（中南工業大學出版社，

1987 年）中，提出「時年倫理」概念。那麼，什麼是「時年道德」呢？作者說：「所謂時年道德，就是指人生不同時期的道德，也擾是人的一生中的兒童時期、青年時期、中年時期和老年時期應有的相應道德」。同時作者還論證了時年道德存在的根據。

現在擺在讀者面前的由劉繼華、胡慶雲兩位同志主編的《現代青年倫理學》（由交通大學出版社出版）是探討時年倫理中青年倫理的專門著作。

作者針對青年生理、心理、思想發展的一般過程，運用生理學、心理學、哲學、倫理學、社會學、人才學等方面的知識和理論分析青年面臨的各種倫理、道德問題；努力提示青年道德意識、道德關係、道德行為的特殊規律；為青年正確地選擇人生道路，實現人生價值，提供咨詢與指導。這是令人感到高興的事情。

青年是民族的希望，國家的未來。他們是「振興中華，實現四化」的一支勁旅。青年只有成為德才兼備的人，既有具體的奮鬥目標，又有實際的本領，才能完成他們的歷史使命。為此，如何把青年培養成有理想、有道德、有文化、有紀律的一代新人，就成為全社會關注的重大課題。在這方面，許多倫理學者、德育教師、青年思想教育工作者，作了有益的探索和研究，並取得了一些成果。《現代青年倫理學》一書的作者們，不辭辛勞，搜集大量資料，運用馬克思主義哲學、倫理學的一般原理，在調查研究的基礎上，寫出了這部著作。這是一種開拓性的工作，不管該書有怎樣的缺點和不足，都不失其應有的學術價值和實踐意義。

相信該書的出版，定會對青年的健康成長、對倫理學學科建設發生積極的影響。

人學研究的一部佳作 —— 評《人學引論》

　　人學是一門新興的學科，在我國尚屬初創階級。究竟什麼是人學？人學有哪些基本理論內容？人學研究的方法論又是什麼？對這些問題都眾說紛紜，莫衷一是。

　　但有一點是共同的，這就是學者們一致認為，研究人學對我國實現四個現代化，對全面提高人的素質具有重要意義。

　　眾所周知，人對自然界的認識，對社會的認識均已達到了歷史上前所未有的水平。當今的人類已進入信息化時代。人們發射火箭和宇宙飛船或利用射電望遠鏡探測觀察月球、火星、木星等等，還準備開發宇宙空間星球上的礦物資源等，可見科學技術是何等的先進和發達。哲學、社會科學在研究客觀世界的規律、社會歷史的規律方面也有相當的進步。而人學研究則顯得相對落後。

　　古希臘德爾斐神廟上鐫刻著一句話：「認識你自己」。這是一句富有深邃哲理的千古不朽的名言。可是迄今為止，人類究竟在多大程度上認識了自己呢？恐怕人類對自己的認識還遠遠不夠。從人對自然的態度，掠奪式的開發、竭澤而漁式的享受著，人根本沒有認識自己。從人對人的剝削、奴役和壓迫著，人更是沒有認識自己。從個人對自己的生理、心理、意識、潛意識、潛能的認識看，人太缺少「自知之明」了。從這個意義上說，人是一種「謎」，是一個尚未完全解開的「謎」。

　　人欲正確地認識自己、正確地對待自己，合理而幸福地生活，人就得用心、用力、用功研究人學。在眾多的人學理論的研究與探討中，郭曉君教授等撰寫的《人學引論》是一部有創見性的學術著作。

　　作者對中外人學研究的歷史與現狀、成績與問題，瞭解得比較透徹，資料佔有比較充分。因此，闡釋自己的觀點得心應手。

　　作者對人的存在、人的本質、人的需要、人的價值、人的行為、人的現代化、人的全面發展等重要理論問題，從哲學、社會學、心理學、政治學、倫理學多學科多角度加以研究，使該書的內容、信息量、知識結構達到一個新的高度、新的水平。

　　作者不但研究了人學的一般理論問題，而且緊緊圍繞提高人的素質、實現人的現代化，促進社會主義的物質文明和精神文明建設這種主線展開論述，提出改善人類的生存環境、提高人的生活質量，用社會主義的文化塑造人，開發人的潛力、協調人際關係、推動社會均衡發展。其中不乏精辟之見，給人耳目一新之感。

　　本書有較高的學術水平和實踐應用性，體現了邏輯與歷史的統一、理論與實踐的結合，是一本值得一讀的好書。本書的出版發行，必定會對人學的深入研究、探討起到積極的推動作用，也是對該學科建設的貢獻。

　　本書像其他學術著作一樣，不能說完滿無缺。事實上有些觀點或論斷不夠準確，如說荀子的自然人性論是惡的，社會人性論是善的等等。尺管如此，還是瑕不掩瑜，此書仍不失為一部具有創見性的人學著作。

評《醫學倫理學辭典》

　　呈現在讀者面前的這部由杜治政、許志偉兩位知名教授擔任主編，長達130萬字的宏著《醫學倫理學辭典》（鄭州大學出版社出版，2003年）是我國醫學倫理學里程碑式的著作，新中國成立以來的第一本醫學倫理學大型工具書，也是一本跨學科，涵蓋哲學、理論倫理學、生命倫理學、中外醫德學、醫德史、醫德社會學、醫德法學等，此外還涉及到醫學、生理學、心理學、法學、社會學、社會心理學等諸學科知識。

　　縱觀全書，給讀者留下的印象是內容廣博、資料翔實、信息量大，不啻是一本知識前沿、新穎而又豐富的辭書，更是一本有高水平的學術著作。

　　這本辭典的誕生，從一個側面反映出，我國應用倫理學自改革、開放以來，特別是近十年蓬勃發展，日新月異，並取得顯著成就的狀況。

　　《醫學倫理學辭典》之所以是一部優秀的力作，這是因爲它有許多的優越之處。

　　首先，理論性強，學術水平高。

　　撰寫人諳熟理論倫理學，能夠把理論倫理學知識和醫學知識、醫學實踐、臨床經驗有機地結合起來，這樣形成或構建的醫學倫理學，就是有根基的、有深度的，並且有實用價值，對各類醫務工作者均有指導意義。

　　例如，關於《目的與手段》一條目的解釋，撰稿者首先界定《目的與手段》一般科學涵義及其兩者的辯證統一關係，接著就特殊的醫學倫理學目的與手段的關係，予以解釋與闡述。作者寫道：「醫務人員在診治疾病中，不僅要有正確的目的，還必須根據正確的目的，選擇恰當的手段，必須在選擇手段時，遵循嚴格的道德原則，而絕不能以爲只要出發點正確，而無須顧及手

段。醫務人員選擇治療手段時，以下幾點是必須注意的：(1)選擇的診治手段應當是經過實踐證明是有效的；(2)選擇的診治手段是傚果最佳的，所謂最，包括療效好，安全、痛苦少、經濟花費小；(3)診治手段與病情發展相吻合，既不過度，又無不及；(4)選擇的診治手段應顧及社會後果。這種思考與寫作的方法有哲學的深度，撰稿人在這裡把目的與手段一般性的哲學道理，和具體醫療實踐的目的與手段的確定、選擇有機結合起來，這就是所謂從一般到個別，即一般與個別的有機結合。哲學上目的與手段辯證統一的原理，存在於諸如醫學目的與手段之類具體科學或實踐之中。具體的醫學目的與手段蘊含著一般的目的與手段。這樣寫目的與手段的關係，就顯得有血有肉、有理論、有實踐。

接下來，作者筆鋒一轉，寫到當今醫學目的與手段相衝突的現實的議論可謂入木三分，切中時弊。

當前我國醫藥界存在許多的問題，醫患糾紛空前嚴重，醫療事故屢見報端。如果從目的與手段的關係上進行分析，我們會發現，許多醫生出於治病救人的目的，只是選擇藥物不當或過量用藥造成醫源病的現象時有發生。這是醫生們業務水平不高，或工作責任心不強造成的。然而確有不少醫生實行診治時目的一開始就是不正確的，即爲了賺更多的錢，或爲了得「回扣」。這樣他選擇的手段，還能是正確的嗎？否，於是重複檢查，開大處方，過度用藥等等，就是不可避免的了。這就是所謂不正確的目的決定了不正確的手段。

正確的醫療目的是治病救人、扶困濟危，這樣的目的，決定了它的手段必然是正確的，開大處方，過度用藥等就不會發生了。

醫風不良、醫德敗壞也不完全是醫生或醫院的問題。也有政策、制度與機制方面的原因，如政府撥款不足、讓醫院創收、搞承包制、以藥養醫等。還有思想認識上的偏差，如醫院產業化，即商業化，煞費苦心想賺大錢。這是完全錯誤的。

其次，信息寬厚，知識豐富。

讀者們只要翻開這部詞典，查閱它的條目，就會看到作者彙集的資料與信息很是詳盡，理論與知識尤爲豐富。

這是辭典能否贏得讀者，博得好評的關鍵。作者們在這一點上做得很用心，很突出，也很成功。

　　例如，《生物醫學》條目。作者簡要的敘述了生物醫學產生與形成的過程。其中列舉了大量醫學家、生物學家、化學家、細胞學家等人傑出的貢獻。作者重點闡釋現代科學方法「還原論」引入醫學，推動了生物醫學的誕生。

　　「還原論」的基本原理是物理原理，即認為化學的、物理的知識，最終能夠解釋生物的一切現象。「還原論」是通向生物科學發展的必由之路。如細胞的發現、微生物的發現、酶的發現、生物大分子的發現，無一不是在「還原論」方法指導下實現的。

　　生物醫學取得了巨大成就，但它的弊端也日益顯露。生物醫學把人視為客觀物質實體，忽視了他們是有思想、有感情的社會存在者；醫生與醫患的關係日益「物化」，非「人格化」，失去了人性的光輝。撰稿人這種全面思考，有分析的書寫條目，正反兩面兼顧是合乎辯證法的，也是符合客觀事物的本來面目。這種實事求是的科學態度值得肯定。

我讀《倫理學大辭典》

　　朱貽庭教授主編的《倫理學大辭典》（上海辭書出版社，2002 年 10 月版），我初讀一遍，愛不釋手，於是又去讀第二遍。

　　這本辭典，本是一本倫理學工具書。所謂工具書，據我的理解是給廣大讀者提供有關學科的基礎知識、基本概念、重要人物、學派等確鑿無誤的知識。然而這本倫理學辭典，又不只是辭典。它同時又是一本倫理學百科全書，是一本高水平的倫理學學術著作。

　　說這本《辭典》是通古博今、融會中外之作，也是融理論、歷史、應用於一體之作，一點不為過。

　　說它是中國倫理學自 1978 年，至今 25 年來的倫理學學術研究的總結，當之無愧。

　　說它是邁進 21 世紀倫理學研究中的若干前沿學科創新之作的簡要概括，名副其實。

　　朱貽庭主編的這本辭典，可謂同類辭書之佳作。因為它的體例、條目、內容、解說、界定，就其創新性、豐富性、廣博性、深刻性、科學性、實用性而言，大大超過以往的倫理學辭典。

　　該《辭典》的編纂，以當代中國馬克思主義創新成就鄧小平理論和「三個代表」重要思想為指導。全面展現倫理學原理、應用倫理學、中國傳統倫理思想、西方古今倫理思想、宗教倫理思想以及中國少數民族倫理思想的概念、學說、學派、人物、著作、刊物、組織、事件、會議，此外還有附錄「中外倫理思想史大事記」、「建國以來倫理學著作書目概覽」，共收詞條 4548 條（截止至 2001 年底），總字數 250 萬字，為同類辭書之最。

　　《倫理學大辭典》的優勝之處，以我之管見，至少有以下幾點，可以昭示讀者。

　　第一，該《辭典》檢索目錄，打破一般辭典的老格式，即按筆劃順序和起筆橫豎撇等查尋。這種格式是傳統的，有方便的一面，但名詞、述語、著作、人物常常混雜一起，眉目不清。

　　該《辭典》首先是按學科分類編目，如倫理學原理、應用倫理學、中國倫理思想、外國倫理思想。每一學科之中，還有細目，如倫理學原理，就有名詞述語、問題討論、人物、著作、公民道德建設等等，條分縷析，一目了然。就此而言，是辭典編纂中的創新之點。但主編設計檢索方法顧及到傳統的筆畫索引，保留筆畫索引的優點，同時增加了「漢語拼音索引」和「詞目外文索引」，這更是別出心裁之處，可謂在辭典編纂史上獨樹一幟。

　　第二，內容豐富，視野開闊，信息量大，詞目多，增加了許多新東西，在同類辭典中處於領先水平。

　　如外國倫理思想，不限於西方；還有東方倫理思想，如朝鮮、日本、印度、阿拉伯、伊斯蘭等，這樣就打破了西方中心論，不以西方人的是非為是非，增加了東方人的自信心與自豪感。

　　縱觀《辭典》全書，比較好地體現了厚今薄古的精神，倫理學原理甭說了，中國倫理思想或西方倫理思想中現代的新人、新書、新觀點、新理論佔了相當多的份量，這是其他同類辭典所不具備的。

　　第三，《辭典》撰寫的條目、著作、人物評價、歷史事件的記述，客觀、公允，突破了僵化的思維模與「以階級鬥爭為綱」的偏見，有學術水平，有理論深度，有「海納百川」的雅量。例如，原北大哲學教授、已故張東蓀先生的著作：《價值哲學》、《人生觀 A、B、C》、《倫理學綱要》、《道德哲學》四本書也被收錄進來，這不容易，表明主編力圖把學術問題與政治問題分開，不因人廢言，足見主編者及撰稿人有膽、有識、有作為。

　　主編及其作者們的學術水平，表現在對倫理學術語、名詞、概念的解釋與界定是相當準確、科學的。例如對「人」的界定。作者講了三句話：地球上生命有機體發展的最高形式；在勞動基礎上形成的社會化的高級動物；社會歷史活動的主體。進而圍繞這三句話展開，旁徵博引，解說周詳，無懈可擊。又如對「人的價值」的界定，言簡意賅，一句話敲定，這就是「人的存在與活動的社會意義」。接著作者又以歷史與邏輯相統一的方法論，論說人的

價值的歷史與當代的意義。

再如，對當代中國倫理學術問題的討論，作者概括為八個問題，即「倫理學基本問題的討論」、「道德階級性與繼承性的爭論」、「道德主體性原則討論」、「人性與道德關係討論」、「歷史與道德『二律背反』爭論」、「潘曉來信討論」、「功利主義反思討論」、「集體主義與個人主義再認識討論」，這八個問題概括得很準，可以說抓住了我國倫理學改革開放二十多年來的要害問題。其他問題，如社會主義道德與共產主義道德關係、經濟改革與道德、人的價值問題等，這裡沒有明確地一一列出，因為上述八個問題可以涵蓋它們，或涉及到它們，這裡不必多述。這叫突出重點、兼顧一般。

第四，該辭典把倫理學新著作、新觀點、新思想、新學科的出現，盡力介紹給讀者，使讀者的倫理知識得以「更新換代」，這也就是與時俱進吧。

主編及作者於應用倫理學著墨較多，是完全正確的。應用倫理學對我國來說，是倫理學的新學科，有些是前沿性的學科，例如計算機倫理學、行政倫理學、管理倫理學、人口倫理學、制度倫理學、法倫理學等。又如最新出版的倫理學著作，如《倫理大思路》、《當代中國倫理與道德》等都是近一、二年新出版的著作，再如《公民道德建設實施綱要》，中共中央 2001 年 10 月正式公佈，其中關於公民基本道德規範——愛國守法、明禮誠信、團結友善、勤儉自強、敬業奉獻都作了簡明扼要的解說或界定。

這些就是我所見到的本辭典的優勝之處。然而，這本辭典，也有不足或紕漏之點，「智者千慮，必有一失」。朱貽庭教授是史論兼通、治學嚴謹的倫理學者。他兢兢業業，以高度的社會責任感、設定框架，提出觀點，彙集條目，統馭全書，親自過目、審定，並撰寫許多重要條目，實屬不易。儘管如此，還是有缺陷，需要指出：

比如，《辭典》對前蘇聯倫理學著作、人物、主要理論觀點反映得不夠。須知中國馬克思主義倫理學，深受前蘇聯倫理學的影響，應給予其恰當的地位與評價。

又如有的術語或概念的解釋不夠周詳。以「敬」為例，《辭典》上說，指恭敬、尊重，中國傳統道德中下對上、幼對長的道德要求，如「事君以敬」，「兄愛弟敬」；指自我抑制的能力，如「主敬」。「敬」，據我所知，其含義不只這兩點，還有一點，即認真負責的意思。如《論語》中有：「執事敬」、「事思敬」，其含義均為認真負責。

　　再如，對「教育倫理學」的闡述，多半局限於教師道德範疇之內，因此內容顯得單薄。教育倫理學，依我之愚見，應包括教育理念，教育制度，教育過程、課程設置，教學管理，教育資源分配，師生道德、師生關係等諸方面的倫理問題。

　　儘管有這些問題，但這本《倫理學大辭典》的確是一本高水平的倫理學百科全書。它的問世對當代中國倫理學學科建設是一大貢獻，不僅是對 20 世紀後 25 年倫理學的科學總結，也為未來 21 世紀中國倫理學的發展奠定了良好的基礎。

介紹《中國公民道德讀本》

哲學教授倉道來先生主編的《中國公民道德讀本》是一本有學理性、有應用價值、深入淺出的普及公民道德的佳作。

本書作者對我國社會主義初級階段道德建設的大綱、每個公民道德行為必須遵循的準則或規範——《公民道德實施綱要》有深刻的體會。

使《綱要》為大眾認同，為大眾所踐履的關鍵在於怎樣解讀它。倉道來等諸位同仁，認真地解讀了《綱要》中提出的「愛國守法、明禮誠信、團結友善、勤儉自強、敬業奉獻」這二十個字的規範。十五篇解讀在編排上有獨創性，有內在的邏輯聯繫，如卷首篇，「民族復興，呼喚道德」，民族復興，不只是建設一個強大的現代化的國家，而且要把中華民族五千年來文化傳統中的倫理精華、傳統美德弘揚光大。作者們在這個問題上處理的很得體，從古代的傳統美德，到近現代的革命道德，其精華部分展現得很充分。

作者用心收集歷史與現時的資料，取材翔實而廣泛，用神話傳說、歷代歷朝各種道德楷模和現實生活中愛崗敬業、忠誠服務於社會大眾的模範的先進事跡，啟發讀者，使讀者對家庭美德、職業道德、社會公德一目了然。這將會對讀者的思想和行為產生一種規範作用。

作者把講道理、說故事融合一體，故事中蘊含著一定的道德觀念，每一故事後都有畫龍點睛的三言兩語。如講到掏糞工人時傳祥的事跡，援引時傳祥的名言：「寧肯一人髒，換來萬家淨」。如此簡潔的話語，就把掏糞工人的精神境界合盤托出。

作者把古代中國歷史上道德楷模與當代先進人物的行為結合起來，這樣的講解既有歷史感，又有現實感。建設現代國家要有高科技，也要有高人文

文化，中國的人文文化資料豐富無比，正如英國科學史家湯因比說：「十九世紀是英國人的世紀，二十世紀是美國人的世紀，二十一世紀是中國人的世紀。」這個所說的「中國人的世紀」，是指中國文化將成爲二十一世紀世界思想文化的主流。

　　儘管本書有不足之處，如對改革開放二十多年來科學技術領域中道德人物的事跡挖掘、整理、採納不多，但仍不失爲一本有吸引力，有教育價值的好書，對人們認識、實踐《公民道德實施綱要》很有好處。

附錄：訪談與專著書評

我看新中國倫理學這六十年
—— 訪北京大學教授魏英敏

本刊記者

受訪學者簡介：魏英敏，男，滿族，1935 年 6 月生，遼寧人，北京大學哲學系教授、博士生導師，曾任中國倫理學會常務理事、副會長，國家職業技能鑒定專家委員會道德指導委員會副主任委員。代表性學術成果有：《倫理、道德問題再認識》（專著）、《倫理學簡明教程》（合著）、《新倫理學教程》（主編）、《論共產主義道德基本原則及其層次性問題》（論文）、《傳統倫理與家庭道德建設》（論文）等。

本刊記者：魏老師您好！去年是新中國建國 60 週年，爲了回顧歷史，展望未來，各個領域都對這 60 年來的成績、經驗教訓進行了總結。您作爲我國倫理學界的一位資深學者，是新中國倫理學成長、發展的歷史見證人之一，我們特別希望您能夠從自己的親歷來爲我們重現一下這段歷史，談一談您的感受、領悟或期望。

魏英敏教授（以下簡稱魏）：是的，新中國成立時我只有 14 歲，而今年已 76 歲，的確是與共和國同患難共生長的。我早年在中國人民大學從事共產主義道德教育工作，1970 年調入北京大學，至今已近四十年，一直從事倫理學教學與研究工作。新中國建立、發展的 60 年也是我從一個青年學子成長爲一名大學教授，又親身經歷中國倫理學從無到有、從小到大成長發展的 60 年。如今，新中國的倫理學，如同經濟、社會建設一般朝氣蓬勃，取得了令人鼓舞的成就。作爲這段歷史的見證者和參與者，撫今追昔，特別地感慨，也特別地欣慰。

本刊記者：回顧這 60 年，您覺得現在和建國初期相比，中國倫理學事業

發生了哪些變化或者取得了哪些進展？

魏：新中國倫理學這 60 年，既有成績，也有教訓和不足。我們取得的成就可以概括爲四個方面。第一，培養了人才，建立了隊伍。一大批優秀的中青年學者成長起來，成爲教學、科研的骨幹，他們是中國倫理學事業發展的中流砥柱。第二，編著、撰寫了一批又一批倫理學教科書、學術專著和倫理學工具書；創辦了三個倫理學刊物，即《道德與文明》、《倫理學研究》、《新德育》（內部刊物）；翻譯並出版了大量外國倫理學著作。第三，拓寬了倫理學的研究領域，除傳統的規範倫理學之外，開展了對分析倫理學與描述倫理學的研究。第四，增進了本學科領域的國際交流。我們與歐美、日韓、東南亞，以及我國的臺灣、香港地區都有定期或不定期的學術交流，還有各種訪學或博士生聯合培養的項目。能夠取得今日的成就，甚至能夠達到今天這樣對倫理學這個學科有個相對客觀、全面的認識，也是經歷了一個過程的，並非一帆風順。

本刊記者：那您能不能爲我們更詳細地講一講這個問題？

魏：好的。我們可以把這 60 年分爲前 30 年與後 30 年。

前 30 年的前半期爲共產主義道德教育時期。爲人民服務、團結友愛、互助合作、五愛道德（即愛祖國、愛人民、愛勞動、愛科學、愛護公共財產）深入人心。集體主義成爲共產主義道德最核心的原則。共產主義道德貫穿了社會主義改造的全過程，成爲人們精神生活的支柱。整個國家面貌煥然一新，人們的精神狀態積極向上、生機勃勃。1957 年整風反右派鬥爭以後情況發生了改變，階級鬥爭的力度加大了。經過 1958 年大躍進、1959 年反右派和 1960 年開始的三年困難時期之後，大話、假話、空話盛行起來，共產主義道德受到損害。這個時期後半期是文化大革命時期，就是所謂十年動亂時期，又是破四舊（即舊思想、舊傳統、舊風俗、舊習慣）、揪走資派、打倒反動學術權威，又是評法批儒、批林批孔、批周公。整個國家混亂不堪，國民經濟面臨崩潰，科學、文化、教育、衛生、體育全面停頓。

共產主義道德和中國傳統倫理遭到全面破壞，社會風氣大大倒退。

這個時期的共產主義道德理論研究和教育活動，不是倫理學範疇內的事，而是隸屬於政治教育範疇。如果說它是倫理學，也只能是政治倫理學、階級鬥爭的倫理學；倫理學研究不是絕對沒有，而是零零散散、微不足道的。嚴格意義上的倫理學、科學倫理學還是一個尚待開發的領域。如新中國倫理

學奠基人之一的李奇同志在 50 年代末 60 年代初就「個人利益與個人主義」、「動機與效果」、「道德的階級性與繼承性」等重要倫理問題進行了探討。當時上海華東師範大學副校長周原冰同志也寫了一些有關倫理學的文章，但由於政治運動的衝擊並沒能引起足夠的注意。當時共產主義道德教育是占絕對主導地位的，這方面的著作出版了不少，其中影響最大的是劉少奇的《論共產黨員的修養》。這是劉少奇在延安時期寫成的，解放後再版了好幾次。紅色教授、北大副校長、哲學系主任馮定的《共產主義人生觀》也頗有影響。這兩本書和其他一些著作可以說是當時共產主義道德教育的教科書，哺育了幾代人，鼓舞了他們為新中國的建設而努力奮鬥。

從倫理學與共產主義道德理論研究的視角看，把倫理道德完全納入政治範疇，雖有客觀原因，但卻似乎不夠妥當，因為這勢必導致倫理學淪為政治的工具，喪失它作為一門學科的獨立性。更為嚴重的是，把政治與倫理等同起來，把政治批判與學術批判混為一談，學術問題成為政治問題：抓辮子、扣帽子、打棍子，學術問題也一律上綱上線。「百花齊放，百家爭鳴」變成了「兩花齊放」，而且是一花盛開壓倒另一花，「兩家爭鳴」最後乾脆變成了「一家獨鳴」。還有一個問題，就是把理想與現實混為一談。本來道德的特性之一就是它的理想性，可是當時的理論家們和黨的一些領導人卻把理想當成現實，以共產黨人的道德作為標準要求人民大眾。高起點、高標準否定了人們認識程度、接受程度的差別，否定了底線倫理的存在。在全社會推行共產主義道德勢必讓人感到高不可攀，其不良影響直至今天也還存在。

1978 年十一屆三中全會之後，隨著「四人幫」的倒臺和十年動亂的結束，隨著「以階級鬥爭為綱」的路線轉變為以經濟建設為中心的路線和開展、實踐是檢驗真理的唯一標準大討論，毛澤東時代錯誤的政治路線和思想路線才被轉變過來，馬克思主義倫理學才開始獲得新生。本刊記者：也就是說，不管是由於受到當時政治形勢的影響，還是由於倫理學本來就處於起步階段，總之，前 30 年我們的倫理學事業還沒有步入正軌，或者僅限於思想政治教育，或者完全被扭曲或打斷。那麼，改革開放之後的情況呢？

魏：改革開放時期的倫理學發展大致劃分為兩個階段，從 70 年代末至 90 年代初是馬克思主義倫理學教學體系和理論研究開始起步和迅速發展的時期。90 年代中期以後是倫理學研究的思想、觀點、方法、領域迅速分化和豐富的階段。

改革開放以後，首要的任務是恢復倫理學的教學與科研工作，重建馬克思主義的倫理學。1952 年院系調整時，倫理學、心理學、社會學被當作僞科學砍掉了。約在 1959 年，中宣部的有關領導于光遠、周揚，以及中國社會科學院哲學所所長潘梓年，找到北京大學的周輔成先生、中國人民大學的張騰霄教務長和中國社會科學院的李奇同志，在北海、頤和園多次開會，商議如何恢復倫理學。此後張騰霄委託羅國傑籌建中國人民大學倫理學教學研究機構。於是 1960 年 4 月，中國人民大學從 1956 年入學的本科生中抽調羅國傑、姜法曾、鄭文林、李光耀，再加上外系分配來的許啓賢，組建了倫理學教研室，羅國傑被任命爲教研室主任。北京大學以周輔成先生爲首，組建了三人倫理學教研組。中國社會科學院的李奇同志也成立了一個倫理學研究小組。中國人民大學編寫了一份倫理學鉛印教材，北京大學周輔成先生編寫了西方倫理學教學大綱。

李奇同志 1961 年 11 月 14 日在《人民日報》上發表了題爲《建議開展倫理學的研究工作》的文章。1963 年，李奇同志招收了兩名倫理學碩士研究生，這就是劉啓林和施毓彬。幾乎同時，周輔成先生在西方哲學專業下招收了一名倫理學碩士研究生，就是今天中山大學的章海山教授。這批人於 1966 年畢業。可以說，劉啓林、施毓彬、章海山三人就是新中國第一批倫理學碩士研究生。

1980 年夏在無錫召開了中國倫理學會成立大會。中國倫理學會由中國社會科學院、北京大學、中國人民大學、北京師範大學、華東師範大學聯合發起，會上選舉馮定爲名譽會長，李奇爲會長，張岱年、周輔成、周原冰、羅國傑爲副會長，劉啓林爲秘書長，魏英敏、許啓賢、包連宗、甘葆露爲副秘書長。

中國倫理學會的成立及其召開的多次全國性學術討論會，對推動我國倫理學的發展起到了非常積極的作用。

從上個世紀 80 年代初至 90 年代初，中國倫理學事業取得了長足的進步，在馬克思主義倫理學科建設及倫理學原理研究方面成績卓著。首先是羅國傑主編的馬克思主義倫理學出版，這是新中國第一本倫理學教科書。這本書（後來還有 1985 年出版的倫理學教程和 1989 年出版倫理學堅持馬克思主義立場，全面系統地對馬克思主義倫理學進行了闡述和論證，對倫理學的教學研究工作和學科建設起到了積極的作用，作出了重要貢獻。整個 80 年代，

學者們撰寫的倫理學教科書與專著幾乎都不同程度地受到它的影響。當然也有例外，如北京大學編寫的教科書倫理學簡明教程。當然這本書也有它的歷史局限性，比如受蘇聯倫理學教科書影響較多，對集體主義的表述也有不當之處。其次，倫理學在 80 年代不僅得到了恢復，而且迅速地發展起來，倫理學學科體系逐步健全。在大家的共同努力下，倫理學原理、中西倫理學比較及中西倫理學史不但開了課，還編撰了大量教科書和學術專著，成績斐然。80 年代中後期，倫理學原理方面的研究有了新的突破。正如河海大學的余達淮、周曉桂在新中國六十年來倫理學理論發展的基本脈絡和基本問題論爭一文中所說：這階段倫理學界不約而同地開始考慮中國倫理學的大學科體系框架，初步形成了倫理學原理、中外倫理思想史學科研究方向。有些學者在倫理學原理體系上孜孜求索，不斷創新，表現出敢於向權威理論體系挑戰，敢於超越自我的優秀品質和高貴精神。這都使倫理學的理論體系不斷完善，基本理論日趨精進而富有時代氣息。倫理學分支學科日漸獨立而迅速發展。

這種討論比起那些只停留在對某種陳舊理論的過分讚揚上的評論實事求是得多，也有意義得多。在倫理學繁榮發展的整個 20 世紀 80 年代，在哲學界、倫理學界發生過幾次重要的學術爭鳴。如 80 年代初的、潘曉來信引發了人生觀和人性問題的討論；80 年代中期關於人性、人道主義以及異化問題的討論，關於社會主義道德與共產主義道德關係的爭論；80 年代末關於道德的本質是主體性還是規範性的討論，市場經濟與道德關係的討論等等。這些爭鳴打破了教條主義對人們精神的束縛，解放了思想，啓發了人們的倫理智慧。這些討論的過程中有新舊倫理思想的鬥爭，也有學術獨斷與學術民主的鬥爭。當時的一批青年學者如今都已是年富力強的大學教授。他們不滿意當時主流倫理學教科書的理論與觀點，走上獨立自主的思考、研究之路。他們除了著書、寫文章外，還舉辦研討班、學術交流會，大膽提出自己的倫理主張，道德主體性問題的提出尤其具有重要的理論意義和實踐價值。儘管他們的見解也難免有偏頗之處，但也確實有值得重視的觀點和思想，然而在當時反對資產階級自由化的大背景下很難被理解。實際上，他們對新中國倫理學科的建設和社會主義道德建設是有貢獻的。就社會主義道德規範體系而言，他們的貢獻在於爲集體主義注入了新的內涵，即從權利與義務的對應關係上理解和解釋個人利益與集體利益的關係。再者，他們當時提出了人道主義、公平

正義、誠實守信等價值，這些普世價值應當成爲我們的道德原則。可是當時主流教科書裏並沒有這些內容。他們對中國社會主義倫理道德建設和馬克思主義倫理學學科建設作出的貢獻是不應被否定的。

這些都是我們改革開放之後所取得的特別值得一提的成就，許多事件恐怕是具有歷史性意義的。

本刊記者：您爲我們介紹了改革開放之後在中國倫理學發生歷史性轉變的過程中具有重大意義的一些事件，十分感謝你通過講述自己的親歷爲我們提供的這些珍貴的一手資料。剛才您還談到，馬克思主義倫理學也是在改革開放之後才開始獲得新生，您能不能爲我們介紹一下這方面的情況？

魏：後30年，也就是在改革開放之後，我們倫理學理論研究的重大成果之一，就是在對道德遺產的批判繼承問題上實現了正本清源，打破了左傾教條主義、絕對主義、獨斷主義的枷鎖，還原了毛澤東關於道德遺產批判繼承的科學論斷的本來面目。毛澤東說過：我們是馬克思主義的歷史主義者，我們不應當割斷歷史。從孔夫子到孫中山，我們應當給以總結，繼承這一份珍貴的遺產。中國共產黨在民族戰爭中的地位、還有外國的古代文化，例如各資本主義國家啓蒙時代的文化，凡屬我們今天用得著的東西，都應該吸收。新民主主義論毛澤東還講過：我們決不可拒絕繼承和借鑒古人和外國人，哪怕是封建階級和資產階級的東西。在延安文藝座談會上的講話這些觀點很長時間一直被扭曲。我這裡僅以所謂平行繼承法爲例。這個觀點認爲剝削階級繼承剝削階級的、勞動人民繼承勞動人民的道德遺產，彼此絕對對立。事實上剝削者與被剝削者的道德也可以相互滲透，相互影響，且有許多共同的道德範疇。他們的利益根本上是對立的，但也存在共同的利益，還有某些共同的風俗和習慣，故此道德的普適性是存在的。思想解放、實事求是使我們在道德遺產批判繼承的問題上走上了正途。這是近三十年來倫理學大發展的重要原因。

馬克思主義倫理思想的研究，從今天中國倫理學界的現狀看，是先天不足、後天虧損。所謂先天不足是指馬克思主義倫理思想的研究在上世紀80年代初爲了應付教學的需要匆忙上陣，多半照搬蘇聯倫理學教科書，或照抄中國人民大學的教科書，沒有時間深入思考馬克思倫理思想究竟是什麼，更不要說構建一個科學的體系了。馬克思、恩格斯的著作中有著豐富的倫理思想，但他們生前沒有寫出一本專業性的倫理學著作。在馬克思主義思想史上，倒

是考茨基在 1905 年寫出了一本人生哲學與唯物史觀，但那本書歷史回顧佔據了五分之四的內容，論證只有五分之一，顯然對於人們學習、研究馬克思主義的倫理思想是很不夠的。

所謂、後天虧損是指在還沒有把倫理學原理吃透的情況下，許多學者於上世紀 90 年代中期奔向應用倫理學，無暇顧及馬克思、恩格斯倫理思想的研究。在當前倫理思想多元化的時代，馬克思主義面臨著挑戰，需要有志者認真閱讀馬恩著作，下苦功夫進行耙梳、整理、分析、整合的工作。這個任務是艱巨的，然而創造系統的、具有新時代精神的馬克思主義倫理思想體系是勢在必行的。另外，與馬克思主義倫理學的漸入正軌相聯繫，還必須指出我們的社會主義道德規範體系建設也取得了歷史性的進步，這兩個方面是不可分割地聯繫在一起的。我們初步建立了社會主義初級階段的道德規範體系，這就是為人民服務、集體主義、人道主義、公平正義、誠實守信五大原則，以及以下六大規範：即愛祖國、愛人民、愛科學、愛勞動、愛社會主義，再加上愛護生存環境。這個規範體系來之不易，是全體倫理學界同仁經過三十多年的努力奮鬥得來的。也是經 1986 年中共中央關於社會主義精神文明建設指導方針的決議、1996 年中共中央關於加強社會主義精神文明建設若干重要問題的決議以及 2001 年關於公民道德建設實施綱要的中央文件，再到中共十七大一再肯定、逐步明朗和系統化了的。對集體主義原則形成比較客觀、實事求是的理解是這個階段尤其值得一提的成績。以往的 30 年中，對集體主義的表述很長時間都有嚴重的偏差，即闡述集體利益與個人利益的關係時，要求、個人利益無條件地服從集體利益。這種表述偏離了唯物史觀，否定了個人利益存在的合理性和合法性。隨著改革開放的發展，這種錯誤觀點逐漸被拋棄。不僅如此，社會主義道德基本原則還超越了僅僅強調集體主義原則的狀況，形成了具有豐富性的體系，這是巨大的歷史性的進步。

本刊記者：除了在馬克思主義倫理學的發展和社會主義道德規範體系建設方面取得的成績，您覺得還有哪些方面值得一提呢？

魏：實際上，我剛才談到的這兩個方面可以歸結為後 30 年我們的倫理學研究所取得的成績的前兩個方面。

後 30 年倫理學研究重大成果之三，就是倫理學教科書、學術專著從一元化走向多元化，除了馬克思主義倫理學研究之外，還有其他立場和觀點的倫理學研究，如功利主義、自由主義等。從 20 世紀 90 年代初至今，出版了許

多新的研究著作，代表性的如萬俊人的倫理學新論、高兆明的倫理學理論與方法、江暢的理論倫理學、王海明的三卷本新倫理學、程煉的倫理學導論、譚忠誠和陳少峰的倫理學研究、我本人的當代中國倫理與道德等等，這些著作中不乏新的理論觀點和思想方法，甚至新的倫理學體系。

　　成果之四是應用倫理學的蓬勃發展。各種行業、職業倫理都得到探索，產生了許多優秀的成果。如秦紅嶺的建築的倫理意蘊打破了建築工程學與倫理學的界限，使兩個領域融會起來。我還想提一提為新中國倫理學的奠基和馬克思主義倫理學的開拓作出特別貢獻的五位教授，這就是北京大學的馮定、張岱年、周輔成，華東師範大學的周原冰，中國社會科學院的李奇研究員。他們很早就開始從事倫理學（主要是共產主義道德和馬克思主義倫理學）的研究，當然也包括中國傳統倫理學和西方倫理學，並且完成了學術著作。如 1964 年出版的周原冰的道德問題論集，收錄了他在 40 年代末至 60 年代初對道德哲學研究的成果。又如張岱年 1958 年出版了中國倫理思想發展的基本規律。李奇在 60 年代就寫了一些有關於道德的起源、繼承性與階級性、馬克思主義倫理學的變革等文章，後來收入道德科學初學集中，並在 1979 年出版。李奇 1984 年的道德與社會生活、1989 年的道德學說、周原冰 1986 年的共產主義道德通論，以及馮定、張岱年、周輔成的著作也都在倫理學界產生了巨大的影響，羅國傑、許啟賢我們這些後輩學人正是通過學習他們的著作成長起來的。但是由於政治運動的衝擊，他們的研究工作曾不得不一度中止，學術影響也隨之湮沒。十一屆三中全會之後他們的著作才陸續出版。

　　這五位教授對馬克思主義倫理學理論和倫理學科建設是作出了重要貢獻的。

　　本刊記者：回顧以往是為了展望未來，是為了明晰我們今後發展的方向。在這次專訪即將結束之際，您能不能再為這 60 年的得失以及我們將來努力的方向做一個總結？

　　魏：回顧新中國倫理學發展的 60 年，我們既要看到了成績，也應看到問題。看問題可以吸取教訓，講成績可以為我們帶來前進的動力。

　　新中國倫理學 60 年發展的根本經驗就是解放思想，實事求是，持久地同教條主義、獨斷主義、絕對主義作鬥爭。我們今後努力的方向，一是弄清楚馬克思主義倫理思想本身的體系究竟是什麼。二是對社會主義道德規範體系的進一步闡釋與論證。現在的社會主義道德規範體系還沒有揭示出道德原則

間的等級序列，雖有學者進行了初步的研究，但尚未產生出共識，而這是解決道德衝突不可或缺的一環。三是完善倫理學教科書。我們的倫理學教科書體系往往政治化味道太濃、守舊多於創新、教條習氣嚴重。還有的教科書個性化太強，平實理論玄妙化，把簡單問題複雜化，讓人看不清，讀不懂，缺乏普適性。我們現在需要一本融會中西、貫通古今、以唯物史觀爲指導的中、西、馬相結合，又具有中國特色的適應公民社會需要的新倫理學教科書。這三個方面既是時代的要求，也是倫理學自身發展的需要。

責任編輯：段素革

尋找生命大智慧
—— 倫理學家魏英敏訪談記錄

本刊記者　常紅曉

　　1998 年 4 月 16 日到 20 日，第九屆全國倫理學討論會在鄭州中共河南省委黨校召開。來自全國各地的一百多名學者就社會主義市場經濟條件下的道德建設問題進行了深入探討。全國倫理學會會長羅國傑教授，副會長魏英敏教授、許啓賢教授及章海山、張善誠教授等參加了這次討論會。

　　會議期間，記者採訪了北京大學倫理學博士生導師魏英敏教授。

　　魏英敏，1935 年出生於遼寧蓋縣，1960 年畢業於中國人民大學哲學系，1970 年調入北京大學工作至今，著有《新倫理學教程》等著作。聽說我們是《中州統戰》的記者，魏教授笑著說：歡迎你們，我是滿族人，也是統戰對象嘛！在訪談中，他那堅定的信念，爽朗的性格，開闊的胸襟，給我留下了深刻的印象。記者：作爲倫理學家，回顧您 60 多年的人生經歷，您基本的人生經驗是什麼？

　　魏英敏（以下簡稱魏）：人活在世界上是不容易的。人要生存得好不容易，生活得幸福就更不容易。除了要有一定的物質條件外，人最重要的是要有理想和信念。我是學馬克思主義哲學的，先教學，後來做過團的工作，我的整個成長過程是與新中國同步的。我受的人生觀、世界觀、價值觀的教育全部是馬克思主義的，當然也有中國傳統文化的影響和西方文化的影響，但馬克思主義的世界觀、人生觀、價值觀是支配我生活的惟一信條。人生活在世界上應該有一種崇高的信念，我則選擇了共產主義信念。因爲它是幾千年來人類對於未來社會的最理想的設計，它廢除了人對人的壓迫、剝削，保證人類過一種自由、幸福、和平的生活，經過這麼年的人生滄桑，我始終有馬克思

主義這個主心骨。

另一方面，實現共產主義理想有一個過程，對於中國現階段來說就是實行鄧小平建設有中國特色的社會主義理論。對於我的崗位來說，就是要做好教學、科研工作，我在教學、科研上取得的每個進步，都是向我的理想人生更靠近了一步。人不能為紛繁、複雜的社會現象動搖了信念和理想，我始終不放棄我的信念。我是一個有信念的人，因此，我對生活持一種樂觀態度，不知道有什麼困難不可克服。其次，做人和做學問要統一起來。如果一個學者做學問一套，做人又是一套，那他就是一個兩面派，他生活著也會很痛苦，心理負擔壓倒了他。我之所以樂觀，是因為我把做人、做學問統一起來了。作為老師，既要做學生的啟蒙者，傳道、授業、解惑，又要做學生的道德上的楷模、人生的模範。這就是所謂既做經師，又作人師。一個教師如果臺上講一套，臺下又一套，那他就沒有人格力量來支配自己的教學和科研，也不會取得什麼成就。作為一個幹部，要懂得人格力量比權力力量更有感召力，更有能動性。正如朱總理所說的，以犧牲的精神推進改革事業，不管前面是地雷陣還是萬丈深淵。他的態度很明朗。對於當代人而言，最重要的是要言行一致，表裏如一，光明磊落。第三，要德才兼備，與人為善。

我的座右銘是：認真讀書，清白做人。讀書做文章，一定要講究學術道德，把第一手資料找到，把所研究的問題弄懂吃透，否則就於心有愧。為人處世，我個人決不占別人便宜，寧可自己吃虧。我知道：我和別人是平等的，都有追求幸福和自由的權利。所以，我對貪污、腐敗、以權謀私、以職謀私深惡痛絕。人，生活在世界上要善於幫助別人，別人有求於我，只要我能做到的，馬上去做；很難做到的，我也努力想辦法去做。如今年有一個農村青年教師報考我的研究生，上了錄取線，由於名額有限，按名次不能錄取。但他已經是第三次報考這個專業，要上委培得花費近 5 萬元，這對於他是不可想像的。我就多方努力為這個學生奔走，最後終於說服學校領導，同意擴招。

第四，要嚴於責己，寬以待人。對於別人的過失，我當然要指出來，但更多的是反省我自己。我在日常工作中經常做自我批評，如果是我錯了，便向人家道歉，這沒什麼。人貴有自知之明，一定不能以權威、完人自居，要看到自己的缺陷，發現自己的不足，這樣一個人才能有所進步。其實，倫理學的全部問題就在於人如何看待自身以及如何處理自己與他人的關係問題。

記者：中國傳統倫理與現代社會倫理是否兼容？

魏：中國傳統倫理與現代社會倫理有相容相通的一面。倫理的發展有階段性，特定的歷史階段，倫理有特殊的表現形式。社會主義倫理道德不是另起爐竈，而是對傳統道德加以批判地繼承後逐漸確定的。現代社會倫理就倫理資源上看要對中國傳統倫理加以批判性分析，分清好的和壞的，進步的和落後的，並在此基礎上加以揚棄，創建社會主義的道德規範體系。如儒家所說的仁者愛人原則，與當代的人道主義原則是相通的，就可以加以重新解釋，作爲我們當代的倫理原則。對於我國傳統倫理中過分強調義務論的缺陷，我們要把人的權利觀念滲透其中，使義務論和功利論結合起來，使之更符合現代社會的要求。我們當前對於傳統的倫理道德規範必須加以新的闡釋、新的轉換，注入新的時代精神，只有這樣，才能把中國傳統倫理注重德性教育的優良傳統發揚光大。當然，中國封建社會的三綱等要求，是封建階級的道德，已落後於時代，應該加以清除。

記者：您對當代青年人的倫理道德狀況有何總體評價？

魏：當代青年已遠離傳統社會，無論是生活還是學習，都與過去不同。

目前是一個東西文化交流融合碰撞的時代，青年人既從家庭、師長那裡得到了革命價值觀的影響，同時又學習了西方的價值觀：個人主義、功利主義、實用主義等在青年人中多元並存。究竟哪一種價值觀占主導地位，不好說。從直觀上看，青年中有相當數量的人接受了西方價值觀，否定了傳統的價值觀。也有拒絕西方價值觀，完全接受中國傳統價值觀的。也有一部分人價值觀中，既有西方價值觀又有傳統的價值觀，中西並存。也有一些青年人堅持馬克思主義，堅信共產主義的世界觀、人生觀、價值觀。現在青年人的思想狀況，總體看來是多元並存。青年人中堅定馬克思主義信仰的不是多數，多數人是模模糊糊。

我所說的馬克思主義價值觀當然是創造性的、與生活貼近的、朝氣蓬勃的價值觀，不是僵化的、死板的、無生命力的馬克思主義教條。青年是國家的未來，是民族的希望。青年思想價值觀多元化，原因是多方面的，不能一味責備青年人。他們有進取精神，有創業幹勁，有熱情的夢想，但閱歷少，經驗不足，缺乏判斷力，分辨力，這是必須承認的現實問題。作爲教育工作者，應該以關心、愛護、同情、諒解的態度，引導青年人樹立正確的價值觀，引導他們的人生走向正確的方向。另一方面，要加強對成年人的教育。其實，

目前的青年價值觀問題不過是中年人、成年人價值觀混亂的反映。要加強對處於社會轉型期的成年人、中年人的教育，尤其是要加強對那些有知識、有權力、有地位的人的價值觀教育，這是匡正社會的關鍵之一。

記者：請談談中國倫理學如何迎接來自時代和社會發展的挑戰？或者說，中國倫理學的明天是什麼？魏：社會主義道德體系的建立是一個長期的實踐的過程，目前仍不夠完善。中共中央十四屆六中全會決議、十五大報告等文件為社會主義精神文明建設和社會主義道德體系的建立指明了方向，提供了大致框架，但這並不能代替廣大倫理學工作者的思考和研究。如以上文件中並沒有講到個人德性問題，但個人德性教育是人生教育的重要課題，也是古今中外學校教育的核心內容之一。21 世紀將是一個高科技、信息化時代，人們的生活方式、工作方式將發生前所未有的變化，人們的觀念也將發生巨大變化。為適應環境的變遷，使人跟上時代的變化，過自由幸福的生活，培養人的優良的德性，將具有重要的意義，德性教育，為什麼是教育的核心內容、為什麼應擺在一切教育之首？這似乎不成問題。可是今天卻成了問題，德性教育被大大地忽視了，這是當代世界性道德危機的關鍵，有必要重新認識德性教育的意義。

作為理論工作者，就要潛心研究諸如德性教育等一系列實際問題，不能圖解政策。要獨立思考，不要人云亦云。中國倫理學要發展，這一點至關重要。在我看來，要發展中國倫理學，要做以下三方面的工作：清除蘇俄倫理思想的影響，要清除蘇俄倫理學中那些非馬克思主義的東西。中國倫理學受蘇俄倫理學影響很大，這是客觀存在的。要發展中國倫理學，就必須做好分辨、鑒別、揚棄的工作。要看到倫理學發展中的思想障礙，主要是教條主義、絕對主義、獨斷主義還有相對主義的障礙。有些人企圖建立一種無立場的或中立的倫理學，這注定是要失敗的。因為從來沒有也不可能有絕對的、普適的倫理原則。立場的問題是一個普遍有效的哲學原則，問題在於立場是什麼？有的人把立場等同於階級立場，這很片面。我認為立場有很多，不只是階級立場。有科學的立場，也有反科學的立場；有唯物的立場，有唯心的立場；有傳統的立場，也有現代的立場。立場從根本上說，是一個落腳點。要改變一種觀念，不要認為從馬克思主義經典出發就是對的，生活事實高於理論原則。我們所構建的倫理學，必須從當代中國的經濟生活事實、科學文化生活事實出發，而不能從教條主義出發，尋章摘句，原地踏步。生活之樹

長青。我們倫理學工作者爲中國倫理學建設做出了很大貢獻，這是毋庸置疑的。但我們的倫理學理論還與劇烈變革的中國社會和群眾的需求有相當大的距離，我們必須居安思危，使學術敏感在時代需求的碰撞中產生智慧的火花；我們必須努力工作，使倫理學研究在社會主義精神文明建設中發揮其不可替代的作用。

倫理學的活力在與時俱進
——《當代中國倫理與道德》評介

王澤應、龔天平

（湖南師範大學倫理學所，湖南長沙 410081）

　　這是一個知識和經濟的發展均呼喚創新並已經開始了以創新為最高價值的偉大時代。「道莫盛於趨時」。作為面向生活實踐和提升生活層次的倫理學必須而且也應該「與時俱進」，充分發揮它引領時代潮流和推動時代前進的功能。時代的發展要求倫理學在創造、創新和革新的基調下，演奏出更加雄渾豪邁和催人奮進的樂章。俄國著名倫理學家別爾嘉耶夫比較了法律倫理學、救贖倫理學和創造倫理學三種理論類型，認為當今的倫理學應該朝著創造倫理學的方向發展。在他看來，創造倫理學是最高級和最成熟的道德意識形式，同時也是永遠年輕和充滿生機與活力的倫理學。「創造熱情的最高峰是最初的創造的勃發，是創造的萌芽，而不是創造的完結，是創造的青春和童貞，是創造的原初性。創造的最高峰是最初的創造性的徹悟、直覺，最初的創造意圖。創造的發展、完善、展開、完結，都已是創造的惡化、冷淡、下降和衰老。……道德生活應該是永恒的創造、自由和熱情的創造，也就是精神的永恒青春和童貞。」的確，社會的發展已經進化到一個不崇尚創造就不能更好地前進的時代，當今社會的道德建設也只能在創造和發展中進行建設，倫理學的研究尤其應當如此。面對著社會道德生活的日新月異和紛繁多變，倫理學家必須聆聽社會道德生活的聲音，直面當今世界道德生活的價值和理性籲求，以「致廣大而盡精微」的學術自覺，用智、用心去追問當代道德生活的真諦，提煉和總結出同當代道德生活相吻合又能反映其發展前進要求的倫理學理論。近讀魏英敏教授撰著的《當代中國倫理與道德》一書，我

們深爲其執著於學術創新的理念所感奮，更爲其與時俱進的精神所征服。該著語言平實卻思想深奧，文風樸素而境界高遠，不啻爲作者 20 年關心道德進步和倫理學發展的扛鼎之作，亦是精研當代中國道德狀況和倫理學趨勢的學術力作。

魏英敏教授曾在 10 多年前出版過一部名爲《倫理、道德問題再認識》的學術著作，此著曾長期作爲北京大學哲學系倫理學專業碩士研究生「倫理學問題研究」的教學用書，一些高校倫理學碩士生也曾用此書作教學參考，影響較爲廣泛。《當代中國倫理與道德》一書就是在此書的基礎上，通過深入研究社會主義市場經濟條件下道德建設的實際需要，總結當代高科技發展的倫理道德要求及其規律，結合倫理學發展的全球性趨勢和民族化趨勢，著眼於有中國特色社會主義倫理學體系的建立和健全，經過不斷地推陳出新，反覆斟酌、修改而成的一部倫理學新書。該著以對我國社會主義道德建設的無比關心和對中國倫理學發展未來的高度關注爲依託，以對眞理和正義的執著追求和對祖國前途、民族命運的濃烈感情爲動力，「舊學商量加縝密，新知培養轉深沉」，對當代中國倫理學發展和道德建設中的諸多重大理論問題如倫理學研究方法，道德的結構和倫理學的類型，哲學上唯物論同唯心論的對立與倫理學的基本問題，集體主義與個人主義及合理利己主義的關係，馬克思主義的人性觀與社會主義人道主義，價值、人的價值和倫理價值等作了深層次的探討與研究；對社會主義道德建設的實踐問題如社會主義道德規範體系的構建，經濟改革與道德價值觀念的變革，家庭倫理、職業道德及其建設，中國傳統文化與國民倫理教育，社會主義現代化與精神文明建設等作了較爲縝密的思考與科學的闡釋。我們品讀該著，處處發見其對中國倫理學發展建設的眞知灼見，對當代中國道德生活的密切關注及理性思考，濃濃的愛國主義、集體主義、社會主義情懷和著深深的理性主義、科學主義和現實主義的精神一起跳動，充分反映了作者的理論創新意識，辯證批判、不囿陳說、追求眞理的精神，平等討論、以理服人的品格和樸實無華的表達方式，的確是一部不可多得的、精湛深幽而又頗多建樹的學術專著。

一

研究中國倫理學的發展，必須對其學理中那些具有條貫和支配性的基本概念和基礎性理論問題作出創發性的探索，才能夠在原則倫理學和德性倫

理學的園地上有更好的耕耘，亦即只有在理論倫理學領域進行創造性的勞動，才有可能開拓原則倫理學和德性倫理學的新境界。應該看到，我國倫理學研究在理論準備上一直存在著不足和不夠的問題，一些倫理學工作者面對著紛繁複雜的道德生活來不及作深入的理性思考就試圖「作答」，故此使倫理學的理論品性和倫理意味總是顯得稍欠豐滿或深厚，對現實道德問題的解答總有乏力甚或無奈之感。馬克思主義認為，理論只要深刻，它就能說服人，理論只要深刻，它就能變成改造現實世界的物質力量。倫理學理論的深刻，不在於語詞的新奇或晦澀難懂，亦不在於傲仿西化的語句或故弄玄虛，而在於借助平實的語言揭示的深刻道理和達到的深幽層次上。這種意義上的深刻和創新，在魏英敏教授的《當代中國倫理與道德》一書中得到了較好的體現。

創造性研究而言，該著在以下幾個方面做出的創造性探索是頗富建設性意義的。

（一）關於道德概念的新界說

道德範疇是倫理學的基本範疇，對這一範疇的界定涉及到整個倫理學理論體系的建構和運思。因此，要研究和學習倫理學，首先必須做到像英國著名思想家哈耶克所說的那樣，經常盡可能地挑選出該學科的最基本的、學術界有爭議的專門術語，如實地追究它到底是怎麼回事，才能夠真正有所作為。道德範疇就是倫理學特別是理論倫理學或道德哲學的「原點」。在相當長一段時間內，倫理學界甚或哲學界大多傾向於把道德視為調整人們社會關係的行為規範的總和。這一定義固然有其合理性，但很不全面，它沒能也無法揭示出道德的深刻內涵和動態辯證性。隨著時代的發展和社會的進步，越來越暴露出其在理論上的嚴重缺陷：即它注意了道德的客觀性，而忽視了道德的主觀性；注意了道德的規範性，而忽視了道德的主體性；注意了道德的他律性，而忽視了道德的自律性；注意了道德的現實性、實然性，而忽視了道德的理想性、應然性；注意了道德所調節的人與人的關係，而忽視了道德所調節的人與自身、人與自然的關係。因此，發展倫理學或對理論倫理學展開創造性的研究，必須從對道德這一基礎性概念同時也是核心性概念做出新的界說或理解入手，否則就會陷入舍本逐末的境地。

魏英敏教授在《當代中國倫理與道德》一書中，對理論倫理學或道德哲學的本根性概念——道德做出了創造性的新界說。他認為「道德是人們在社

會生活實踐中形成的關於善惡、是非的觀念、情感和行為習慣，並依靠社會輿論和良心指導的人格完善與調節人與人、人與自然關係的規範體系」。這一定義是比較全面、周到、完善的，其最重要的優點就是考慮到了用道德來調節人與自然的關係。

把人與自然的關係納入人的道德關係和道德概念的範疇是有其充分理由的。當代世界倫理學正在以前所未有的速度向縱深發展，應用倫理學日趨活躍，經濟倫理學、生態倫理學、政治倫理學、生命倫理學、宇宙倫理學等等形成了倫理學理論的「叢林」，尤其是生態倫理學或稱環境倫理學正以強勁的勢頭領應用倫理學發展之風騷。生態倫理學是研究人與自然之間的道德關係的倫理學，它為我們把人與自然之間的道德關係納入道德概念的內涵提供了堅實的科學基礎。道德作為人們共同生活及其行為的準則和規範，理應包括人類征服、改造自然的行為。從一定意義上說，人對自然界的行為規範即環境道德或自然道德是整個人類道德的基礎。因為人與人的關係歸根到底是建立在人與自然的關係之基礎上的。

從實踐上看，當代人類正面臨著深刻而嚴重的環境危機、生態危機、能源危機等，這些危機都是人類沙文主義地對待自然界所引致的。人類要實現可持續發展，就必須以道德的眼光看待自然和環境，從而把人與自然之間的關係納入道德調節的範圍。道德再也不能固守自己的「老地盤」，而應將思維的觸角伸向人的關係的全方位領域，將人的道德關懷擴延至人與大自然的關係之中。

（二）關於道德特徵的新詮釋

道德的定義的科學探尋，內在地包孕有道德的特徵和功能等方面的價值定位，或者說對道德範疇的科學界定，在理論形態上必然地暗含著道德的特徵和功能等要素。對道德的特徵的把握，涉及到理論倫理學的最一般性問題和其理論建構。倫理學理論研究的氣度和境界，常常同人們如何理解道德的本質特徵密切相關。一定的道德本質和道德特徵論，根本上制約著人們的道德觀。我國新時期對道德特徵的研究，既有一定的可喜之處，但也存在著不少有待深入研究和認識的問題。魏英敏教授的《當代中國倫理與道德》一書對道德特徵和功能問題進行了較深入的研究，認為道德的特殊性表現為六個方面的有機統一，即客觀性與主觀性的統一，他律性與自律性的統一，階級性與全民性的統一，歷史的暫時性與相對的永恆性的統一，現實性與理想性

的統一，協調性與進取性的統一。應該說，魏英敏教授對道德特徵的這一把握，是比較全面、深刻又具有歷史的睿智和現實的意蘊的。它的深刻之處，在於洞察了道德的矛盾辯證法，認識到道德是各種要素的一個矛盾統一體，單向度地從某一個方面或要素來把握和覺解道德，必然導致對道德本質特徵的扭曲或肢解；它的全面之處，在於從縱橫交錯、動靜結合的角度把握和覺解道德，集道德的時空坐標與價值坐標於一體，並且較好地回應了我國新時期關於道德本質究竟是約束性還是主體性問題的討論。在魏英敏教授看來，道德的使命和特徵既內在地包含有協調性或約束性，又內在地包含有主體性或進取性。它既需要調節各種人際關係和人與自然的關係，使其協調發展，又需要激勵人們改造自己的主觀世界和客觀世界，使自己和社會更加完善，這就決定了它不可能離開進取性來談協調性，也不可能離開協調性來談進取性。與此相關，在討論道德的功能時，魏英敏教授既強調道德的調節功能，又強調道德的激勵功能。應該說，魏英敏教授對道德特徵和功能的這一把握，是富有創意且又深扣道德生活的辯證法的。

（三）關於倫理學基本問題的新追尋

倫理學的基本問題是貫穿倫理學理論各個領域的本根性的問題，與倫理學的特質和功能密切相關。對倫理學基本問題進行創造性的探索，是推進倫理學發展的內在要求。我國改革開放以來，對倫理學基本問題也展開了創造性的研究。有人認為倫理學的基本問題是研究什麼是善的問題；有人認為倫理學的基本問題是道德與社會歷史條件的關係問題；有人認為倫理學的基本問題是道德的性質、起源和標準問題；有人認為倫理學的基本問題是道德自由與道德規範必然性的問題；有人認為倫理學的基本問題是道德與利益的關係問題，等等。

魏英敏教授在《當代中國倫理與道德》一書中對倫理學的基本問題十分關注，在深入分析了以上各種觀點的優長缺失後，將倫理學的基本問題界定為善與惡的矛盾關係問題，認為善與惡的問題是倫理學相區別於哲學、美學、宗教、科學而特有的矛盾，善與惡是倫理學特有的核心範疇；不僅如此，善惡問題還是古今中外一切倫理學家、一切倫理學派普遍注意研究的中心或重心問題；善惡矛盾是道德發展的動力，全部人類社會的道德發展史，就是善惡矛盾鬥爭史；善惡矛盾貫穿人類生活的一切領域並貫穿道德生活的始終。應該說，作者提出的這種意見是經過深思熟慮的，也是言之有理，持

之有據的，它將倫理學基本問題與哲學、美學、宗教等進行比較研究，開闊了人們的視野，深化了對倫理學基本問題研究的層次。這一觀點同「道德與利益的關係問題」之爲倫理學的基本問題的觀點相比，各有獨特之處，並具有相當的互補性，無疑是最值得人們重視和欣賞的。此外，該著在倫理學的類型、道德的結構和倫理學領域中兩條路線鬥爭等倫理學基礎理論的研究上也多有創新，表現了作者深厚的理論功底和對眞理的不懈追求。

二

理論倫理學或道德哲學的研究價值，在於爲原則倫理學和德性倫理學提供理論基礎。馬克思主義倫理學消除了準則主義和實證科學主義的片面性，將倫理學的科學研究同表述價值準則和行爲規範結合起來，實現了理論任務和實踐任務的一體化。在馬克思主義倫理學看來，如果倫理學只限於完成制定道德原則和道德規範，爲人們道德實踐提供行爲方悟程度的人們一起向上的局面。道德原則的層次性，也爲我們在實際的道德生活中劃分底線倫理、中線倫理和上線倫理奠定了基礎。社會主義道德建設在原則倫理的建構上，必須超越純理想主義和純現實主義的雙重藩籬，既要充分地考慮到人們的現實道德狀況和道德覺悟程度，不能夠提出脫離人們現實的道德狀況的道德要求，又不能不考慮人們對道德價值的期盼和社會發展的道德價值目標，對人們的現實道德狀況給予應有的道德引導和提升。只有這樣，才能夠既從人們現實的道德狀況出發，又不迎合人們的現實的道德狀況，實現一種倫理建設上現實的理想主義和理想的現實主義的有機統一。

（一）關於社會主義三大道德建設的新認識

中國共產黨第十四屆六中全會通過的《中共中央關於進一步加強社會主義精神文明建設若干重要問題的決議》和 2001 年 9 月中共中央印發的《公民道德建設實施綱要》，都談到了加強社會主義道德建設必須大力加強家庭美德、職業道德和社會公德建設，並將其視爲社會主義道德建設的重點和突破口。如何從理論上正確認識三大道德建設的意義和價值，是擺在我國倫理學工作者面前的一項光榮而偉大的任務。應該承認，近年來我國倫理學界對家庭美德、職業道德和社會公德的建設已經展開了卓有成效的研究，取得了一批科研成果。在這些科研成果中，魏英敏教授自然佔有一席之地。魏英敏教授先後發表有家庭美德、職業道德和社會公德建設的論文多篇，並出版有《孝

與家庭文明》等專著，還主編過《中國倫理學百科全書・職業倫理學卷》等辭書和著作，對社會主義三大道德建設作了頗具創發性的理論探討。在《當代中國倫理與道德》一書中，魏英敏教授分設三章專門論述了家庭倫理及其建設、職業道德建設的理論與實踐、國民倫理建設等問題，提出了不少新的觀點或命題。比如，在論及家庭倫理建設時，該著對新中國的經濟制度與政治制度所規定的家庭人倫關係作了開創性的探討，對新的家庭倫理關係與道德規範作了全新的論證，認爲夫妻之間所應遵循的道德規範是「互敬」，父母與子女之間所應遵循的道德規範是「慈孝」，兄弟姐妹之間所應遵循的道德規範是「友愛」；再比如，在論及職業道德建設的雙向性時，認爲職業道德是職工道德與管理者道德相互作用的統一體，管理者更應該身體力行職業道德，並對管理者職業道德的具體內容作了深入的探討和研究。這些論述，比較好地揭示了家庭倫理建設和職業道德建設的內在要求和特點，無疑具有較高的理論創新價值。

（二）對社會主義精神文明建設規律的新總結

社會主義建設不僅要求物質文明有一個大的發展，而且要求精神文明也有一個大的發展。在社會主義時期，物質文明爲精神文明的發展提供物質條件和實踐經驗，精神文明爲物質文明的發展提供精神動力和智力支持，爲它的正確發展方向提供有力的思想保證。因此，社會主義物質文明建設和精神文明建設「一個都不能少」，而一定要一起抓，決不可偏廢。那麼精神文明建設有無規律可循呢？總結國內外以往精神文明建設的歷史經驗，精神文明建設顯然是有規律的。那麼這些規律又是什麼呢？魏英敏教授對此作了富有理論意義和實踐意義的總結。他認爲社會主義精神文明建設有五條規律：即物質文明與精神文明相互作用的規律；德法相輔相成，共同對社會生活發生作用的規律；黨風對民風起決定性影響的規律；社會主義思想文化與各種思想文化相互繼承、融合發展的規律；社會主義精神文明建設在鬥爭中前進，在批判中發展的規律。作者所總結的這些「規律」是否眞的準確地揭示了社會主義精神文明建設與發展的規律，人們對此可以討論，相互爭鳴，但是作者學理探索的勇氣是值得肯定的，他至少在這裡給人們探討、揭示社會主義精神文明建設的規律提供了一種思路和方法，根據這種思路和方法去研究倫理學，也許可以爲倫理學開闢一個新的天地，從而把倫理學的研究推向一個新的境界。

三

　　倫理學的發展和繁榮需要理性的反思和科學的批判精神，誠如古希臘蘇格拉底所說的，「不經反省的人生是不值得過的人生」。德國現代著名的哲學家和倫理學家麥克斯・霍克海默在自己所著的《批判理論》一書中認爲，批判理論與傳統理論在價值取向和行爲態度上有著很大的區別，傳統理論可以把一些事物看作是理所當然的，而批判理論則對理所當然的一些事物持懷疑的態度。哲學、倫理學的一個重要功能和任務，就是對現實所流行的事物進行理性的批判。因爲如果沒有這種批判，現實的惰性將會更加急劇而不可抵擋，人受時尚觀念和習慣的奴役將會更加深重。人類迄今爲止建立的任何一種社會形式和道德秩序都不是十全十美的，這意味著批判對任何一個社會和道德秩序都是必要的，批判尤其是那些深刻而合理的社會批判永遠是使人迎戰現實、變革現實和奔向未來的精神武器，是保持社會清醒、防止各種社會神話和道德神話產生的必要條件。沒案和價值目標的任務，那麼它就不能成其爲一門科學，而僅僅變成道德訓言和道德說教了。同理，如果倫理學只限於完成說明、闡釋道德事實，解說道德現象，分析道德概念和語詞，那麼它就不是倫理學而變成一門經驗科學或道德生活實錄或語義學了。倫理學要是不能幫助人們確立生活的價值目標和行爲的道德規範，那就像不能爲人治病的醫學一樣於人毫無用處。魏英敏教授的《當代中國倫理與道德》一書，對待理論倫理學和原則倫理學的研究關係，基本上是循著這一思路前進的。它的重心無疑是對原則倫理學和德性倫理學問題的探討，但又是建築在對理論倫理學或道德哲學進行深入研究的基礎之上，浸潤著理論倫理學的思想光華。該著對原則倫理學和德性倫理學研究的獨特或創新之處，集中體現在以下幾個方面：

（一）關於集體主義的新闡釋

　　在我國改革開放二十多年來的倫理學理論研究中，有過許多爭論，但是這些爭論基本上可歸結爲兩種倫理觀、價值觀即個人主義與集體主義的爭論。改革開放特別是發展市場經濟以來，學術界有人不遺餘力地責難集體主義。他們認爲集體主義是用整體壓制、否定個人，無視個人，淹沒了個人及其需要和利益，是反主體、反個人的封建整體主義、禁慾主義、專制主義，主張爲個人主義「正名」，甚至有人藉口發展市場經濟，宣揚個人主義是市場經濟文化的精髓，倡導引進和發展個人主義，把個人主義當作社會主義精神

文明的一部分。由此，導致個人主義、利己主義、唯我主義大肆泛濫。客觀地說，出現這種狀況，不能說與我們過去對集體主義的不準確地闡釋和對個人主義的不科學地分析沒有關係。因此，現在很有必要根據新的形勢、新的情況，重新科學地辯證地闡釋作爲社會主義道德原則的集體主義。

對集體主義作新的闡釋，這是我國倫理學發展和道德建設的內在要求。魏英敏教授從對我國倫理學事業的無比熱愛和道德建設的無比關心的社會責任感出發，試圖破除以往人們對集體主義的種種誤解，還集體主義的眞正面目。他認爲，集體主義是與個人主義相對立的社會主義道德的一項基本原則。這項基本原則主張國家利益、集體利益、個人利益三者統籌兼顧，在社會主義市場經濟條件下，它應包括三層涵義：第一，集體、國家和社會有義務關心、保護和幫助人民群眾發展他們正當的個人利益；個人有義務促進集體、國家和社會共同利益的增長。第二，在集體利益優先的基礎上，實行個人利益與集體利益相結合。在集體利益與個人利益發生矛盾的情況下，只要集體利益是正當的，個人利益就應當自覺地服從集體利益。集體也應適當照顧個人利益。爲了社會集體利益而放棄或犧牲個人利益則是崇高的道德行爲。第三，譴責一切侵犯集體、國家、社會或個人正當利益的非法的和反道德的行爲。他還認爲集體主義道德原則是有層次性的，它表現爲從低到高的三個層次即公私分明，不因公犯私；公私兼顧；先公後私。應該說，魏英敏教授對集體主義的這一新的闡釋是比較科學而合理的，它使集體主義既有別於形形色色的整體主義，又有別於形形色色的個人主義或利己主義，使集體主義在獲得現實支撐的基礎上又不失其凝聚人心、催人奮進的價值感召力，使作爲社會主義的道德原則的集體主義，更容易得到人們的認同和接受，同時也具有很強的可操作性。

（二）關於社會主義道德規範體系的新思考

建構社會主義道德規範體系無疑是當代中國倫理學的偉大歷史使命，但這種社會主義道德規範體系的構建既不能是空穴來風，也不能是主觀臆造，而必須從實際出發，以社會主義市場經濟體制的健全和發展爲坐標，既吸收中國優秀傳統道德遺產，也借鑒西方優秀倫理文化；既反省以往，也關注現實，展望未來；既著眼於全球經濟和社會發展趨勢，也著眼於中國經濟和社會發展狀況。如此全方位地考慮，才能構建有中國特色的社會主義道德規範體系，從而爲當代中國人提供科學的道德價值觀念和行爲評價標準的規範

體系。

魏英敏教授致力於探討社會主義的道德規範體系，創造性地提出了社會主義道德規範體系是由兩級結構、三個層次、六個規範和五個原則所構成的統一體的觀點。所謂的兩級結構，一是指社會主義道德，二是指共產主義道德；所謂三個層次，從低到高依次是指社會公共生活中的道德規範、社會主義道德和共產主義道德；所謂六個規範是指愛祖國、愛人民、愛勞動、愛科學、愛社會主義、愛生存環境；所謂五個原則是指為人民服務、集體主義、人道主義、公正、誠實守信，這五個原則也是分等級層次的，其中為人民服務是社會主義道德體系的第一級原則，集體主義是第二級原則，人道主義、公正、誠實守信則為第三級原則。魏英敏教授的這些見地，特別是關於道德原則層次性的論述，是頗有啟發性和創造性的。道德原則的層次性要求我們在進行社會主義的道德建設時，必須把先進性的要求與廣泛性的要求緊密地結合起來，形成鼓勵先進、照顧多數、引導不同覺悟程度的人們一起向上的局面。

魏英敏教授的《當代中國倫理與道德》一書處處體現了不囿陳說、追求真理的批判精神。它始終貫穿對倫理、道德問題再認識的理性反思精神，這種理性反思精神將反省過去、關注現實和展望未來有機地集於一身，目的是為了更好地開拓創新。倫理道德的批判精神既是倫理道德建設和倫理學發展的重要條件，也是其內在的有機構成。西方所謂的分析倫理學或元倫理學，本質上都是建立在批判理性的基礎之上，並通過對傳統規範倫理學的批判性研究得以發展的。倫理道德建設和倫理學的發展，要求不囿於先賢聖哲固有的觀念與結論，實事求是地研究、闡述現實的道德問題，要求對古今中外的倫理學知識、道德文化遺產，本著古為今用、洋為中用、厚今薄古、推陳出新即綜合創新的精神，去研究、探討、解釋與說明，用以豐富、充實、完善當今中國的倫理與道德。魏英敏教授在《當代中國倫理與道德》一書中所昭示出來的理性的反思和批判精神，集中體現在他對任何理論問題的研究都不是從既定的原則出發而是從理論研究的現狀和學術討論的動態出發，對各種理論觀點進行批判性的評說。細心的讀者不難發現，該著對國內外倫理學研究動態的介紹是許多倫理學著作所無法企及的，即便是對自己以前的觀點，也多有深刻有些甚至是無情的自我批判。這反映了作者「不以他人是非為是非」，也「不以自我是非為是非」的科學理性精神，確實難能可貴。正是這種

「批評和自我批評」的優良學風，使魏英敏教授多年來不滿足於自己所取得的學術成果，不斷地開拓創新，超越原有的理論層次和境界，在倫理學原理和應用倫理學的研究上推出了不少頗有創意的新理論和新觀點。

從理論上講，該著的批判理性精神不僅表現在對合理利己主義、個人主義、資產階級人道主義及封建主義倫理觀的分析批判中，表現在對現實生活中一些腐敗的道德現象或不正之風的批判中，而且也表現在對我國倫理學研究中一些學術觀點的討論爭鳴中。就對合理利己主義的批判而言，作者不是停留在簡單批判或打棍子、戴帽子的粗暴批判上，而是深挖其錯誤的理論基礎和思想認識根源，從理論上揭示其不合理性。合理利己主義在我國社會生活中一度十分盛行，現在也還很有市場或影響，一些人自覺或不自覺地宣揚這種人生價值觀或倫理觀，這種觀念自身具有的虛偽性也很能迷惑許多不瞭解其實質的人。合理利己主義是一種有克制的利己主義，它在理性指導下，把追求個人的利益與幸福同關心別人的利益與幸福結合起來，合理利己。其主要觀點是人的本性是自愛、自保的，人們追求個人利益和幸福的權利是平等的；人的一切行為的內驅力是其個人利益，這種人性的自愛、利己構成道德的基礎，個人利益和社會利益相結合則是道德的尺度。客觀地說，由於合理利己主義主張人人都有權利追求自己的個人利益，在追求個人利益時，理性地考慮他人利益和社會利益，撇開制約其得以實現的社會歷史條件不談，這種價值觀念的確具有很強的誘惑力，相比於極端的利己主義，它也有其「合理」的地方。正因為如此，我國改革開放以來，由於市場經濟的發展極大地調動了人們追求自身利益的積極性、主動性，所以一些人對合理利己主義十分推崇，主張把它當作自己人生的指南和行為的評判尺度。這就給理論界提出了一個重大的問題：批判合理利己主義，揭露其不合理性。

魏英敏教授在書中做了這種有意義的工作。魏英敏教授認為，合理利己主義在總體上是不合理的，但是，作為一種倫理觀念，它的出現又有其歷史理由，在它產生之初，由於它適應了當時資產階級反對封建等級制度和宗教禁欲主義的革命的需要，因而起了巨大的進步作用。從理論上說，它也有如前文所述的合理性。但是，從整體上作定性分析，它又是不合理的，因為合理利己主義賴以建立的理論基礎是抽象的人性論，即人天生自愛利己，同時它所主張的平等地追求幸福的觀點也是虛偽的，把人的目的性與手段性截然割裂、錯位，強調個人利益是人的一切行為的出發點和最終目的等等，這些

都是不能成立的，實踐也充分證明了它的不合理性。魏英敏教授所提出的這些觀點和意見，解決了許多人思想的癥結和迷茫，於人的價值選擇起到了很好的指導作用。

理論創新是倫理學發展和繁榮的內在要求和深沉呼喚。歌德曾說：「生命之樹常青」。倫理學作為生命之樹所催生的燦爛之花和豐碩之果，必然同生命之樹永遠相伴相隨。人的生命因擁有倫理道德而充滿不竭的生機與活力，現實的倫理道德必然是與時俱進的。為了人的生命發展及其未來，倫理學必須而且應當緊緊地貼近生命並用自己的全部智慧去充實和光大生命。新的世紀必然要求倫理學以新的精神和面貌出現在世人面前。讓我們翹首以待並為之歡呼吧！